D. Ludwig Schneller

Kennst du Ihn?

Jesusgeschichten, erzählt von
einem Sohn Palästinas

Überarbeitete und gekürzte Ausgabe

Schriftenmissions-Verlag Gladbeck/Westfalen

Die Bearbeitung besorgte O. S. v. Bibra

Das Recht der Übersetzung in fremde
Sprachen wird vorbehalten.
1972 im Schriftenmissions-Verlag, Gladbeck
Umschlag: Gerd Meussen, Essen
Druck: Bongers, Lünen
ISBN 3 7958 0281 4

Da wird dann der König sagen zu denen
zu seiner Rechten: „Ich bin ein Fremd-
ling gewesen, und ihr habt Mich beher-
bergt. Wahrlich, Ich sage euch, was ihr
getan habt einem unter diesen Meinen
geringsten Brüdern, das habt ihr Mir getan."   *Matth. 25, 34 a. 35 c. 40 b.*

Inhaltsverzeichnis

Vorwort

Vor sechzig Jahren habe ich meine Schriftstellerei in Bethlehem begonnen mit meinem ersten Buche „Kennst du das Land?". Jetzt schließe ich sie in Deutschland mit meinem letzten: „Kennst du Ihn?"

Wie die Adler am liebsten die höchsten Alpengipfel umkreisen, so sollten wir Christen täglich das Leben Jesu mit unseren Gedanken umkreisen, dieses höchste Alpengebirge der Offenbarungen Gottes.

Das habe ich ein Leben lang getan. Ich hatte dazu umsomehr Anlaß, als die irdische Heimat Jesu auch meine Heimat ist. In Jerusalem bin ich geboren in einem Hause, von dessen ebenem Dach aus man im Süden die Geburtsstadt Jesu, Bethlehem, sieht. Auf ungezählten Ritten und Wanderungen bin ich über dieselben Berge gestiegen, durch dieselben Täler und Wüsten, an den Ufern desselben Sees gewandert wie er. Dabei stieg mir oft seine wunderbare Gestalt mit fast greifbarer Deutlichkeit vor meinem Geiste auf. Ich sah ihn, wie er mit seinen Zwölfen das Land durchzog, allein in einsamer Wüste stand, mit dem Kreuz beladen durch die engen Gassen Jerusalems wankte oder unerkannt auf der Straße nach Emmaus schritt. Man versteht vieles im Leben Jesu besser, wenn man Palästina genau kennt. Man hat deshalb Palästina „das fünfte Evangelium" genannt. Was mir dabei anschaulich geworden ist, habe ich in diesem Buch beschrieben.

In erster Auflage ist es zwar schon im Jahre 1939, kurz vor dem Weltkrieg, erschienen; aber fast der ganze Vorrat ist in Leipzig unter den Bomben verbrannt. Jedoch während des Krieges, zum Teil unter dem Feuer ungeheurer Flugzeuggeschwader und unter dem Donner der Erdgeschütze vor Köln, später auf der Höhe des Diakonissen-Mutterhauses „Friedenswarte" ob Bad Ems habe ich daran weitergearbeitet. So erscheint es hiermit noch einmal, gründlich umgearbeitet, vielfach verkürzt, um die Hälfte vermehrt, fast ein neues Buch.

Neu ist darin, daß ich die Ereignisse während der zweiundeinviertel Jahre des öffentlichen Wirkens Jesu kalendermäßig vom Januar des ersten bis zum April des dritten Jahres datiert habe, was meines Wissens bis jetzt noch niemand versucht hat. Die Leser werden merken, wie sehr diese ganz sicheren Berechnungen zum Verständnis und zur Anschaulichkeit des Lebens Jesu beitragen. Es ist dabei gar keine Phantasie. Jeder Leser kann die Richtigkeit in den Evangelien nachprüfen.

So sende ich in meinem neunzigsten Lebensjahr dies Buch als mein wichtigstes und als meinen letzten Gruß an meine weit zerstreute Lesergemeinde hinaus. Möchte es ihnen die Person Jesu während seines Erdenlebens noch lieber und verständlicher machen!

Kennst du Ihn?

B a d E m s , Friedenswarte, 1947.

D. Ludwig Schneller

Zeitenberechnung für das öffentliche Wirken Jesu

Bei der Berichterstattung der Evangelien über das öffentliche Wirken Jesu ist nirgends angegeben, wie lange es gedauert hat und zu welcher Zeit die einzelnen Ereignisse stattgefunden haben. Das macht einen klaren Einblick in dessen Verlauf unmöglich.

Und doch läßt sich eine kalendermäßige Aufstellung nach Jahr und Monat ganz sicher anfertigen, wenn man jede diesbezügliche Angabe in den Evangelien sorgfältig zu Rate zieht und zugleich die klimatischen Verhältnisse Palästinas berücksichtigt.

Der einzige Evangelist, der uns das ermöglicht, ist Johannes, weil er uns alle jüdischen Feste nennt, welche Jesus in Jerusalem besucht hat. Und das Datum dieser Feste ist ja genau bekannt.

Als ich vor siebzig Jahren Theologie studierte, war die Theologie, auf deutsch die Wissenschaft von Gott und seiner Offenbarung, weithin zu einer bloßen Literarkritik herabgesunken. Mit erstaunlicher Mühe und größtem Scharfsinn wurde von vielen biblischen Büchern ihre Unechtheit nachgewiesen. Am schärfsten ging der Kampf gegen das Johannes-Evangelium. Der tiefere Grund lag darin, daß man an diesem Evangelium Anstoß nahm, weil es noch viel deutlicher als die anderen drei Evangelien die ewige Gottessohnschaft Jesu bezeugt, an die man nicht glauben wollte. Man behauptete daher, daß dieses erst lange nach der Zeit der Apostel in der Mitte oder gar am Ende des zweiten Jahrhunderts von einem Unbekannten verfaßt sei.

Man soll die Kritik, auch die an den Evangelien, nicht verachten und noch weniger fürchten. Was wahr ist, bleibt wahr, so sehr man auch daran rütteln mag. Ja, auch die schärfste Kritik muß zuletzt, selbst wider Willen, die Wahrheit nur umso heller ans Licht bringen.

Von Anfang an wurde von gläubiger Seite geltend gemacht, daß schon der Kirchenvater Irenäus (gest. 202) berichtet: „Nach den drei ersten Evangelien hat Johannes sein Evangelium herausgegeben, als er in Ephesus in Kleinasien lebte". Nun hat aber Irenäus in seiner Jugend einen Schüler des Apostels Johannes, den Bischof Polykarp, gekannt. Es ist undenkbar, daß er seinen

Zeitgenossen dieses Evangelium, das an Bedeutung alle Bücher der Bibel übertrifft, als ein Werk des Apostels hätte hinstellen können, wenn es eine spätere Fälschung gewesen wäre. Das hätte ja in den Christengemeinden, die das wußten, kein Mensch geglaubt.

Aber wie gewaltig hat sich seit meiner Jugend das Blatt gewendet! Schon die Entdeckung des Codex Sinaiticus brachte, wie ich in meinen „Tischendorf-Erinnerungen" ausgeführt habe, mittelbar den Nachweis, daß die vier Evangelien und die meisten Epistel schon vor dem Jahr 120 als heilige Schriften den christlichen Gemeinden bekannt waren. Dazu ist aber in neuester Zeit ein sehr bedeutsamer, unwiderleglicher Zeuge aufgetaucht.

Die damaligen Handschriften wurden meist auf Papyrusblätter geschrieben, die aus dem Mark einer Schilfstaude, die in Ägypten und Palästina massenhaft wuchs, hergestellt wurden. Ein Bündel solcher ältester Papyrusblätter ist im Jahre 1920 am mittleren Nil in Ägypten entdeckt worden und hat auf die Zeit der Entstehung des Johannes-Evangeliums ein überraschendes Licht geworfen.

Die Erhaltung dieses Papyrusstücks haben wir einer Mumie zu verdanken. Die vornehmen Ägypter der alten Zeit pflegten ihre Toten zu trocknen, einzubalsamieren und dann, mit vielen Schichten von Tüchern und Papyrussen umhüllt, in den Sarg zu legen. In diesen Särgen haben sich die Mumien mitsamt ihren Umhüllungen Jahrtausende lang gehalten. In unserer Zeit ist nun eine Menge von solchen Mumien aufgedeckt und untersucht worden. Die Toten selbst waren den sie Öffnenden gleichgültig. Aber die sie umhüllenden Papyrusschichten, alte Rechnungen, Berichte, Briefe, abgenutzte Buchrollen, waren ihnen um so wertvoller. Die Gelehrten reißen sich darum und entziffern sie in mühevoller Arbeit.

Nun wurde im Jahre 1920 eine größere Zahl solcher Schriftstücke von einem englischen Gelehrten angekauft und nach Manchester gebracht. Darunter war ein Papyrusfetzen von neun mal sechs Zentimeter Größe, auf beiden Seiten mit griechischen Buchstaben beschrieben. Man hatte ihn anfangs wenig beachtet, bis vor einigen Jahren ein Gelehrter namens Roberts die Entdeckung machte, daß dieser Fetzen Teile des 18. Kapitels des

Johannes-Evangeliums enthält, und zwar Bruchstücke der Verse 31 bis 34 auf der einen Seite, 37 und 38 auf der Rückseite. Diese Verse lauten, wörtlich übersetzt, folgendermaßen:

31 (Da sprachen) die Juden (zu ihm): Wir (dürfen) niemand (töten),

32 auf daß (erfüllt würde) das Wort (Jesu, das) er sagte, um zu zeigen, (welchen Todes) er sterben würde.

33 Da ging Pilatus wieder hinein ins Richthaus (und rief Jesus) und sprach (zu ihm: Bist du) der Juden (König?)

37 Ich bin dazu geboren und in die Welt (gekommen), daß ich (für die Wahrheit) zeugen soll. (Wer) aus der Wahrheit (ist, der höret meine Stimme.)

38 Spricht (Pilatus) zu ihm: (Was ist Wahrheit?) Und da er das (gesagt, ging er wieder hinaus zu) den Juden (und spricht zu ihnen: ich finde) keine (Schuld an ihm ...)

Was ist denn nun an diesem Funde so wertvoll? Warum hat er nicht nur bei den Gelehrten ungeheures Aufsehen erregt, sondern geht auch die weitesten Kreise der christlichen Gemeinde an? Die Bibel wurde wie alle Bücher bis zur Erfindung der Buchdruckerkunst durch Abschriften überliefert. Das ist eine lange Kette, die zuletzt zur Urhandschrift führt, die der Evangelist selbst geschrieben hat. Der Urtext ist von keinem einzigen biblischen Buch vorhanden. Wir haben nur Abschriften von Abschriften. Die ältesten waren früher der Codex Vaticanus in Rom, der Codex Sinaiticus in London und der Codex Alexandrinus ebendaselbst, die aus den Jahren 322 bis 450 stammen. Zahllose ältere Handschriften des Neuen Testamentes sind kurz vor dieser Zeit vernichtet worden, als bei der Christenverfolgung Kaiser Diokletian im Jahre 303 alle heiligen Schriften der Christen bei Todesstrafe zu verbrennen befahl.

Jetzt ist durch diesen Papyrusfund ein Stück einer der ältesten Abschriften des Johannes-Evangeliums buchstäblich aus dem Grab erstanden. Die Palaeographen, d. h. die Vertreter der wissenschaftlichen Handschriftenkunde, erklären einstimmig, daß dieses Stück um 125 geschrieben worden ist. Demnach ist dieser Papierfetzen die älteste uns bekannte Niederschrift aus dem Johannes-Evangelium. Nun ist aber dieses Evangelium nach allen Anzeichen etwa im Jahre 95 in Ephesus in Kleinasien verfaßt worden. Somit liegen zwischen der eigenhändigen Niederschrift des Apostels und der Niederschrift dieses halbzerstörten Blattes in Ägypten nur knapp dreißig Jahre. In diesen dreißig Jahren muß also diese Schrift schon weit übers Meer bis nach Ägypten Verbreitung gefunden haben. Durch diesen kleinen Papyrusrest ist all jenen scharfsinnigen „Beweisen" für die Unechtheit des Evangeliums der Boden entzogen. Jetzt kann jeder mit um so größerer Gewißheit dem Wort Luthers zustimmen: „Es ist das Evangelium des Johannes das einige, rechte, zarte Hauptevangelium und den andern drei weit vorzuziehen".

Der Leser wird vielleicht denken, wozu diese lange Einleitung über einen Papyrusfund in Ägypten? Was hat das mit der Zeitenberechnung im Leben Jesu zu tun? Sehr viel! Die drei ersten Evangelien lassen uns nämlich bei dieser Berechnung völlig im Stich. Nach ihnen könnte man annehmen, Jesus habe nur ein einziges Jahr sein messianisches Amt ausgeübt. Sie erwähnen nur einen einzigen Festbesuch in Jerusalem. Allein Johannes, der die schon seit zwanzig oder mehr Jahren in den Gemeinden verbreiteten anderen Evangelien als Augenzeuge in manchen Stücken absichtlich ergänzen, manchmal auch berichtigen wollte, gibt uns darüber volles Licht.

Er beschränkt sich nämlich großenteils auf Berichterstattung über die Festbesuche Jesu in Jerusalem, von denen die anderen Evangelien schweigen. Das dürfte damit zusammenhängen, daß Jesus zu diesen Besuchen in Jerusalem, die bloß für die Reise hin und her eine Woche beanspruchten, nicht alle zwölf Apostel mitgenommen hat, sondern nur den „Jünger, den Jesus lieb hatte" oder nur wenige. Nur vom letzten Passahfest wissen wir gewiß, daß er alle zwölf bei sich hatte.

Johannes war auch in Jerusalem überall Augen- und Ohrenzeuge, was die anderen drei Evangelisten nicht waren, denn Matthäus hat ursprünglich wohl nur die *Reden* Jesu aufgeschrieben, während die geschichtlichen Ereignisse erst später eingefügt wurden. Und Markus und Lukas haben überhaupt nie zum Gefolge Jesu gehört.

Also Johannes ist der einzige Evangelist, der uns durch die genaue Angabe sämtlicher Festreisen Jesu nach Jerusalem instandsetzt, bei gleichzeitiger Berücksichtigung der klimatischen Verhältnisse Palästinas den Verlauf des zweiundeinvierteljährigen öffentlichen Wirkens Jesu kalendermäßig ganz zuverlässig darzustellen.

Kalendermäßiger Überblick über das Leben Jesu

Im Nachfolgenden sind nun alle wichtigeren Ereignisse im öffentlichen Wirken Jesu von seiner Taufe im Jordan an bis zu seiner Himmelfahrt kalendermäßig auf die zweiundeinviertel Jahre verteilt.

Ich muß nur eines vorausschicken. Manche der Daten müssen in der einstigen geschichtlichen Wirklichkeit notwendig ein paar Tage früher oder später gefallen sein, als ich sie angesetzt habe. Das kommt von der Veränderlichkeit des Osterdatums her. Ostern fällt ja nicht wie z. B. unser Neujahr und Weihnachten jedes Jahr auf dasselbe Datum, sondern schwankt zwischen dem 20. März und dem 20. April, je nachdem der Ostervollmond früher oder später fällt. Da wir nun nicht wissen, in welches Jahr „nach Christi Geburt" das erste öffentliche Passahfest Jesu gefallen ist, blieb mir nichts anderes übrig, als willkürlich ein bestimmtes Datum dafür anzunehmen. Dafür habe ich für alle drei Passahfeste (einschließlich seines letzten) die Mitte zwischen 20. März und 20. April gewählt, also den 5. April. Daher stimmen die vom Ostertermin abhängigen Daten nicht genau mit der geschichtlichen Wirklichkeit überein. Der Anschaulichkeit wegen habe ich aber dennoch die Ereignisse auf ein zahlenmäßiges Datum gelegt. Diese Berechnung der Ereignisse nach Tagen und Monaten ist aber durchaus nichts Nebensächliches, sondern, wie der Leser bald merken wird, für deren Verständnis überaus wichtig, ja oft unentbehrlich.

Den Anfang meiner Berechnung bildet das Auftreten Johannes des Täufers im November. Woher wissen wir, daß Johannes im November aufgetreten ist? Im Jordantal, dem tiefsten Tal der Welt, herrscht im Sommer, vom April bis zum November, eine solche Gluthitze, daß es dort niemand, dem seine Gesundheit lieb ist, aushalten kann. Auch heute noch geht der Jerusalemer während des Sommers nie an den Jordan, sondern reist, wenn er durchaus reisen muß, am liebsten bei Nacht hindurch. Das war zur Zeit Jesu nicht anders. Wenn also nach Matth. 3, 5 beim Auftreten des Täufers „die Stadt Jerusalem und das ganze jüdische Land" zu längerem Aufenthalt an den Jordan zog, so war das nur von dem kühleren November an möglich und mußte vom heißen April an aufhören. Die Richtigkeit der Anfangs- zeiten der Tätigkeit des Täufers im November ist also durch die klimatischen Verhältnisse Palästinas unwiderleglich bewie- sen.

Hiermit ist aber auch die Zeit der nachfolgenden Ereignisse not- wendig gegeben: der Taufe Jesu, der vierzig Tage in der Wüste, des anschließenden kurzen Aufenthalts Jesu am Jordan mit dem Anschluß der ersten fünf Jünger (vier Tage lang hinter einander nach Joh. 1, 19—43), unmittelbar danach drei Tage der Wande- rung nach Kana (Joh. 2, 1) und am dritten die dortige Hochzeit. Zwischen der Hochzeit und der Abreise Jesu zum Passahfest in Jerusalem lag der Umzug von Nazareth nach Kapernaum und der erste kurze Aufenthalt in Kapernaum und Galiläa, was höchstens anderthalb Monate gedauert haben kann, denn das Passahfest stand vor der Tür.

Hiernach haben die Ereignisse kalendermäßig in folgender Rei- henfolge stattgefunden:

November: Erstes Auftreten Johannes des Täufers am Jordan
(ein ganz feststehendes Datum);
6. *Januar:* Taufe Jesu, nach ganz alter Überlieferung am 6. Ja- nuar, weshalb man diesen Tag als Tauffest Jesu beging (erst später wurde daraus das Epiphanias- fest);
7. *Januar bis 15. Februar:* die vierzig Tage in der Wüste;
16. *bis 20. Februar:* die ersten Berufungen nach Joh. 1, 19—51;
21. *Februar:* Abreise vom Jordan nach Kana;
23. *Februar:* Hochzeit zu Kana;

12

24. Februar bis etwa 1. März: Abschied von Nazareth und Umzug nach Kapernaum;

1. bis 15. März: Ansiedlung und Einrichtung in Kapernaum, sowie kurzer erster Aufenthalt daselbst (nach Urtext „nur wenige Tage");

16. bis 31. März: kurze erste Tätigkeit in Galiläa;

1. April: Abreise nach Jerusalem;

5. April: Passahfest in Jerusalem (Tempelreinigung);

5. April bis November: Tätigkeit Jesu in Judäa;

November und Dezember: Tauftätigkeit Jesu am Jordan. Daß er schon im Januar diese Tätigkeit wieder aufgab und nach Galiläa abreiste, ergibt sich aus Joh. 4, 3;

Januar des zweiten Jahrs: Jesus am Brunnen bei Sychar. *Dieser Januar ist eines der aus der Natur Palästinas sich ergebenden wichtigsten, absolut sicheren Daten im Leben Jesu;*

Januar, drei Tage später: Weiterreise nach Galiläa (Joh. 4, 43);

Januar, drei Tage später: Jesus in Kana, der Königliche Beamte;

Januar, Februar, Anfang März: Tätigkeit in Galiläa;

15. März: Jesus beim Purimfest in Jerusalem. *Dies ist wieder eines der absolut sicheren Daten im Leben Jesu,* da das Fest am 15. März feststeht;

15. bis 22. März: ungefähr eine Woche in Jerusalem, dann Rückreise nach Galiläa;

5. April: Passahfest in Galiläa, Speisung der 5 000 (Joh. 6, 4);

Mai bis September: der galiläische Sommer, während dessen auch die drei Auslandsreisen;

Oktober: Jesus beim Laubhüttenfest in Jerusalem *(wieder ein ganz sicheres Datum);*

November, Dezember, Januar, Februar: die große Überlandreise durch Südgaliläa, samaritisches Grenzgebiet, Peräa, Judäa; davon etwa acht Wochen im November und Dezember in Südgaliläa und im samaritanischen Grenzgebiet, etwa acht Wochen im Januar und Februar in Peräa, dazwischen hinein am

25. Dezember: Jesus beim Tempelweihfest in Jerusalem. *Dies ist eines der ganz feststehenden Daten im Leben Jesu,* da dies Fest immer auf den 25. Dezember fiel;

26. Dezember: Rückkehr nach Peräa über Bethanien (Eins ist not);

März: eilige Reise von Peräa nach Bethanien wegen Lazarus' Tod;

März: dann zwei bis drei Wochen in Ephrem in Judäa, hierauf über Jericho nach Jerusalem. Salbung in Bethanien, Einzug in Jerusalem;

Ende März und Anfang April: Passionswoche;

2. April: Kreuzigung Jesu;

4. April: Auferstehung Jesu;

5. April bis 14. Mai: Erscheinungen des Auferstandenen vor Aposteln und Jüngern;

14. Mai: Himmelfahrt.

Die von mir angenommenen Kalendertage können natürlich alle (abgesehen von den jüdischen Festen) um einige wenige Tage früher oder später gefallen sein.

Nazareth

Weitaus den größten Teil seines Erdenlebens hat Jesus in dem Bergstädtchen Nazareth zugebracht. Von dieser Zeit ist keine Nachricht zu uns gedrungen. Diese dreißig Jahre sind wie ein verschlossener Garten, aus dem nur ein einziges Blümlein bekannt ist: die Geschichte vom zwölfjährigen Jesus. Das Geistesleben dieses Kindes ist für uns ein undurchdringliches Geheimnis. Jedenfalls muß Jesus schon in ganz jungen Jahren in Nazareth in einer ganz einzigartigen Verbindung mit Gott gestanden haben, den er schon in seinem zwölften Jahre „seinen Vater" nannte.

Ich kann also nur von den äußeren Dingen sprechen, die in diesen dreißig Jahren an Jesus herangetreten sind. Die große Welt wurde damals, wie wir aus der Weihnachtsgeschichte wissen, vom Kaiser Augustus beherrscht. Wo jetzt wohl dreißig Staaten, alle bis an die Zähne bewaffnet, einander mißtrauisch gegenüberstehen, immer bereit, aufeinander loszuschlagen, war damals ein einziges Reich, an dessen Grenzen das Römerschwert den Weltfrieden mächtig beschirmte. Überall, am Ebro, an der Loire, an der Themse, am Rhein, an der Donau, am Nil, am Euphrat, herrschte Friede. Handel, Kunst, Wissenschaft standen in schönster Blüte. „Ein goldenes Zeitalter", sagte man. Nur eines fehlte dieser scheinbar so glücklichen Welt: Gott. Und ohne Gott kann die Menschheit nie glücklich sein. Denn zu Ihm ist sie geschaffen. Ohne Ihn versinkt sie auch unfehlbar in dem Sumpf der Unsittlichkeit, das beweist die Geschichte jener Tage erschütternd. An die alten Götter glaubte kein Mensch mehr. Und der Religionsersatz, den man sich aus allen möglichen orientalischen Religionen holte, war auch darnach.

Um der Menschheit Gott zu bringen, dazu war jener Knabe von Nazareth geboren, dessen Name schon bald die Welt erfüllen sollte. Er wuchs im Hause des Landbaumeisters, andere sagen: des Zimmermanns Joseph auf und half ihm, größer geworden, in seinem Beruf. Joseph und seine Frau Maria hatten außer ihrem Ältesten noch ein ganzes Trüppchen Kinder, neben den Töchtern (Matth. 13, 56) noch vier Söhne — Jakobus, Joses, Simon und Judas — also mindestens sieben Kinder.

Im zwölften Jahre wurde Jesus nach jüdischem Brauch ein „Sohn des Gesetzes". Damit trat er nach Art unserer Konfirmanden als Glied in die Gemeinde ein. Von da an durfte er mit in die Synagoge gehen und bei den Schriftgelehrten die Bibel lernen. Auch die Festwallfahrten nach Jerusalem durfte er jetzt mitmachen, wie wir aus der Geschichte vom zwölfjährigen Jesus wissen. Von allen Knaben Nazareths, welche die Bibel lernten, war Jesus gewiß der aufmerksamste und nachdenkendste. Aber die Schriftgelehrten waren gewiß nicht seine einzigen und besten Lehrer. Seine liebste Lehrerin war seine Mutter Maria. Sie war ja, wie wir aus Lukas 1 wissen, eine bibelfeste Frau. Da saß er oft lernend zu ihren Füßen.

Der Hausvater Joseph wird in seinem zwölften Jahr zum letztenmal erwähnt. Er scheint früh gestorben zu sein. Sonst müßte er irgend einmal, zum mindesten in der Karfreitagsgeschichte, erwähnt sein. Nach seinem Tod wurde Jesus nach morgenländischem Brauch Hausherr. Als Baumeister verdiente er soviel, um seine Mutter und die Geschwister, solange diese noch klein waren, zu versorgen.

Seine Brüder waren aber nicht geneigt, in ihm etwas Höheres zu erblicken als sie. Er wohnte doch mit ihnen im Hause. Er saß täglich mit ihnen am Tisch. Er legte sich jeden Abend mit ihnen schlafen. Warum sollte er mehr sein als sie? Es klingen gewiß Erinnerungen dieser Art hindurch, wenn er später einmal sagt: „Ein Prophet gilt nirgends weniger denn daheim bei den Seinen" (Mark 6, 4; Matth. 13, 57). Und später, als schon Tausende auf ihn hörten, sagt Johannes (Joh. 7, 5): „Auch seine Brüder glaubten nicht an ihn."

Die politischen Zustände hat er während dieser dreißigjährigen Stille in Nazareth aufmerksam beobachtet. Es waren ja wilde Zeiten, in denen er aufwuchs. Schon an seiner Wiege steht die blutige Gestalt des mörderischen Herodes. Dessen Nachfolger war bekanntlich sein Sohn Archelaos. Kaum hatte dieser den Thron bestiegen, so entbrannte im ganzen Lande ein Aufruhr gegen Rom. Dessen leidenschaftlicher Führer, Judas von Galiläa (Ap. Gesch. 5, 37), unternahm seine Angriffe und Raubzüge von Sepphoris, der Hauptstadt von Galiläa, aus. Diese Stadt war aber kaum ein Stündchen von Nazareth entfernt. Jesus war damals erst kurz vorher mit seinen Eltern von Ägypten zurückgekehrt, hatte also keine Erinnerungen daran. Aber in den Häusern der Bekannten und Verwandten hörte der heranwachsende Knabe gewiß oft davon erzählen, wie der römische Feldherr Varus, derselbe, der später im Teutoburger Wald in Deutschland umkam, drüben in dem nahen Sepphoris hinter dem nördlichen Berge Nazareths den Aufstand in Blut erstickt hatte. Die Leichen der tapferen Jugend Galiläas bedeckten das Schlachtfeld. Zahlreiche Dörfer in der Umgebung Nazareths gingen in Flammen auf. An zweitausend Kreuzen faulten die Leichen der Verteidiger ihres Volkstums. Da erfuhr Jesus schon früh, was es heißt, lebendig an ein Kreuz gespießt zu werden. Die Überlebenden wurden in langen Zügen gefesselt über die Berge Nazareths in die Sklaverei verschleppt.

Zehn Jahre später brach abermals ein Aufstand gegen Rom aus. Diesmal war es der Prokonsul Coponius, der den Aufstand niederschlug. Und wieder war die Gegend von Nazareth der Mittelpunkt des Verzweiflungskampfes. Wieder ging Sepphoris hinter dem nördlichen Berg von Nazareth in Flammen auf. Jesus war damals zehn bis elf Jahre alt. Er brauchte nur in wenig

mehr als einer Viertelstunde von seinem Haus auf den nördlichen Berg zu steigen, so konnte er zu seinen Füßen das Flam-
menmeer sehen. Auch diesmal wurden die Aufrührer in Mengen
ans Kreuz geschlagen, und er kann auch das mit eigenen Augen gesehen haben. Daß diese gräßliche Hinrichtungsart einmal
sein eigenes Schicksal sein würde, daran ist ihm damals wohl
noch kein Gedanke gekommen.

Als er 28 oder 29 Jahre alt war, kam der römische Statthalter
Pontius Pilatus ins Land. Im ganzen Land war man empört
über die Gewalttaten dieses habgierigen, grausamen und ge-
wissenlosen Herrn. Lukas (13, 1 ff.) erzählt beiläufig ein Beispiel davon. Kurz nach dem öffentlichen Hervortreten Jesu hatten einige seiner galiläischen Landsleute den Pilatus durch irgend etwas gereizt. Da ließ er sie mitten im Tempel in Jerusalem über ihren Opfern niederhauen, so daß ihr Blut mit dem
ihrer Opfertiere in einer Lache zusammenfloß.

Immer aufgeregter wurde die Volksstimmung. Immer leidenschaftlicher sehnte sich alles nach einem *Erlöser*, der sich an die
Spitze des Volks stellen und die Unterdrücker aus dem Lande
jagen sollte.

Aber Jesus sah deutlich, daß mit einem solchen politischen Um-
sturz dem Volk nicht geholfen wäre. Nicht ein Erlöser von der
Knechtschaft der Römer tat vor allem not, sondern ein Erlöser
von der viel schlimmeren Knechtschaft der Sünde. Nicht ein
neues Judenreich, wie fast alles Volk träumte, mußte aufgerichtet werden, sondern ein Gottesreich, wie es schon die Propheten verkündigt hatten.

Nicht die Politik, sondern die Religion mußte vor allem anders
werden. Denn was war das für eine Religion, welche die Hohenpriester und Schriftgelehrten aus dem heiligen Gottesglau-
ben der Propheten gemacht hatten. Wenn Jesus am Sabbat in
die Synagoge kam, die er nie versäumte, wurde nicht das tiefste
Fragen des Menschenherzens nach Gott verhandelt, sondern lauter Äußerlichkeiten. Der Hauptgötze war das Sabbatgebot, nicht
dasjenige aus den Zehn Geboten, sondern das, welches die
Schriftgelehrten daraus gemacht hatten. Kein Arzt durfte am
Sabbat einem Kranken helfen. Kein Taschenmesser, kein Ta-
schentuch durfte man bei sich tragen. Das wäre ja eine „Arbeit"
gewesen, also eine todeswürdige Sünde, denn am Sabbat durf-

te man nicht arbeiten. Ferner wurde da über koscheres Fleisch, erlaubte und nichterlaubte Speisen, religiöse Waschungen, Zehntenzahlen und dergleichen verhandelt, so daß es fast aussah, als läge das Wesen der Religion nicht im Herzen und Gewissen, sondern im Speisezettel, im Magen, im Waschgefäß oder Geldbeutel. Dieser ganze Plunder von selbstersonnenen Priestervorschriften war doch keine Religion, sondern ein Wust von Menschensatzungen, die man ganz pünktlich halten und dabei doch mit dem Herzen himmelweit von Gott ferne sein konnte.

Das alles sah Jesus schon in Nazareth in seiner Jugend und im ersten Mannesalter. Er war darum entschlossen, sich nie in politische Händel zu mischen, welche das Volk so leidenschaftlich beschäftigten. Er war entschlossen, anstelle jener in Äußerlichkeiten verknöcherten Religion den Menschen zu zeigen, was Religion sei, nämlich Heimkehr zu Gott. Schon nach den Propheten wollte ja Gott in dem besseren, sich nach Gott sehnenden Teil des jüdischen Volkes einen wohlvorbereiteten Boden schaffen, in dem das himmlische Samenkorn des Evangeliums Wurzel fassen und aufgehen konnte, um von hier aus der ganzen Welt zum Heil und zur Rettung zu werden. Das erkannte Jesus schon in Nazareth als seine Lebensaufgabe.

Das fand er auch in den Schriften des Alten Testaments bestätigt. Da fand er überall Worte, die auf ihn selbst hindeuteten. Nicht, als ob die Verfasser des Alten Testaments ihre Worte immer schon bewußt im Hinblick auf den kommenden Erlöser gesagt hätten. Sehr oft sprechen sie nur im allgemeinen von dem Heiligen und Gerechten, der unter allen, auch den verzweifeltsten Umständen an Gott festhalte, der deshalb viel leiden, Schmach und Verfolgung erdulden, ja scheinbar zugrunde gehen müsse und dennoch fest bei Gott bleiben werde. In alledem erkannte Jesus sich selbst. Darum bezog er auch nicht bloß die „messianischen Stellen" auf sich, sondern das *ganze* Alte Testament, Mose, die Propheten und die Psalmen, und sagte, daß alles erfüllt werden müsse, was von ihm geschrieben stehe (Matth. 26, 54; Luk. 24, 44).

So war dem Volk von seinen Propheten vielfach ein ganz anderer Erlöser verheißen als der, den sie so leidenschaftlich begehrten, nicht ein politischer Erlöser, der Regimenter marschieren ließ und Ströme von Blut vergoß, sondern ein Erlöser, der

auf einem ganz anderen, nach menschlichen Gedanken geradezu unbegreiflichen Wege die Hilfe bringen sollte, dem Wege der
Selbstaufopferung. Jesaja hatte von seinem 41. Kapitel an von
der gläubigen Minderheit des Volkes Israel geredet, die er den
„Knecht Gottes" nannte. Zuerst scheint unter diesem Knecht
Gottes der fromme Teil des Volkes gemeint zu sein. Aber durch
diese Weissagungen wandelt eine zuerst verhüllte Gestalt, die je
länger, desto mehr die Züge einer ganz bestimmten Person annimmt. Und im 53. Kapitel steht schließlich dieser Knecht Gottes klar und deutlich vor uns als ein Erlöser, der als Gottes
Lamm die Schuld aller auf sich nimmt, der „gestraft und gemartert wird um unseretwillen, seinen Mund nicht auftut wie ein
Lamm, das zur Schlachtbank geführt wird", und der durch seinen Tod die schuldige Menschheit mit Gott versöhnt.

Daß Jesus diese Verheißung auf sich selbst bezogen hat, geht
nicht nur daraus hervor, daß seine ersten Jünger sie so verstanden haben (Matth. 8, 17; Mark. 9, 12; 15, 28; Luk. 22, 37;
Ap. Gesch. 8, 32), was sie nur von ihm selbst haben konnten,
sondern auch aus seinen eigenen späteren Worten, welche ganz
offenbar auf Jes. 53, 10—12 zurückweisen (Matth. 20, 28; Luk.
22, 37). Er war entschlossen, diesen schweren und zuletzt blu-
tigen Weg zu gehen und sich selbst zum Opfer zu bringen.

Aber er beschritt diesen Weg nicht eigenmächtig, sondern wartete geduldig, bis ihm ein deutlicher Ruf seines Vaters sagte: „Jetzt
ist es Zeit!"

Diesen Ruf vernahm er in dem Auftreten Johannes des Täufers. Bis ins kleinste Dorf auch in seinem Galiläa eilte die Nachricht, daß am Jordan ein mächtiger Prophet aufgetreten wäre.
Diese Nachricht erregte ungeheures Aufsehen. Alles eilte zum
Jordan. Tausende hörten erschüttert seine Botschaft, daß der
Anbruch des Reiches Gottes vor der Tür stehe, und daß sich
jedermann durch Umkehr darauf rüsten müsse.

Dieser Alarmruf, diese Nachricht von einer Volksbewegung
größten Umfanges kam auch nach Nazareth. Wo so alles Volk
mit ganz neuen Tönen zu Gott und zum Eintritt in sein Reich
gerufen wurde, durfte Jesus nicht fehlen. Er vor allen anderen
mußte dabei sein. Da wollte auch er „alle Gerechtigkeit erfüllen", das heißt, die neue Bewegung anerkennen und sich selbst

mit hineinstellen. Er mußte diesem Johannes, den er als seinen eigenen Herold erkannte, die Hand reichen.

Und so nahm er eines Tages — es muß Ende Dezember oder Anfang Januar gewesen sein — Abschied von der Heimat seiner Kindheit und Jugend und wanderte in drei Tagen hinunter an den unteren Jordan. *26/4*

Die Wüste der Versuchung

Eine gewaltige Bewegung ging durch Palästina. Am unteren Jordan war Johannes der Täufer aufgetreten und hatte angekündigt, daß die messianische Heilszeit unmittelbar bevorstehe. Sein Standort war offenbar in derjenigen Gegend des Jordanufers, welche der Provinz Judäa und Jerusalem am nächsten lag, also nahe bei Jericho. Denn nach Matth. 3, 5 ging die Stadt Jerusalem und das ganze jüdische Land zu ihm an jenes acht Fußgängerstunden von Jerusalem entfernte Flußufer.

Auch der große Unbekannte, der bisher still und zurückgezogen in Nazareth gelebt hatte, kam aus Galiläa und ließ sich in einer stillen Stunde nach einer Unterredung mit Johannes taufen. Während er getauft wurde, betete er (Luk. 3, 21). Was war der Inhalt seines Gebets? In seinem dreißigjährigen Verkehr mit den sündigen Menschen in Nazareth, zu denen auch seine liebsten Familienglieder gehörten, hatte er erkannt, daß diese sündige Menschheit nur gerettet werden könne, wenn sich ein ganz Reiner für sie opfere. Er war rein. Außer ihm niemand. Und er war entschlossen, dies Gotteslamm zu werden. Dies wird er dem Vater in seinem Gebet gesagt haben.

Daß das so gewesen sein muß, sehen wir an der höchst überraschenden Wirkung dieses Gebets. Der Himmel tat sich auf, der Geist Gottes schwebte auf ihn herab. Eine Stimme von oben, die wir noch zweimal in seinem Leben vernehmen (Matth. 17, 5 und Joh. 12, 28), gab ihm die Antwort: „Du bist mein geliebter Sohn, an dem Ich Wohlgefallen habe" (Luk. 3, 22). Damit sprach ihm Gott sein Wohlgefallen an diesem Entschluß aus und enthüllte ihm das Geheimnis seines Daseins, das er in seinem beständigen Gebetsverkehr mit Gott schon lange geahnt hatte, das ihm aber noch nie so klar und feierlich zugesprochen worden war: *Du bist Gottes Sohn!* Zugleich rüstete ihn sein himmlischer Vater für seinen messianischen Auftrag aus, indem er ihm die Fülle seines göttlichen Geistes gab. Damit erhielt er auch die Gabe, in der Gemeinschaft mit seinem Vater wundertätig in die Dinge der Welt einzugreifen.

Ohne Zweifel hat Jesus nachher auch mit Johannes über dieses gemeinsame Erlebnis gesprochen, namentlich darüber, daß er entschlossen sei, dieses Gotteslamm zu werden. Denn erst von diesem Tage an redete der Täufer zum Volk nicht mehr von einem kommenden Messias, sondern zeigte ihnen diesen Jesus als den großen Erwarteten mit den Worten: „Seht, das ist das Lamm Gottes, das der Welt Sünde hinwegträgt".

Nun wurde Jesus zunächst vom Geist in die Wüste geführt. Wo haben wir diese Wüste zu suchen? Gemeint ist ohne Frage die Wüste Juda, die sich von der damals üppig fruchtbaren Ebene von Jericho als ganz unfruchtbares Gebirge bis fast hinauf nach Jerusalem ausdehnt. Hier ist nirgends ein Haus oder ein Baum zu sehen. Totenstille liegt über den zahllosen Bergen und Schluchten. Hier konnte Jesus im Gegensatz zu den großen Menschenansammlungen am Jordan wie in einer weltabgeschiedenen Sakristei über die vor ihm liegende Aufgabe nachdenken. Diese Wüste konnte er vom Jordan aus über Jericho bequem in zwei Stunden erreichen.

Hier war er einsam und doch nicht einsam. Die ganze unsichtbare Welt, die uns ja überhaupt viel näher ist, als wir gewöhnlich denken, sah zu, wie er in diesem hehren Tempel der Natur seine bei der Taufe übernommene Erlöseraufgabe prüfend überlegte und in Einklang mit dem Willen seines Vaters brachte. Nicht nur der Vater war ihm beständig nahe, nicht nur die Engel, welche von den Evangelisten am Schluß ausdrücklich erwähnt werden, sondern auch der Versucher. Nach großen Gnadenstunden und Gnadenzeiten pflegt dieser ja auch in unserem Leben mit seinen schwersten Versuchungen zu kommen. So kam er auch zu Jesus nach der großen Gottesstunde am Jordan.

Es waren drei Versuchungen, mit denen er Jesus nahte. Jedesmal fing er damit an (wie einst im Paradies) Zweifel an Gottes Wort zu erregen, Zweifel an jener Stimme, die gesagt hatte: „Du bist mein lieber Sohn." Daher jedesmal zuerst das höhnisch zweifelnde: „Bist du Gottes Sohn? Dann . . ." Die erhebende Gewißheit, Gottes Sohn zu sein, war ja in dieser Klarheit und Kraft für Jesus selbst noch neu.

Damit unternahm es der Versucher, ihn von dem Wege abzubringen, auf dem er nach dem Willen des Vaters die Erlösung der Menschheit vollbringen sollte. Mit diesem Wege war Jesus nach seiner Taufe so ganz beschäftigt, daß er darüber absichtlich und bewußt das Essen sechs Wochen lang versäumte. Auf welchem Wege sollte er, fortan mit den höchsten Vollmachten ausgestattet, seine hohe Aufgabe erfüllen? Hier setzte der Versucher ein. Er versuchte es, ihn von dem steilen Pfade des Gehorsams, somit von dem Opferweg des „Lammes Gottes", abzubringen. Die zwei ersten Versuchungen sahen auf den ersten Blick ganz harmlos aus. Jesus hungerte. Warum sollte er die ihm *für seine messianische Sendung* verliehene Wunderkraft nicht zur Stillung seines Hungers benützen? „Sag, daß diese (hier herumliegenden) Steine Brot werden!" Aber was hatte das mit seinem Auftrag zu tun? Oder sollte er sich hoch auf die Zinne des Tempels stellen und vor allem Volk herunterspringen, also die Anerkennung durch das Volk durch ein Theaterstück gewinnen? Aber er hatte sich doch verpflichtet, als Gottes Lamm für das Volk zu sterben! Zuletzt verhieß ihm der Versucher alle Macht und Herrlichkeit der Welt: da konnte er als politischer und sozialer Weltbeglücker die großartigste Rolle spielen. Aber das war nur möglich, wenn er den Opferweg verließ, zu dem er bei der Taufe berufen worden war.

Alle diese Versuchungen prallten an der festen Entschlossenheit Jesu, den von seinem Vater ihm bestimmten Weg zu gehen, wirkungslos ab. Da war keine Spur von Wanken und Zweifel. Mit vollendeter Ruhe und Klarheit erteilte er dem Versucher seine Absagen, und mit der Waffe des Wortes Gottes lehnte er dessen Vorschläge ab. Und bei der letzten Versuchung sprach er klar und deutlich aus, wer der Urheber dieser Einflüsterungen war, und wies diesen gebieterisch ab: „Heb' dich weg von mir, Satan!"

Kein Mensch ist bei der Versuchung Jesu zugegen gewesen. Sie ist uns nur dadurch zur Kenntnis gekommen, daß Jesus selbst sie seinen Jüngern erzählt hat. Er hat es natürlich nicht nur deshalb getan, um ihnen eine interessante Mitteilung zu machen, sondern damit sie ein besseres Verständnis seines Lebens und seiner Person gewinnen, aber auch, damit sie und wir von ihm lernen sollten, wie wir uns zu verhalten haben, wenn auch wir in die Wüsten der Versuchung kommen. Denn er wußte wohl, daß der Satan auch seine Jünger „sichten werde wie den Weizen", und mußte sie darauf vorbereiten (Luk. 22, 31; Joh. 6, 70). Sie sollten aus dieser Geschichte lernen, dem Versucher ruhig und fest mit Gottes Wort entgegenzutreten, oder aber ihn mit dem kurzen Befehl abzuweisen: „Heb' dich weg von mir, Satan!"

Die Versuchung hatte am Anfang der öffentlichen Tätigkeit Jesu für ihn große Bedeutung. Godet, der ausgezeichnete Schriftausleger, sagt: „Wenn Jesus später ohne Umhertasten, ohne Wanken, ohne Fehltritte den von Gott gewollten Weg eingehalten hat, so ist diese sichere Haltung, diese unerschütterliche Festigkeit das Ergebnis der in der Wüste bestandenen Probe. Die Versuchung war für ihn dasselbe, was für den Kapitän eines zur Fahrt ausgerüsteten Schiffes das Studium der Meereskarte ist, auf welcher die unter dem Wasserspiegel verborgenen Klippen, die vermieden werden müssen, angegeben sind. Der Satan selbst mußte ihm dabei als Lehrmeister dienen."

Die allererste Offenbarung seiner Herrlichkeit

Nach diesen vierzig Tagen kehrte Jesus wieder an den Jordan zurück. Hochbeglückt sah ihn der Täufer kommen und rief: „Siehe, das ist Gottes Lamm, welches der Welt Sünde hinwegträgt!" (Joh. 1, 29). Wir können uns kaum vorstellen, was für einen gewaltigen Eindruck diese öffentliche persönliche Vorstellung des erwarteten Messias auf die Anwesenden gemacht hat.

Am folgenden Tage (Joh. 1, 35) stand Johannes mit zweien seiner Jünger beisammen, als Jesus in einiger Entfernung vorbeiging. Die beiden Jünger, und am folgenden Tage noch andere, lauter Galiläer wie Jesus selbst, wagten es, dem Hohen zu folgen und ihn schüchtern anzureden. Jesus kam ihnen freundlich entgegen und lud sie ein, ihn nach Galiläa zu begleiten. Hochbeglückt schlossen sie sich ihm an.

Und nun kam jene denkwürdige dreitägige Wanderung nach Kana (Joh. 2, 1). Sie wanderten zuerst nach Norden und bogen nach einigen Stunden westlich ab hinauf ins Gebirge. Gleich am Anfang, als Nathanael sein Erstaunen über das höhere Wissen Jesu aussprach, verhieß er ihnen noch ganz andere *Offenbarungen seiner Herrlichkeit*. Sie hatten zur Linken hoch im Gebirge das alte Bethel vor Augen, wo einst Jakob den wunderschönen Traum von der Himmelsleiter gehabt hat. Wahrscheinlich in Anknüpfung daran verhieß er ihnen, daß sie nicht im Traum, sondern in voller Wirklichkeit bei ihm noch ganz andere Dinge erleben sollten, und sagte: „Wahrlich, ich sage euch, von nun an werdet ihr den Himmel offen sehen und die Engel Gottes hinauf und hinab fahren auf des Menschen Sohn" (Joh. 1, 51).

So wanderten die sechs jungen Männer, in denen die Zukunft der Menschheit ruhte, nordwärts an den herrlichen Palmenwäldern von Jericho und Phasaelis vorbei durch das in seinem unteren Teil zu einer breiten Ebene erweiterten Jordantal.

Vom Jordan wanderten sie am zweiten Tag westlich hinauf ins Gebirge von Samaria, an Sychar und Sichem vorbei, zwischen den gewaltigen Bergstöcken Ebal und Garizim hindurch, nördlich weiter bis zur Ebene Jesreel. An deren Anfang sahen sie schon hoch auf den Bergen die höchstgelegenen Häuser von Nazareth und kamen in einigen weiteren Stunden nach Nazareth selbst und in das Haus Jesu.

Hier fand er seine Mutter nicht vor, denn sie war nach Joh. 2, 1 zu einer Hochzeit nach Kana eingeladen (Joh. 2, 1). Aber sie hatte auch für ihn eine Einladung hinterlassen. Dieser wollte er Folge leisten, aber er forderte auch seine fünf Mitwanderer auf, ihn dorthin zu begleiten.

Von Nazareth nach Kana war es noch ein weiter Weg von zwei bis drei Stunden. Sie überstiegen den 488 Meter hohen Berg im

Norden der Stadt. Auf dessen Höhe hatten sie eine wundervolle Aussicht über ganz Galiläa, den nahen Tabor, den Karmel, das Gebirge Gilboa, zwischen diesen Gebirgen die mit jungen grünen Saaten bedeckte Ebene Jesreel, im Norden den damals im März noch mit Schnee bedeckten Hermon. Beim Wehen des angenehmen Seewinds, der im Frühling nachmittags immer übers Land streicht, gingen sie von der Höhe hinunter nach Sepphoris, in die nahe Hauptstadt des Landesherrn Jesu, Herodes Antipas, mit ihren Palästen, Theatern und öffentlichen Bauten. Dann wanderten sie über die damals mit dem wundervollen Blumenflor Palästinas bedeckte Ebene Battoof, an deren nördlichem Ende sie schon von weitem das stattlich auf einem vorspringenden Berge schimmernde Kana liegen sahen.

Es muß schon Abend gewesen sein, als sie droben ankamen und in die Hochzeitsgesellschaft eintraten. Es ist im Morgenland nicht so, daß alle Gäste an einer langen Tafel sitzen, in der Mitte das Brautpaar, sondern die Geladenen bewegen sich frei in den Räumen und namentlich im festlich geschmückten Hof, wo das Fackelspiel und die Reigentänze stattfinden. So wird es auch in Kana gewesen sein.

Natürlich erregte die späte Ankunft von sechs Gästen, von denen fünf nicht erwartet waren, Aufmerksamkeit. Aber gastfrei wurden sie eingeladen, mitzufeiern. Es wurde alles getan, um sie festlich zu bewirten. Es war offenbar ein wohlhabendes Haus, darauf deutet der Speisemeister oder Oberkellner und die vielen Diener, welche nachher die schweren Krüge füllten.

Zur Abendstunde war die Hochzeitsgesellschaft fröhlich beisammen, wie ja überhaupt die Feiern in Palästina hauptsächlich abends stattfinden. Die Bibel erwähnt bei Hochzeiten Reigentänze, frohe Gesänge, „die Stimme des Bräutigams und der Braut". Aber von all den Festgebräuchen erwähnt Johannes nichts. Selbst das Brautpaar erwähnt er mit keiner Silbe. Er erzählt nur von einer kleinen Verlegenheit bei der Bewirtung, die vielleicht dadurch entstanden war, daß die Hochzeitsgesellschaft ganz unerwartet durch sechs junge Gäste, die zugleich wegemüde und durstige Wanderer waren, vermehrt worden war. Maria merkt es. Sie scheint sich in dem befreundeten oder verwandten Hause mit um die Bewirtung gekümmert zu haben. Sie sann auf Abhilfe. Sie war gewohnt, seit sie verwitwet war, sich in jeder Verlegenheit an ihren ältesten Sohn Jesus zu wenden. Froh, ihn nach zweimonatiger Abwesenheit wiederzusehen, trat sie zu ihm und flüsterte ihm zu: „Sie haben keinen Wein!" Sie wußte, er würde schon helfen.

Gedankenloser Weise wird dies Wort immer wieder so gedeutet, als habe sie ihn veranlassen wollen, durch ein Wunder Wein herbeizuschaffen. Aber sie hatte doch noch nie ein Wunder von ihm erlebt! Johannes sagt ausdrücklich: „Dies war das *erste* Zeichen, das Jesus tat" (Joh. 2, 11). Dem Mangel war ja ebenso leicht abzuhelfen, wie wenn ihr im eigenen Haus in Nazareth der Wein oder sonst etwas ausging. Da ließ er das Nötige beim Krämer holen oder holte es selber. Wie hätte sie auf die abenteuerlichen Gedanken kommen sollen, wegen einer so geringfügigen Sache zum erstenmal ein Wunder von ihm zu erwarten? Ihr Wort ist vielmehr so zu verstehen, daß sie, zumal wenn es schon zu vorgeschrittener Stunde war, zum Aufbruch mahnen wollte. Damit wäre der Verlegenheit abgeholfen gewesen. Darauf deutet auch die Antwort Jesu, die wir am besten frei so übersetzen: „Liebe Mutter. Was mir und dir?" Das könnte heißen: „Was haben diese Bewirtungssorgen mit mir und dir zu tun?" Und der weitere Satz: „Meine Stunde ist noch nicht gekommen" ist die Antwort auf ihre Andeutung, daß es Zeit sei, aufzubrechen, um die Gastgeber nicht weiter in Verlegenheit zu lassen.*)

Seltsamerweise erklärt man es gewöhnlich so, als ob er habe sagen wollen: „Meine Stunde, ein Wunder zu tun, ist noch nicht gekommen." Aber sie *war* doch gerade jetzt gekommen! Dreißig Jahre war er alt geworden, und noch nie hatte er ein Wunder getan. Aber jetzt, eben in dieser Stunde, tat er das allererste.

Jedenfalls hat Maria seine Antwort nicht als Ablehnung aufgefaßt. Im Gegenteil. Aus seinem Ton, Blick und Gesichtsausdruck las sie es deutlich heraus, daß er helfen wolle, so oder so. Darum sagte sie beruhigt zu den Dienern, die sie anscheinend schon mitgebracht hatte: „Was er euch sagt, das tut!"

Es standen da sechs mächtige Tonkrüge, wie man sie noch heute in jedem Haus Palästinas hat, um Wasser, Wein, Öl oder

---

*) Erst nachdem ich das geschrieben, fand ich, daß auch D. J. A. Bengel (gest. 1732), einer der besten und feinsten Bibelerklärer, dies ebenso erklärt.

Schmalz darin aufzubewahren, Scharra genannt. Es sind gewaltige, mehr Fässern ähnliche, meterhohe bauchige Gefäße, deren jeder die große Menge von vierzig Litern faßt. Die dastehenden Krüge sollten das Wasser enthalten, das teils zur Reinigung der Geräte, teils zu den vorgeschriebenen Waschungen vor und nach der Mahlzeit diente.

Die Diener standen also da und erwarteten die Befehle Jesu. Dieser ordnet an: „Füllt die Wasserkrüge mit Wasser!"

Vielleicht kopfschüttelnd gehorchen sie, denn es ging ja nicht um die Herbeischaffung von Wasser, sondern von Wein. Sie gehen aber in den Hof zur Zisterne (denn eine Quelle gibt es in dem richtigen Kana nicht). Der Schöpfeimer wird wieder und wieder in die Tiefe gelassen und voll heraufgezogen, bis die sechs mächtigen Behältnisse bis oben voll sind.

Jetzt kommen sie zu Jesus, immer noch nicht begreifend, was in der augenblicklichen Verlegenheit das Wasser soll, und melden ihm, daß sein Auftrag ausgeführt sei.

Ruhig, ohne sich erst vom Inhalt zu überzeugen, befiehlt er ihnen, auf die kleineren Tischkrüge deutend: „Schöpfet nun und bringet's dem Speisemeister!"

Jetzt beim Schöpfen in die Tischkrüge merkten die Diener erst mit maßlosem Erstaunen, was vorgegangen war. Was sie da herausgeschöpft hatten, war nicht mehr Wasser, sondern köstlich duftender Wein. Es war in einem häuslichen Kreise *die erste Offenbarung der Herrlichkeit Jesu,* der Wunderkraft, die ihm bei seiner Taufe verliehen worden war. Was Gott sonst in seiner Schöpfungs- und Verwandlungskraft jedes Jahr im Lauf des Sommers durch jeden Weinstock zustandebringt, indem er das in den Erdschollen befindliche Wasser in goldenen Wein verwandelt, das hatte dieser Mann in einem Augenblick getan. Man kann sich denken, mit welcher Eile sie die gefüllten Tischkrüge dem Oberkellner brachten, sehr neugierig, was der dazu sagen werde.

Der Oberkellner, der die Not am ersten gemerkt hatte, sieht mit Befriedigung, daß dem Mangel schon abgeholfen ist. Jetzt versucht er den Wein. Er prüft und schmeckt und schnalzt mit der Zunge und sagt, angenehm überrascht zum Bräutigam: „Das ist einmal ein Weinchen! Das ist ja der beste von allen! Diesen feinen Tropfen hätte ich den Gästen zuerst gegeben, nicht erst jetzt!"

Als er das sagte, hatte er noch keine Ahnung, woher der Wein gekommen war. Da es aber die Diener wußten, sprach sich die Sache schnell in der ganzen Hochzeitsgesellschaft herum, und wir können uns vorstellen, wie sich nun die Aufmerksamkeit aller auf den Gast richtete, hinter dessen schlichter Gestalt sich ihnen ein unbegreifliches Geheimnis zu verbergen schien. Hatte Jesus vorhin gesagt, seine Stunde aufzubrechen sei noch nicht gekommen, jetzt war für alle die Stunde zum Gehen erst recht noch nicht gekommen.

Zum erstenmal seit Übernahme seines hohen Auftrags durch die Taufe im Jordan hatte Jesus Gelegenheit, zu einem größeren, wenn auch geschlossenen Kreise zu reden. Zum erstenmal bildete er, wie forthin überall, den Mittelpunkt der ganzen Gesellschaft, hinter dem das Interesse für die Brautleute ganz in den Hintergrund trat, und alle lauschten seiner geistvollen Rede. Selbstverständlich sprach er nicht über gleichgültige Dinge, sondern zum erstenmal öffnete sich dieser Mund, um die Menschen an ihren tiefsten Bedürfnissen anzufassen, ihrer Sehnsucht nach Gott, ihrem Verlangen nach Erlösung von allem, was das Menschenherz unglücklich und unselig macht. Aller Herzen schlugen ihm entgegen und ahnten, daß in ihm etwas noch nie Dagewesenes in ihrer Mitte erschienen war. Anders kann ich mir wenigstens die Unterhaltung Jesu nicht denken, nachdem die Herzen durch das soeben Erlebte für ihn weit aufgeschlossen waren.

Wie oft mögen die Hochzeitsgäste, als in den nächsten Wochen und Monaten die Nachrichten von Jesus durchs Land flogen, an diesen Abend zurückgedacht haben! Und auch das Brautpaar, dessen Hochzeit so unerwartet hochgeehrt worden war, ist in den nächsten Jahren schon äußerlich durch den Haustrunk von mehr als zweihundert Litern Wein an den hohen Gast erinnert worden, der die durch ihn herbeigeführte kleine Verlegenheit königlich behoben hatte!

Den größten Eindruck aber machte dieser Abend auf die fünf jungen Männer, die Jesus vom Jordan mitgebracht hatte. Während ihrer ganzen dreitägigen Wanderung hatte es in seiner Nähe und unter seinen Worten in ihren Herzen gebrannt und gerufen: „Er ist's, er ist's, er und kein anderer! Unser bisheriger Meister Johannes hat uns nicht zuviel gesagt, als er uns ihn als den Welterlöser, als das Lamm Gottes bezeichnete, das der Welt Sünde hinwegträgt!"

Jetzt aber war für sie auch das Letzte hinzugekommen, was er ihnen vor drei Tagen beim Beginn ihrer Wanderung angesichts der Bergeshöhe von Bethel verheißen hatte, sie würden bei ihm Dinge erleben, die den Jakobstraum von der Himmelsleiter weit in den Schatten stellen würden. Wäre in einem von den Fünf noch ein kleiner Rest von Zweifel übrig gewesen, jetzt war es mit dem Zweifel vorbei. Von jetzt an war ihr Glaube an ihn felsenfest. Was sie erlebt hatten, war ihnen nicht wie für die übrigen Hochzeitsgäste nur ein „Wunder", sondern, wie Johannes in seinem Evangelium schreibt, ein „Zeichen", nämlich ein Zeichen seiner göttlichen Sendung. Darum setzte er, als er in hohem Greisenalter sein Evangelium in Ephesus schrieb, unter diese Geschichte die bedeutsame Unterschrift:

> „Das ist das erste Zeichen, das Jesus tat, geschehen zu
> Kana in Galiläa, und Er offenbarte seine Herrlichkeit.
> Und seine Jünger kamen zum Glauben an Ihn."

21/4

Der Umzug

„Das Neue Testament ist eine der höchsten Gaben Gottes an die Menschheit!" hat der blinde Universitätsprofessor Riggenbach in Basel gesagt. Aber man muß sein Neues Testament auch kennen! Wir haben ja auch ein ganzes Leben lang Zeit dazu. Und doch gibt es für viele Bibelleser noch so manches, was sie nicht kennen oder nicht beachtet haben. So haben vielleicht manche kaum einmal darüber nachgedacht, daß im Leben Jesu auch ein Umzug vorkommt. Nicht wie bei uns mit Möbelwagen und Packern, aber mit den einfachen Mitteln des Morgenlandes. Von diesem Umzug will ich heute sprechen. Und der Leser wird bald merken, welch große Bedeutung dieser Umzug gehabt hat.

Auf den galiläischen Bergen, zwischen denen Nazareth eingeschlossen liegt, wehten wieder Märzwinde. Sie kamen vom nahen Meer im Westen herüber, strichen über die nach der Regenzeit wieder grün gewordenen Hänge. Die Bäume prangten in frischem Laub. Der Ölbaum ließ seine schlanken jungen Triebe mit zahllosen elfenbeinfarbenen Blüten im Winde schaukeln. Droben auf den Bergen flammten noch die einzig schönen purpurnen Anemonen, die „Lilien des Feldes", und drunten in dem 208 Meter unter dem Meeresspiegel liegende Talbecken des Sees Genezareth säumten Tausende von hellrot blühenden Oleandern den blauen Seespiegel.

In Nazareth rüstete sich Jesus zum Umzug, denn Matthäus berichtet: „Und Er verließ Nazareth, kam und nahm Wohnung in Kapernaum . . ." (4, 13). Vor dem Hause, in dem er seine Kindheit und Jugend zugebracht hatte, wo er dann nach dem Tode des Hausvaters selbst Hausherr gewesen war, standen Maultiere oder Kamele, um den bescheidenen Hausrat eines morgenländischen Hauses fortzutragen. Denn Jesus stand im Begriff, seinen Wohnort zu verändern. Was hat ihn dazu veranlaßt?

Um sein messianisches Amt ausüben zu können, mußte er sich von nun an in die breiteste Öffentlichkeit seines Volkes stellen. Dazu eignete sich aber das kleine, still in den Bergen abgelegene Nazareth nicht. Er mußte in eine größere Stadt ziehen, durch welche der Strom des öffentlichen Lebens ganz anders hindurchflutete.

Er wählte dazu Kapernaum am See Genezareth. Diese Stadt war nur eine Tagesreise von Nazareth entfernt. Wahrscheinlich kannte er sie schon früher. Wenn die Annahme richtig ist, daß Salome, die Mutter der Söhne des Zebedäus, eine Schwester der Mutter Jesu gewesen ist*), dann hatte er schon aus verwandtschaftlichen Gründen Anlaß gehabt, zuweilen dort einen Besuch zu machen. Salome war mit dem anscheinend wohlhabenden

---

*) Nach Joh. 19, 25 stand unter dem Kreuze Jesu eine Frauengruppe, deren Namen ich ebenso wie im griechischen Urtext ohne Trennung durch ein Komma nenne: seine Mutter Maria seiner Mutter Schwester Maria Kleophas Weib und Maria Magdalena. Nun meinen viele, „Maria, des Kleophas Weib" sei nur ein Zusatz zu der Bezeichnung „seiner Mutter Schwester". Dann wären es nur drei Frauen gewesen, nämlich 1. die Mutter Jesu, 2. ihre Schwester Maria, des Kleophas Weib, 3. Maria Magdalena. Dann müßte aber des Kleophas Weib denselben Rufnamen Maria gehabt haben wie ihre Schwester, die Mutter Jesu, und das ist doch undenkbar. Des

Zebedäus verheiratet, welcher mit seinen Söhnen Jakobus und Johannes ein größeres Fischereigeschäft besaß, zu dessen Betrieb er Tagelöhner nötig hatte (Mark. 1, 20). Dazu kam noch ein neuer Grund, der ihm die Wahl von Kapernaum nahelegte. Er hatte ja vor acht Wochen am Jordan fünf junge Männer in seine Nachfolge gezogen. Vier von ihnen wohnten am See Genezareth, nämlich Johannes in Kapernaum, Petrus, Andreas und Philippus in dem nur eine halbe Stunde entfernten Bethsaida (Joh. 1, 44). Mag sein, daß sie ihn gebeten haben, zu ihnen an den See herunterzuziehen.

So beschloß er denn, umzuziehen. Und nicht nur er allein, die ganze Familie ging mit, seine Mutter, die damit von ihrer alten Heimat Abschied nahm, und seine vier Brüder. Nur die offenbar schon verheirateten Schwestern blieben in Nazareth (Mark. 6, 3).

Der Weg ging über die nordwestliche Höhe von Nazareth, worüber heute noch die Straße zum See Genezareth führt, dann über die Ebene Battoof in das von malerischen Felswänden eingeschlossene Tal Uädi Hämääm bis zur Ebene Gennesar. Hier in der wegen ihrer Fruchtbarkeit und ihres Reichtums an herrlichen Fruchtbäumen berühmten Ebene mit ihren wogenden Palmen erblickten sie bei Magdala den schönen See, das aufgeschlagene blaue Auge von Galiläa. Da sahen sie auch drüben, schon nahe am Nordende des Ufers, ihr Ziel, Kapernaum, das sie, wenn sie früh aufgebrochen waren, noch am Abend desselben Tages erreichten. Die Neueinrichtung des gemieteten oder erworbenen Hauses konnte schnell bewerkstelligt werden. Nicht nur waren außer Jesus seine vier Brüder da, sondern gewiß standen auch schon seine Jünger zur Hilfe bereit, Johannes und Jakobus nebst ihrer Mutter Salome, Petrus, Andreas und Philippus. Er wird auch selbst kräftig zugepackt haben.

---

wegen müssen wir annehmen, daß es nicht drei, sondern vier Frauen waren, nämlich 1. Maria, die Mutter Jesu, 2. ihre Schwester, deren Name nicht genannt wird, 3. Maria, des Kleophas Weib, 4. Maria Magdalena. Wie hieß aber die an zweiter Stelle erwähnte Frau? Matth. 27, 56 und Mark. 15, 40 nennen als mit unterm Kreuze stehend *Salome*, die Mutter der Söhne des Zebedäus, deren Namen Johannes als den seiner eigenen Mutter in seinem ganzen Evangelium nicht nennt. Dann aber wäre Salome die Schwester der Mutter Jesu, also Johannes ein leiblicher Vetter des Herrn gewesen.

Von jetzt an gestaltete sich das Leben Jesu ganz anders als bisher. Anstelle seines vor der Welt verborgenen Lebens trat er von nun an ins hellste Licht der Öffentlichkeit. Das Becken des Sees Genezareth war die lieblichste Landschaft von Palästina. Blühende Städte lagen am Ufer. Hunderte von Segelschiffen vermittelten den Verkehr zwischen ihnen. In Kapernaum kamen viele Menschen von auswärts zusammen. Die große Handelsstraße, die *via maris* (am Wege des Meeres, Matth. 4, 15), die von Damaskus zum Mittelmeer führte, brachte große Karawanen hierher. Ein großes Zollamt mit vielen Zöllnern musterte die Waren, die hier über die Landesgrenzen gebracht wurden. Auch am Hafen legten viele Personenschiffe und frachtbeladene Jollen an. Die Fischereigeschäfte, deren eines dem Zebedäus und seinen Söhnen Johannes und Jakobus gehörte, verschickten ihre Ware in Tonnen gepökelt weithin.

Oft bin ich über die Trümmer des wieder ausgegrabenen Kapernaum gegangen und habe mich gefragt, wo wohl das Haus Jesu gestanden haben mag. Aber darüber geben uns die Evangelien keine Andeutung. Es war jedenfalls ein Haus wie die vielen Häuser der Stadt, aus Basaltsteinen jenes vulkanischen Gebiets gebaut, mit einem ebenen Dach, zu dem man auf einer Außentreppe hinaufsteigen konnte (Mark. 2, 4). Bei der großen Hitze, die im Sommer hier, tief unter dem Meeresspiegel, herrscht, hat das ebene Dach eine viel größere Bedeutung als im Abendland. Da ist es eine wahre Erquickung, am Abend, wenn der kühlere West von den Bergen über den See streicht, aufs Dach zu gehen. Auch bei Nacht bin ich, wenn ich im Sommer hier war, mit Vorliebe droben unter freiem Himmel, den funkelnden Sternenhimmel über mir, geblieben, da ich drunten vor Hitze nicht schlafen konnte. Auch Jesus mag im Sommer oft auf dem Dach übernachtet haben.

Wenn er am Abend bei Sonnenuntergang auf sein Dach trat, lag der See gegen Süden in seiner ganzen Ausdehnung vor ihm. Bei Tag tiefblau, war er jetzt teils silberweiß, teils von der Abendröte von purpurnen, rosigen oder perlmutterartig flimmernden Farben überhaucht und von heimfahrenden lateinischen Segeln belebt. Zur Zeit seiner ersten Ankunft, also in der schönsten Frühlingszeit, war er von mächtigen blühenden Oleanderbüschen wie mit einem rotseidenen Band umsäumt. Am Ufer sah Jesus dann die weißen Städte wie Schwäne aus den Fluten tauchen, ganz nahe im Osten Bethsaida, die Heimat mehrerer seiner Jünger; gegenüber im Südwesten Magdala, wo damals noch Maria Magdalena in scheinbar unheilbarer Geisteskrankheit schmachtete, nahe dabei Dalmanutha; weiter südlich das herrlich gelegene Tiberias, die Winterresidenz seines Landesherrn Herodes Antipas, deren im modernsten römischen Stil errichtete Prachtbauten und stolze griechische Säulengalerien sich im Wasser spiegelten; noch weiter südlich Tarichäa. Das Südende des Sees, fünf Fußgängerstunden entfernt, verschwamm bei diesigem Wetter im Nebeldunst. Aber an klaren Tagen konnte er weit darüber hinaussehen bis zu der hoch auf dem Gebirge ragenden Stadt Gadara, die mit ihren Tempeln und Theatern aus weiter Ferne herüberschimmerte. Im Osten zu seiner Linken begrenzte den See ein steil abfallendes baumloses Gebirge, das aber je nach der Tageszeit mit wundervollen Farben übergossen sein konnte. Dorthin richtete er später manchmal sein Schiff, so zum Beispiel, als er zu Füßen dieser Gebirgswand die Fünftausend speiste, oder wenn er die Dekápolis besuchte. Wandte er sich nach Norden, so lag nahe vor ihm ein breiter Höhenzug, auf dem die von ihm so oft besuchte Stadt Chorazin lag, auf dem er später die Bergpredigt gehalten hat. Hinter diesem aber erhob sich im fernen Norden der mächtige Hermon, der zur Zeit seiner Ankunft noch mit mächtigen Schneemassen bedeckt war, und dessen Pyramide sich bei Sonnenuntergang wie im Alpenglühen rot schimmernd im See spiegelte.

Das war äußerlich die Umwelt, in welcher Jesus von nun an daheim war, die weltgeschichtliche Bühne, auf der sich eine für die ganze Menschheit folgenreiche Geschichte abspielen sollte. Jesus war bei seiner Ankunft für alle ein noch ganz unbekannter Mann. Aber es dauerte nicht lange, da war der aus dem kleinen Nazareth Herzugezogene die bekannteste und meistbesprochene Persönlichkeit der Stadt. Die Gemeinde hatte eine schöne Synagoge. Sie war eine Stiftung des Kommandanten der Besatzung, welche Herodes Antipas in die Stadt gelegt hatte (Luk. 7, 5). Sie ist in unseren Tagen wieder ausgegraben und sogar mit unsäglicher Mühe nach unermüdlichen Versuchen aus den alten Steinen teilweise aufgerichtet worden; die vier korinthischen Säulen, unter denen der Redner zu stehen pflegte, geben uns noch heute einen Begriff von der Schönheit des Gebäudes. In dieser Stadtkirche erschien gleich am ersten Sabbat Jesus, der neu aus Nazareth zugezogene Mitbürger. Als der Synagogenvorsteher Jairus die übliche Vorlesung aus der Heiligen Schrift beendet hatte, fragte er wie sonst, ob jemand von den anwesenden Männern dazu das Wort nehmen wolle. Da meldete sich Jesus (Mark. 1, 21), der ruhig unter den anderen auf einer der Bänke gesessen hatte. Es war unseres Wissens das erstemal, daß er öffentlich das Wort nahm.

Er offenbarte sich gleich als ein geborener Redner. Die Leute erwarteten zunächst gar nichts Besonderes. Aber wie horchten sie auf, als er nun angefangen hatte! Das war ja etwas ganz Neues! So etwas hatten sie noch nie gehört. Kein Ton von den Sachen, die ihnen sonst hier vorgetragen wurden, Vorschriften über Sabbathalten, Fasten, religiöse Waschungen, koscheres Fleisch, Zehntenzahlen und dergleichen. Von diesem ganzen Plunder, den ihnen ihre Schriftgelehrten als die Hauptsache in der Religion hinstellten, sagte er kein Wort. Dagegen sagte er ihnen: „Es sei denn, daß eure Gerechtigkeit besser sei denn die der Pharisäer und Schriftgelehrten, könnt ihr nicht in das Himmelreich kommen". Er redete auch gar nicht wie ein Schriftgelehrter, der nur die Aussprüche von anderen erklärte, sondern geradezu als ein Bevollmächtigter Gottes. Herzandringend rief er seine Zuhörer zu Gott. Er brachte ihnen zum Bewußtsein, was allein Religion bedeutet, daß nämlich jeder von ihnen ein Kleinod besäße, kostbarer als alle Schätze der Welt, eine unsterbliche Seele, die nur in Gott allein ihre Heimat finden könne. Zurück zu Gott! rief er ihnen zu, das Himmelreich ist jetzt da! In meiner Person ist es zu euch gekommen.

Das waren erstaunliche, noch nie gehörte Töne. Ganz außer sich waren die Leute. „Sie waren betroffen", sagt Markus, „denn er lehrte sie als einer, der Vollmacht hatte, und nicht wie die Schriftgelehrten" (Mark. 1, 22).

Die allgemeine Aufregung teilte sich auch einem anwesenden Geisteskranken mit, den jemand mitgebracht hatte. Mit unheimlicher Stimme schrie er den Redner an. Aber mit einem kurzen Befehlswort heilte ihn Jesus von seiner Krankheit. Bald saß der Geheilte ganz vernünftig und ruhig unter den anderen. Nun war das Erstaunen noch viel größer. Da hatten sie ja den

Tatbeweis seiner Vollmacht vor Augen. Mit unverhohlener Bewunderung sahen sie ihren neuen Mitbürger an. Dann sagt Markus: „Da gerieten sie alle in Staunen und sprachen: Was ist das? Was ist das für eine Lehre? Er gebietet mit Vollmacht den unsauberen Geistern, und sie gehorchen ihm!" (Mark. 1, 27).

Damit wurde Jesus gleich am ersten Sabbat stadtbekannt. Sofort nach dem Gottesdienst ging er, wohl einer Einladung folgend, in das Haus der in Kapernaum wohnhaften Schwiegermutter des Petrus, welcher sonst mit seinem Bruder Andreas in dem nahen Bethsaida zuhause war (Joh. 1, 44). Als er eintrat, fand er die Frau von dem am See häufigen Wechselfieber befallen. Er aber, mit dem alle Kräfte der Gesundheit für Leib und Seele ins Haus gekommen waren, heilte sie durch eine bloße Berührung.

Das ging wie ein Lauffeuer durch die ganze Stadt. In allen Krankenstuben wachten Hoffnungen auf. Konnte er die eine heilen, warum nicht auch sie? Aber bei Tag durften sie nicht kommen. Heilen war ja nach den Auslegungen ihrer Rabbiner eine Arbeit, somit eine Entheiligung des Sabbats. Also warten, bis die Sonne untergegangen war. Dann aber war kein Halten mehr. Sobald sich die Abendschatten über den See herabsenkten, kam ein langer Zug von Kranken und Leidenden. Alle standen vor der Haustür Jesu (Mark. 1, 33). Die nicht selbst kommen konnten, wurden von ihren Angehörigen gebracht. Alle wollten nur Jesus sehen. Da die damaligen Städte lauter enge Gassen hatten, wird dies Haus wohl am See gelegen haben, denn nirgends sonst war in der Stadt Platz für eine solche Menschenansammlung. Und die Kranken warteten nicht vergebens. Es dauerte nicht lange, da öffnete sich die Haustür, und die Gestalt Jesu wurde in der Dämmerung sichtbar. Er trat unter die Wartenden und „legte auf einen jeglichen seine Hände (gewiß jedesmal mit einem besonderen Wort für Herz oder Gewissen) und machte sie gesund" (Luk. 4, 40). Auch Geisteskranke waren da. Diese redeten nach, was ihre Umgebung am Nachmittag unter dem ungeheuren Eindruck von seiner Persönlichkeit gesagt hatte: „Du bist der Messias", der erwartete Erlöser.

Aber lange blieb Jesus nicht in der Stadt. Gleich am nächsten Morgen, als er sich vor Tau und Tag zum Gebet auf den breiten nördlichen Höhenzug zurückgezogen hatte, sucht ihn die ganze Stadt. Zuhause war er nicht. Auch die Seinen wußten nicht, wo er war. Endlich fand ihn Petrus. Schon von weitem rief er ihm zu: „Jedermann sucht dich!" (Mark. 1, 37). Er war ganz stolz, daß sein Meister allen einen solchen Eindruck gemacht hatte. Aber Jesus ging nicht mit in die Stadt zurück, sondern sagte: „Laßt uns in die nächste Stadt gehen, daß ich daselbst auch meine Botschaft ausrichte; denn dazu bin ich gekommen." Sprach's und machte sich sofort auf den Weg nach Bethsaida oder Chorazin oder Magdala oder sonstwohin.

Wir sehen also, daß Jesus von der ersten Woche an nicht mehr in der Stille einer eigenen behaglichen Häuslichkeit leben, sondern seine ganze Zeit seinem Auftrag widmen wollte. Die Aufgaben des Hausherrn, die er bisher in Nazareth erfüllt hatte, legte er wohl in die Hände seines nächstältesten Bruders Jakobus. Dieser mußte fortan mit seinen jüngeren Brüdern Joses, Judas und Simon für den Unterhalt der Familie sorgen. Auf die Annehmlichkeiten eines eigenen Heims verzichtete Jesus von jetzt an und verlangte das auch von seinen Aposteln. Darum sagte er zu einem, der ihm nachfolgen wollte: „Die Füchse haben Gruben, und die Vögel unter dem Himmel haben Nester; aber des Menschen Sohn hat nicht, da er sein Haupt hinlege." Seine Familie waren jetzt seine Jünger. Auch Maria mußte das, wenn sie sich einmischen wollte, erfahren (Mark. 3, 31 ff.).

Geld verdienen für den eigenen Unterhalt konnte Jesus jetzt nicht mehr. Er hatte Größeres zu tun. Diese Sorge überließ er seinem himmlischen Vater. Dieser ließ es auch nicht am Nötigen fehlen. Es fanden sich Leute genug, die ihm seine unaussprechliche Gabe damit vergalten, daß sie ihm Handreichung taten aus ihrer Habe. Und Frauen, an der Spitze die von ihm aus trostloser Nacht der Geisteskrankheit erlöste Maria Magdalena, Salome, die Mutter des Johannes, Johanna, die Frau des Haushofmeisters des Vierfürsten Herodes drüben in Tiberias, Susanna und *viele* andere waren glücklich, ihm die Dienste von Mutter und Schwestern leisten zu dürfen (Luk. 8, 2). Von seiner eigenen Mutter Maria wird nicht gesagt, daß sie ihm auf seinen Reisen gedient habe.

Von nun an führte Jesus also meistens ein heimatloses Leben. Zwar wird uns nur selten der Name einer Stadt Galiläas wie

z. B. Nain genannt, wohin er sich gewandt hatte. Aber zusammenfassend heißt es immer wieder: „Er ging umher in ganz Galiläa, indem er in ihren Synagogen lehrte und die Freudenkunde von der Königsherrschaft (Gottes) ausrief" (Matth. 4, 23; Mark. 1, 39; Luk. 8, 1). Und das war ein weites Gebiet. Das fruchtbare Galiläa war übersät mit volkreichen Städten, Dörfern und Marktflecken. Es hatte nach Josephus 204 Städte und 15 Festungen. Wenn er also alle besucht und auf jeden Ort nur einen einzigen Tag verwendet hätte, so hätte das schon 219 Tage, also 31 Wochen in Anspruch genommen. Und wenn wir von den Festreisen nach Jerusalem und den Auslandsreisen nach Tyrus und Sidon sowie nach Cäsarea Philippi absehen, so hat er nach meiner Berechnung für Galiläa nur vierzig Wochen gehabt.

Diese Reisen, die sich für die drei Provinzen Galiläa, Judäa und Peräa auf mehr als zwei Jahre verteilten, waren für die Apostel die Hochschule, in welcher sie der größte aller Meister zu Lehrern der Welt ausbildete. Täglich waren sie Zuhörer bei den öffentlichen und privaten Reden Jesu, und täglich waren sie ihnen wieder neu. Wenn er die leiblich Kranken heilte und die in Sünden Verlorenen wieder zu Gott führte, sahen sie staunend, daß in ihm alle Lebenskräfte für Leib und Seele beschlossen waren. „Sie sahen seine Herrlichkeit, eine Herrlichkeit als des einziggeborenen Sohnes vom Vater, voller Gnade und Wahrheit" (Joh. 1, 14).

Dazu kamen ihre gemeinsamen Wanderungen auf den Straßen und Feldwegen des Landes. Auch diese waren ein bedeutsamer Teil ihres großen Erlebens. Da hat er ihnen unterwegs in vertrauten Gesprächen das alles gegeben, wovon wir den Niederschlag im Neuen Testament haben, und was der Reichtum von neunzehn Jahrhunderten geblieben ist. Im Rückblick auf diese große Zeit schreibt sechzig Jahre später Johannes staunend: „Er wohnte unter uns" (Joh. 1, 14). Was Luther da mit „wohnte" übersetzt, heißt wörtlich „er zeltete mit uns", er teilte mit uns das Zelt. Das deutet auf all die vertraulichen Beziehungen, in denen er in dieser Zeit mit ihnen gestanden hat. Sie waren zusammen mit ihm wie die Reisenden einer Karawane, die in einem und demselben Zelt rasten, essen und schlafen, nachdem sie am Tage zusammen gewandert sind. Und nichts verbündet Menschen leichter als gemeinsame Wanderschaft.

Von Zeit zu Zeit kam Jesus nach Kapernaum zurück, das immer sozusagen sein Hauptquartier blieb, weshalb es der Evangelist „seine Stadt" nennt (Matth. 9, 1). Namentlich in der winterlichen Regenzeit gab es Wochen, wo er schon des Wetters wegen zuhause bleiben mußte. Da stürmt und braust und heult es, und der Regen klatschte an Wände und Türen, daß man kaum ausgehen kann. Eine beiläufige Bemerkung des Markus (2, 1) gibt uns eine Vorstellung davon, wie es bei diesem Zurückkommen nach Kapernaum gehen konnte. Er war nach längerer Abwesenheit wieder einmal heimgekommen. Maria mag sich glücklich geschätzt haben, den über die Maßen in Anspruch genommenen und ermüdeten Sohn ein wenig pflegen zu dürfen. Da heißt es aber: „Es ward ruchbar, daß er im Hause war, und alsbald versammelten sich viele, so daß sie nicht Raum hatten auch draußen vor der Tür. Und er sagte ihnen das Wort". Er wurde also nicht ärgerlich, daß sie ihn nicht auch einmal ein paar Tage ausruhen ließen, sondern widmete sich sofort wieder dem Volke, das sich um ihn drängte.

In solchen Zeiten mag er an den Abenden auch manche Stunde traulicher Gemeinschaft in den befreundeten Häusern Kapernaums und Bethsaidas zugebracht haben. Da war das Haus des Petrus und Andreas, das des Zebedäus und der Salome mit ihren Söhnen Johannes und Jakobus, nicht zu vergessen das Haus des ehemaligen Zollbeamten Matthäus, des Jairus, des Militärkommandanten der Garnison, dessen Diener er geheilt hatte, und gewiß noch manches andere. Wie glücklich mögen sie gewesen sein, ihn als Gast zu begrüßen, und wie dankbar mögen sie später lebenslang daran zurückgedacht haben!

26/4

Der erste Vorbote von Golgatha

Es war etwa acht bis zehn Wochen nach der Taufe Jesu im Jordan.

Damals im Februar und März, als draußen in der Natur der Frühling in entzückender Blütenpracht erwacht war, brach auch in geistlicher Beziehung in dem weiten Talbecken um den See Genezareth her ein Frühling an, wie ihn dies Land sonst nie erlebt hat, weder vor- noch nachher. Was war geschehen? Jesus war gekommen! Eine wahre Begeisterung für ihn ergriff das ganze Land. In allen Häusern, auf allen Straßen, auf jedem Schiff, das über den See fuhr, redete man von ihm. Lukas schildert jene Zeit mit den Worten: „Jesus kam wieder in des Geistes Kraft nach Galiläa, und die Kunde von ihm erscholl durch alle umliegenden Orte. Er lehrte in ihren Synagogen und wurde von allen gepriesen" (Luk. 4, 14, 15). So war es in diesem Vierteljahr der Begeisterung.

Unmittelbar nach diesem zusammenfassenden Bericht erzählt er von einem Besuch in Nazareth. Dieser muß also in diesen allerersten Wochen nach seiner Rückkehr vom Jordan stattgefunden haben. Gerade Lukas legt ja Wert darauf, daß er die Ereignisse des Lebens Jesu „in Ordnung", das heißt (nach dem Urtext) in der richtigen Zeitfolge, dargestellt habe (Luk. 1, 3).

Lukas beginnt: „Er kam gen Nazareth, da er erzogen war" (Luk. 4, 16). Man kann es verstehen, daß es ihn gleich am Anfang seiner öffentlichen Tätigkeit nach Nazareth zog, um die Glücksbotschaft von dem mit ihm angebrochenen Reich Gottes, die dem ganzen Lande galt, mit zuerst dem kleinen Städtchen auf dem Gebirge zu bringen, wo er seine Kindheits-, Jugend- und ersten Mannesjahre zugebracht hatte.

So wanderte er denn von dem tiefgelegenen Kapernaum zu dem etwa vierzig Kilometer entfernten Nazareth droben im Gebirge hinauf. Wie mag es ihn bewegt haben, als er wieder die Gassen betrat, wo er jedes Haus, jede Werkstatt, jedes Gesicht kannte! Hier hatte er fast dreißig Jahre lang gelebt und gearbeitet. Hier war ihm von seinem zwölften Lebensjahre an sein einzigartiges Einssein mit seinem himmlischen Vater allmählich zum Bewußtsein gekommen. Hier hatte er, der doch schon damals der Welt so viel zu sagen gehabt hätte, zurückhaltend Jahr für Jahr geschwiegen, bis ihn in seinem dreißigsten Lebensjahr sein Vater bei seiner Taufe deutlich gerufen hatte, endlich hervorzutreten. Nun kam er in sein Jugendstädtchen zurück, aber als ein anderer denn vorher.

Es ist möglich, daß er einige Tage in Nazareth geblieben ist und bei einer seiner Schwestern gewohnt hat (Matth. 13, 56). Als aber der Sabbat kam, an dem ganz Nazareth in die Synagoge ging, da ging auch er mit den anderen Kirchgängern durch die wohlbekannten Gassen dorthin. Wie oft hatte er von Jugend auf diesen Weg gemacht, um hier die Worte der Bibel und ihre Erklärung zu hören!

Nun saß er wieder wie einst unter den anderen auf der Männerseite auf einer der Bänke und hörte aufmerksam zu, als der Rabbi sein Gebet und seinen Bibelabschnitt vorlas und erläuterte. Nach dem Synagogenvorsteher konnten nach allgemeinem Brauch auch andere Männer das Wort ergreifen. Die Versammlung erwartete gewiß, daß Jesus sprechen werde, denn sie hatten davon gehört, welches Aufsehen seine Erscheinung und seine Taten drunten in Kapernaum erregt hatten (Luk. 4, 23).

Ihre Erwartung wurde auch nicht getäuscht. Jesus erhob sich und schritt zur Rednerbühne. Anschaulich schildert uns Lukas sein Auftreten. Neben der Rednerbühne lagen große Pergamentrollen, die Bücher Moses, der Propheten und der Psalmen. Der Küster griff nach einer von ihnen und reichte sie ihm. Es war das Buch des Propheten Jesaja. Jesus schlug auf, und seine Augen trafen das 61. Kapitel. Da vergleicht der Prophet das Kommen des verheißenen Messias mit dem in Israel alle fünfzig Jahre einmal fälligen Halljahr (3. Mos. 25). Es war das Jahr der sozialen Befreiung und Entschuldung. Jeder, der durch unglückliche Verhältnisse in Schuldknechtschaft geraten war, Hab und Gut oder sein väterliches Erbgrundstück verloren hatte und dadurch in soziales Elend hinabgesunken war, wurde beim Beginn des Halljahrs mit *einem* Schlag wieder ein freier Mann. Er trat gleichberechtigt wieder in die Reihe der anderen, war schuldenfrei und konnte wieder ein neues Leben anfangen.

Auf dieses Jahr der Freiheit bezog sich der Abschnitt, den Jesus aufgeschlagen hatte. Und der kürzlich mit dem *Geiste Gottes Gesalbte* las mit lauter Stimme vor:

> *Der Geist des Herrn ruht auf mir,* weil er mich gesalbt hat. Er hat mich gesandt, den Armen frohe Botschaft zu bringen, die zerbrochenen Herzen zu heilen, den Gefangenen die Freilassung zu verkünden, den Blinden, daß sie

sehend werden, und die Zerschlagenen in Freiheit zu setzen, und ein *Gnadenjahr des Herrn* auszurufen.

Als Jesus die Vorlesung beendet hatte, schloß er das Buch, gab's dem Küster zurück und setzte sich (der Redner pflegte damals zu sitzen). Der Text, den er ja nicht selbst gewählt hatte, paßte so wunderbar auf diese Stunde, als ob ihm sein Vater selbst diesen aufgeschlagen hätte. Denn der Anfang: „Der Geist des Herrn ist bei mir" schien auf das Herabkommen des Geistes auf ihn am Jordan, das „Er hat mich gesalbt" auf ihn, den Messias zu deuten, denn „Messias" bedeutet ja „der Gesalbte". Das mußte ihn zu seiner Rede geradezu begeistern.

Nach dem Vorlesen trat eine Stille ein, während der Küster das Buch wieder in Empfang nahm und weglegte. Während der kurzen Pause waren, wie Lukas anschaulich schildert, die Augen der ganzen Versammlung gespannt auf ihn gerichtet.

Und nun begann er zu reden. Wir mögen es beklagen, daß Lukas von den Augen- und Ohrenzeugen, denen er diese Geschichte verdankte (Luk. 1, 2), nichts Näheres über diese Rede erfahren konnte. Was für ein Schatz wäre sie für uns, wenn wir sie hätten! Er hat uns aber leider nur das kurze Thema mitgeteilt, und das lautete: „Heute ist diese Schrift erfüllt vor euren Ohren!" Aber bei aller Kürze sagt uns dieses Thema deutlich genug, was er gesagt hat. Er sagt den Nazarenern, daß der Prophet mit dieser vor sechs Jahrhunderten geschehenen Weissagung niemand anders gemeint habe als ihn selbst. Er sagte ihnen, daß er selbst gekommen sei, um ihnen die seit Jahrhunderten verheißene Erlösungsgnade Gottes, den von der Sünde Gefangenen und Geknechteten die wahre Freiheit zu bringen. Er verkündigte ihnen, daß mit seiner Person endlich das rechte Halljahr angebrochen sei, nach dem sich jedes Menschenherz sehnt. Er nannte die neue Zeit, die mit seiner Erscheinung angebrochen war, „ein Gnadenjahr des Herrn".

Staunend hatten die Nazarener diese Rede ihres bisherigen Mitbürgers angehört, der so lange unter ihnen gelebt und gearbeitet, aber noch nie öffentlich das Wort ergriffen hatte. Und nun lesen wir in Luthers Übersetzung weiter: „Sie gaben alle Zeugnis von ihm, wunderten sich der holdseligen Worte, die aus seinem Munde gingen und sprachen: Ist das nicht Josephs Sohn?" Dann aber nahmen sie plötzlich eine so ganz entgegengesetzte feindselige Haltung gegen ihn ein, daß sie in ihrer Wut sogar den Versuch machten, ihn zu töten. Jeder, der das unbefangen liest, wird sich sagen: Hier muß irgend etwas nicht stimmen. Woher auf einmal dieser unbegreifliche Umschwung von begeisterter Bewunderung zu zornerfüllten Mordabsichten?

Erst in unseren Tagen ist es einem Gelehrten gelungen, dies Rätsel auf ganz einfache Weise befriedigend zu lösen. Es ist *D. Dr. Bruno Violet,* ein gläubiger Christ und Kenner der orientalischen Sprachen, der seine Sprachstudien auch in Damaskus und Kairo gemacht hat und nach schwerer Verfolgung und Gefangenschaft durch die gottlose Hitler-Regierung gestorben ist.

Er hat in einer wissenschaftlichen theologischen Zeitschrift, die nur für sprachkundige Gelehrte bestimmt ist, nachgewiesen, daß der Grieche Lukas, was allgemein anerkannt ist, gewisse Stücke seines Evangeliums, und dazu gehört gerade der Bericht über den Besuch Jesu in Nazareth, einfach aus der ihm vorliegenden hebräischen oder richtiger aramäischen Quelle in seine griechische Muttersprache übersetzt. D. Violet übersetzte nun den uns vorliegenden griechischen Text ins Aramäische zurück. Und was fand er da? Daß es im Aramäischen folgendermaßen hieß: „Sie erhoben alle ihre Stimme gegen ihn, und entsetzten sich über die Worte von *der Gnade,* die aus seinem Munde kamen".

Jetzt wird auf einmal die Sache verständlich. Ein Umschwung der Stimmung hat gar nicht stattgefunden. Die Nazarener hatten von vornherein eine unfreundlich neidische Gesinnung gegen ihn. Sie sahen in ihm nicht ihren Heiland, sondern nur ihren früheren Spielkameraden und Mitbürger und fragten verächtlich: „Ist dieser nicht Josephs Sohn?" Und der will so etwas ganz Besonderes sein? Der will uns solche „Worte der Gnade" bringen, als ob die Gnade Gottes erst in ihm erschienen wäre wie noch nie, als ob sogar der Prophet Jesaja schon vor sechshundert Jahren von ihm geweissagt hätte?

Jesus sah, daß die Nazarener nicht die mindeste Empfänglichkeit für seine hohe Botschaft hatten, sondern ihr gegenüber in ihrem kleinlichen, neidischen Sinn nur die Frage hatten: „Ist dieser nicht Josephs Sohn?" Darum sagte er ihnen offen:

„Wahrlich, ich sage euch, kein Prophet ist willkommen in seinem Vaterlande. Es wird bei euch gehen wie zu Elias Zeiten. Damals konnte Gott seine wunderwirkende Gnade nur empfänglichen *Heiden* wie dem Feldhauptmann Naeman aus Syrien und der armen heidnischen Witwe offenbaren, während in dem ungläubigen Israel kein einziges solches Wunder geschah. So sagt auch ihr jetzt zu mir: ‚Tue auch bei uns solche Wunder, wie wir gehört haben, daß du sie in Kapernaum getan hast'. Aber es wird bei euch kein solches geschehen".

Da, als er sogar Heiden höher stellte als sie, die pharisäisch frommen Juden, da, so berichtet Lukas weiter, „wurden sie alle voll Zorns, die in der Synagoge waren, sprangen auf, tobten gegen ihn, packten ihn, stießen ihn zur Stadt hinaus und führten ihn auf einen Hügel des Berges, darauf ihre Stadt gebaut war, um ihn hinabzustürzen. Aber er ging mitten durch sie hindurch und reiste (sofort) ab".

Das war das traurige Ende jenes Besuchs Jesu in Nazareth. Er war ganz anders abgelaufen als seine Besuche im übrigen Galiläa in jenem ersten Vierteljahr der Begeisterung. Schmerzlich war es für ihn gewiß, daß gerade seine Vaterstadt ihm diesen üblen Empfang bereitete. Aber dieser erste Mordversuch, dem später noch manche andere gefolgt sind (Luk. 6, 11; 11, 54; Joh. 5, 18; 8, 40; 8, 59; 10, 31), war ihm schon damals ein Vorbote seines Todes auf Golgatha, den er nach zwei Jahren erleiden sollte.

Der erste Besuch in Jerusalem

Nikodemus

Eine klare und vollkommen zuverlässige Übersicht über das öffentliche Wirken Jesu gewinnt man nur, wenn man die zweiundeinviertel Jahre nach den fünf Reisen einteilt, die er von seiner Heimat Galiläa nach der Hauptstadt Jerusalem unternommen hat.

43

Die erste fand im April des ersten Jahres zum Passahfest statt (Joh. 2, 13). Es war einige Wochen nach seinem Umzug von Nazareth nach Kapernaum. Er fand die Stadt wie immer beim Passahfest mit Menschen aus dem ganzen Land und aus allen Teilen der Welt überfüllt. Zunächst verlief das Fest nicht anders als sonst. Aber während der Festwoche trat ein Ereignis ein, welches plötzlich die Augen der ganzen Stadt und des ganzen Landes auf Jesus richtete. Er war ja auch kein Unbekannter mehr. Johannes der Täufer hatte ihn nicht nur dem Volk in größter Öffentlichkeit als den erwarteten Messias bezeichnet (Joh. 1, 29), sondern auch einer amtlichen, aus Priestern und Leviten bestehenden Abordnung des Hohenrats als solchen bestätigt (Joh. 1, 19—29), wir würden sie heute eine Untersuchungs-Kommission des Oberkirchenrats nennen.

Da die Gassen Jerusalems damals sicher ebenso eng waren wie die heutige Altstadt, und da es an öffentlichen Plätzen fast ganz fehlte, konnten die Festgäste nur im Tempel zusammenkommen. Natürlich nicht im eigentlichen Tempelgebäude, denn dieses war nur den Priestern zugänglich. Aber gewaltige Vorhöfe und Hallen, deren Dächer von prächtigen Säulenreihen getragen waren, umgaben das Tempelgebäude in weitem Umkreis, so daß der Tempelbezirk ein Fünftel der ganzen Stadtfläche einnahm. Die inneren, dem Heiligtum am nächsten stehenden Höfe waren den Juden ausschließlich vorbehalten. Aber den äußersten und weitaus größten Vorhof durften auch Heiden betreten, damit auch sie eine Stätte der Anbetung des wahren Gottes hätten. Diesen Vorhof schloß im Osten die schöne Halle Salomos ab, deren Säulenreihen kirchturmhoch auf die tiefe Kidronschlucht hinab- und zum Ölberg hinüberschauten, und die im Neuen Testament erwähnt wird, z. B. Joh. 10, 23.

Das herrlichste Gebäude aber war die „Basilika", die Königliche Halle, welche die Südseite des Tempelplatzes fast in ihrer ganzen Breite abschloß. Beinahe dreißig Meter hoch schaute ihr stolzes Dach auf den Vorhof der Heiden herunter. Eine vierfache Reihe von 162 edlen korinthischen Säulen teilte die kirchenhohe majestätische Halle in drei mächtige Schiffe. Sie war doppelt so lang wie die größte Kirche Deutschlands, der Kölner Dom, und fast halb so breit. Wenn das Wetter den Aufenthalt unter freiem Himmel verbot, im Sommer bei zu großer

Hitze, in der Regenzeit bei Regen, konnte hier eine gewaltige Menge Schutz finden. Natürlich war sie auch bei schönem Wetter viel besucht. Auch die Schriftgelehrten hielten hier ihre Vorlesungen, denen Jesus schon als zwölfjähriger Knabe zugehört hatte.

Aber gerade in und vor dieser den ganzen Tempelplatz überstrahlenden Königlichen Halle hatte sich im Lauf der Zeit mit der Duldung und Förderung des Hohenrats, vielleicht auch mit seiner Gewinnbeteiligung, ein grober Unfug mitten im Heiligtum eingenistet. Jüdische Bankiers und Geldwechsler hatten zwischen den Säulen ihre Geldbänke aufgeschlagen, um die Geldgeschäfte der auswärtigen Gäste gegen gute Prozente zu besorgen. Taubenverkäufer boten ihr Geflügel, Viehhändler ihre Schafe und Ochsen für Opferzwecke feil (Joh. 2, 15). Das Feilschen der Viehhändler und die Stimmen der Geldwechsler schallten mißtönend unter die Gebete der Kirchgänger. Mitten im heiligen Bezirk beschmutzte das Vieh das Marmorpflaster wie auf einem Viehmarkt mit seinem Mist.

Jesus hatte diesen widerwärtigen Anblick schon bei seinen früheren Besuchen gesehen. Aber diesmal kam er als derjenige, der von rechtswegen auf diesem Platze zu gebieten hatte. Da durfte er nicht schweigen. Entrüstet trat er unter die Schacherjuden, befahl ihnen mit zornblitzenden Augen hinauszugehen, stieß den Bankhaltern ihre Wechseltische um, daß das Geld über das Marmorpflaster rollte, und gebot allen Händlern, unverzüglich samt ihrem Vieh das Heiligtum zu räumen, flocht aus Stricken eine Geißel, um damit das Vieh hinauszutreiben, und rief: „Es steht geschrieben: Mein Haus soll ein Bethaus heißen! Ihr aber habt es zu einer Mördergrube gemacht!"

Keiner wagte es, dem von dem allverehrten Täufer anerkannten Galiläer, der mit flammendem Zorn und mit der Hoheit eines Propheten vor ihnen stand, Widerstand zu leisten, zumal da der Beifall des Volkes und das eigene mahnende Gewissen ihm rechtgaben. Sie packten eilig zusammen und machten, daß sie hinauskamen. Die Besten unter den im Tempel Anwesenden stimmten dem kühnen jugendlichen Reformator gewiß begeistert zu.

Aber ganz anders war die Wirkung, welche diese unerwartete Tat auf die Herren des Tempels, den Hohenrat und den Hohenpriester Kaiphas ausübte, welche Jesus hier zum erstenmal kennenlernten. Sie waren entrüstet. Wie? Waren sie selbst noch Herren auf diesem ihrem Tempelplatz, oder war es dieser anmaßende junge Galiläer? Zwar tätlich wagten sie nicht gegen ihn vorzugehen, teils weil er den vom ganzen Volk verehrten Johannes den Täufer auf seiner Seite hatte, teils weil der bessere Teil der Kirchgänger ihm gewiß rechtgab. Aber zornig stellten sie ihn zur Rede. So kam es zu einem heftigen Zusammenstoß, der gleich bei dieser ersten Begegnung zeigte, daß es zwischen ihnen und Jesus keine Versöhnung gebe.

Indessen die Feindschaft der regierenden Herren war noch nicht so weit vorgeschritten, daß er wie schon nach einem halben Jahr nicht mehr wagen konnte, in der Stadt selbst zu wohnen. Vielmehr scheint er auch nach dem Passahfest noch monatelang in der Stadt gewohnt zu haben. Nicht nur begann er in dieser Zeit sein öffentliches Lehren in den Vorhöfen oder Hallen des Tempels, sondern er bewies dem Volk seine göttliche Sendung auch durch viele Zeichen (Joh. 2, 23). Diese machten dem Volk einen mächtigen Eindruck. Bewirkten sie auch nicht den tiefinnerlichen Glauben an ihn, auf den es ihm zuletzt allein ankam, so schuf doch dieser oberflächliche Wunderglaube in vielen eine günstige Stimmung, welche sie einer weiteren Belehrung zugänglich machte. Wahrscheinlich in dieser Zeit hat er jenen kleinen Kreis von Anhängern in der Hauptstadt und in deren Umgebung gewonnen, von denen wir später einige in Bethanien, Bethphage und Emmaus kennenlernen.

Da die drei ersten Evangelisten von diesem Passahfestbesuch im ersten Jahr ganz schweigen, scheint es, daß den Herrn diesmal nur Johannes, unser Berichterstatter, vielleicht auch einige jener ersten fünf am Jordan gewonnenen Jünger nach Jerusalem begleitet haben. Die Wahl der zwölf Apostel geschah ja erst ein Jahr später in Galiläa unmittelbar vor der Bergpredigt.

Nach dem Berichte des Johannes blieb Jesus nach dem Fest noch drei Vierteljahre in Judäa. Angekommen war er im April, aber erst „vier Monate vor der Ernte" (Joh. 4, 35), also etwa im Januar des nächsten Jahrs, reiste er wieder in sein heimatliches Galiläa zurück.

Freilich sagt Johannes, daß er in Judäa „verweilte und taufte" (Joh. 3, 22). Daraus könnte man den Schluß ziehen, er sei schon bald nach dem Passahfest an den Jordan gegangen, um dort seine gewaltigen Taufversammlungen zu halten (Joh. 3, 26). Aber im Sommer war es, wie wir hörten, bis Ende Oktober wegen der unerträglichen Hitze in diesem tiefsten Tal der Welt unmöglich, daß sich die Volksscharen am Jordan aufhielten. Das konnte erst vom November an geschehen, wo kühlere Witterung eintritt. Folglich muß Jesus die ganze Zeit vom April bis November auf dem Gebirge in Judäa zugebracht haben, mehr als ein halbes Jahr.

Da wir keine andere Nachricht haben, können wir nur annehmen, daß er diese sieben Monate meistens in der Hauptstadt war. Hier mußte sich seine Sache entscheiden. Mit an diese Zeit hat er wohl gedacht, als er der Hauptstadt bei seinem letzten Einzug zurief: „Wie oft habe ich deine Kinder versammeln wollen, wie eine Henne ihre Küchlein unter ihre Flügel — und ihr habt nicht gewollt!"

Wir werden annehmen müssen, daß er in diesen sieben Monaten in einer Mietwohnung in Jerusalem gewohnt hat. In dieser Zeit ist dem Herrn die Stadt, durch deren Gassen er am Karfreitag zum letztenmal geschritten ist, ganz vertraut geworden.

Aber nicht nur im Volk, sondern auch in höheren Kreisen fand er Anhänger. Johannes nennt uns in diesem Zusammenhang nur den Nikodemus. Einen anderen, Joseph von Arimathia, lernen wir erst später kennen. Nikodemus entstammte, wie sein rein griechischer Name zeigt, ebenso wie der Apostel Paulus einem Kreise, der mit dem gebildeten Griechentum Fühlung und daher einen weiteren Gesichtskreis hatte. Er war ein studierter Mann (Joh. 3, 10), der seine Studien auf der Jerusalemer Hochschule gemacht hatte. Seiner Richtung nach hatte er sich der Pharisäerpartei angeschlossen, die trotz ihrem verknöcherten Buchstabendienst doch auch so ausgezeichnete Männer wie ihn und Paulus in ihren Reihen zählte. Als Mitglied des jüdischen Staatsrats war er einer der vornehmsten und angesehensten Herren der Stadt.

Nikodemus hatte den Herrn seit seiner Ankunft in Jerusalem beobachtet. Anfangs stand er gewiß auch auf Seiten des Hohenrats, der sich Jesus feindselig gegenüberstellte. Aber als dieser von Woche zu Woche und von Monat zu Monat fortfuhr, mit geistesmächtiger Rede den Anbruch des „Reiches Gottes" zu verkündigen, und als er gar seinen Anspruch, vom ganzen Volke gehört zu werden, durch offenkundig göttliche Taten bekräftigte, wurde er immer nachdenklicher. Er konnte sich des Eindrucks nicht erwehren, daß dieser Mann von Gott gesandt sein müsse. Aber wer sollte ihm Gewißheit geben?

Das Einfachste wäre gewesen, er wäre zu Jesus selbst gegangen. Aber teils scheute er sich vor seinen Amtsgenossen im Hohenrat, ihn selbst vor versammeltem Volk um Belehrung zu bitten, teils wollte er in seiner hohen Stellung nicht dem Volke ein Beispiel geben, ehe er selbst volle Gewißheit hatte. Aber der Gedanke an Jesus ließ ihn nicht mehr los.

So saß er eines Abends unruhig in seinem vornehmen Patrizierhaus in der Stadt. Drüben im Westen war die Sonne hinter dem Königspalast und den Bergen untergegangen. Ohne lange Dämmerung wurde es Nacht. Er dachte an die Rede Jesu. Da hatte er längst gemerkt, daß Jesus etwas ganz anderes wollte, als was die Juden damals unter Religion und Frömmigkeit verstanden: Erfüllung von Priestergeboten, gottesdienstliche Feiern, Opfer, Zehnten, Fasten, religiöse Waschungen und dergleichen. Er sprach immer vom „Reiche Gottes", wie schon seit einem halben Jahr Johannes der Täufer am Jordan, mit dem er offenbar in Zusammenhang stand. Was war denn das für ein Reich? Was mußte man tun, um hineinzukommen? Diese Fragen wurden ihm schließlich so brennend, daß er sich endlich kurz entschloß, noch heute Nacht im Dunkeln, wo ihn niemand erkennen konnte, zu Jesus selbst zu gehen.

So sehen wir denn den Geheimrat bei Nacht, tief in seinen Mantel gehüllt, durch die unbeleuchteten Straßen der bergigen Stadt gehen. Die Mietswohnung, in der Jesus wohnte, hatte er erkundet. Bald rechts, bald links bog er in eine enge Gasse ein, bis er vor einem Hause stillstand und den Türklopfer in Bewegung setzte. Ein Diener kam wohl und fragte nach dem Begehr des späten Gastes. „Ich will zu Jesus von Nazareth", antwortete er. Da wurde er eine oder zwei Treppen hinaufgeführt auf das ebene Dach, auf dem das Söllerzimmer lag, in dem man, abgetrennt von der Familienwohnung, fremde Gäste unterzubringen pflegte.

Es war, wie immer um diese Zeit in Jerusalem, eine klare Sommernacht. Der südliche Sternhimmel blitzte in unbeschreiblicher Pracht auf Jerusalem hernieder. Jesus saß mit seinem Johannes und vielleicht noch einigen Jüngern drinnen, möglicherweise aber auch draußen auf dem ebenen Dach, wie man es noch heute in Jerusalem vielfach tut. Dorthin wurde Nikodemus geführt. Jesus empfing ihn freundlich und forderte ihn auf, sich neben ihm niederzulassen. Mit Ehrfurcht mögen die Jünger den hochgestellten Herrn betrachtet haben, der zu so ungewohnter Stunde zu ihrem Meister kam. Auch dem Nikodemus mag es etwas seltsam zumute gewesen sein, als er nun endlich neben dem Manne saß, mit dem er sich in der letzten Zeit in seinen Gedanken so viel beschäftigt hatte.

„Meister, wir wissen, daß du von Gott als Lehrer kamst, denn niemand kann die Zeichen tun, die du tust, es sei denn Gott mit ihm". Mit dieser Anerkennung leitete er die Fragen ein, die er auf dem Herzen hatte. Wissen wollte er, was für eine Bewandtnis es mit dieser Königsherrschaft Gottes habe, die Er proklamierte, und was man tun müsse, um hineinzukommen.

„Was man tun muß?" antwortete Jesus. „Wahrlich, wahrlich, ich sage dir: es sei denn, daß jemand von oben *geboren* werde, so kann er das Reich Gottes nicht sehen".

Nikodemus traute seinen Ohren nicht. Von neuem geboren werden? Kann denn ein erwachsener Mensch noch einmal geboren werden?

Aber mit Nachdruck wiederholte Jesus: „Wahrlich, wahrlich, ich sage dir: es sei denn, daß jemand von oben *geboren* werde aus Wasser und Geist, so kann er nicht in das Reich Gottes kommen!" Er muß zu einem neuen Leben geboren werden, nicht nur durch die Wassertaufe, zu der euch seit einem halben Jahr Johannes der Täufer aufruft, sondern vor allem aus dem Geiste Gottes, den nur ich euch geben kann. Das Leben, das ihr durch die leibliche Geburt empfangt, bei der ihr auch den tierischen Teil eures Wesens und die erbliche Belastung einer sündigen, sinnlichen, eitlen, habsüchtigen Anlage mitbringt, gehört dieser vergänglichen Welt an und wird mit ihr zugrunde gehen. Es kann auch durch alle noch so gutgemeinte Selbsterziehung und Selbstbesserung nicht zu einem höheren Leben hinaufgeschraubt werden. Denn „was vom Fleisch geboren ist, das ist Fleisch" und geht wie diese ganze fleischliche Welt dem Untergang entgegen. Es gibt aber auch eine höhere, göttliche Welt des Geistes! Aus dieser göttlichen Geisteswelt muß ein ganz neues, höheres Leben in euch hineinkommen. Dieses ist etwas so ganz Neues, daß sein Beginn nur mit dem Lebensanfang der leiblichen Geburt verglichen werden kann. Es ist ewig und wird in Äonen nicht untergehen. Denn „was vom Geist geboren ist, das ist Geist". Dieses neue Leben aus dem göttlichen Geist in die Menschenwelt zu bringen, dazu bin ich gekommen.

Nikodemus mag bei diesen Worten den Herrn fassungslos angeschaut haben. Das waren für ihn unerhörte Gedankengänge. Jesus bemühte sich auch gar nicht, ihm das Geheimnis zu erklären. Er erinnerte ihn nur daran, daß es schon in der Natur Geheimnisse genug gibt, die kein Gelehrter erklären kann. Während sie dasaßen, hörte man das Sausen des Westwindes, der jede Nacht vom Mittelmeer her weht, über die schlafenden Gassen Jerusalems und den dunkel aufragenden Tempel zum Ölberg hinüber tönen. Den Lauf des Windes kann auch kein Gelehrter berechnen. Daran anknüpfend sagt der Herr: „Staune nicht darüber, daß ich dir gesagt habe: Ihr müßt von neuem geboren werden. Der Wind weht, wo er will, und du hörst sein Sausen wohl. Aber du weißt nicht, woher er kommt und wohin er geht." So und noch unendlich viel mehr schwebt ein Geheimnis um diese neue Geburt von oben.

Nikodemus, dem das eigene Reden vergangen war, und der nur noch Jesus hatte reden lassen, sah ihn ratlos an und tat nur noch die zweifelnde, unsichere Frage: „Wie mag solches zugehen?" Er hatte sich bisher für einen großen Theologen gehalten. Aber diesen Theologendünkel zerriß der Herr mit den Worten: „Du bist ein Meister in Israel und weißt das nicht? Wahrlich, wahrlich, ich sage dir: wir beide, ich und Johannes der Täufer, bezeugen euch die untrügliche, von Gott kommende Wahrheit. Aber ihr Juden nehmt unser Zeugnis nicht an. Bei dir jedoch weiß ich, daß du mit redlichem Herzen kommst. Was du heute noch nicht verstehst, wird dir eines Tages völlig klar werden. Auch ein Zeichen, woran du dann die göttliche Wahrheit erkennen kannst, will ich dir jetzt nennen: Wie Mose in der Wüste eine Schlange erhöht hat, so muß des Menschen Sohn erhöht werden, auf daß alle, die an ihn glauben, nicht verloren gehen, sondern das ewige Leben haben. Denn so sehr hat Gott *die Welt* geliebt, daß er seinen einziggeborenen Sohn gab, auf daß alle, die an ihn glauben, nicht verloren gehen, sondern das ewige Leben haben" (Joh. 3, 16). Da hatte also Nikodemus die Antwort auf die Frage, wozu Jesus gekommen sei. Er war gekommen, um *die ganze Welt* vor dem Verlorengehen zu retten.

Das war das hochbedeutsame Gespräch, von dem uns Johannes in seiner vielsagenden Kürze nur die Hauptsätze aufbewahrt hat, und das ich absichtlich nicht immer wörtlich, sondern in der Sprache unserer heutigen Zeit erklärend wiedergegeben habe. Es war wohl schon spät in der Nacht, als sich Nikodemus, in seinen Mantel gehüllt, wieder auf den Weg machte und gassenauf, gassenab in sein vornehmes Patrizierhaus zurückkehrte. Und als er nach Hause gekommen war, tönten ihm noch immer die wunderbaren Worte Jesu im Herzen nach, ehe er die Augen zum Schlummer schloß.

Aber nicht nur in jener Nacht, noch lange Wochen und Monate rumorten jene drei Rätsel in seinem Herzen, das Rätsel der neuen Geburt von oben, das Rätsel der erhöhten Schlange in der Wüste, und das allergrößte Rätsel, daß der Mann, an dessen Seite er gesessen, sich wie selbstverständlich den einziggeborenen Sohn Gottes nannte, der gekommen sei, die ganze Welt zu retten. Der Herr hatte ihm diese Rätsel mit keiner Silbe gelöst. Er gab auch sonst seinen Zuhörern manchmal absichtlich Rätsel auf, die sie zu tieferem Nachdenken reizen sollten. Diese Rätsel waren sozusagen Knospen, die einstweilen fest verschlossen waren, die sich aber zur rechten Zeit schon selbst öffnen würden.

Auch das Wort von der erhöhten Schlange in der Wüste war dem Nikodemus, obwohl er diese Geschichte aus den Tagen Moses gut kannte, ein völliges Rätsel, eine jetzt noch harte Knospe, von der er nicht von ferne ahnte, mit welcher Pracht und Schönheit sie sich ihm einst entfalten würde. Aber als er fast zwei Jahre später am Karfreitagabend mit Joseph von Arimathia draußen vor der Stadtmauer Jerusalems zum Kreuz hinaufschaute, um die erstarrten Glieder des Toten herunterzunehmen, da mag es wie ein erhellender Blitz durch sein Gemüt gegangen sein. Die Rose fing an, sich zu öffnen in ihrer Gottespracht, und das Geheimnis des Kreuzes, durch welches alle, die an Jesus glauben, selig werden sollen, enthüllte sich ihm als der größte Gedanke Gottes zur Beseligung der Menschheit. Vielen, so unserem Luther, ist jenes Wort aus dem Nachtgespräch in Jerusalem das liebste Wort in der Bibel geworden, aber gewiß keinem mehr als dem Nikodemus selbst: „So sehr hat Gott die Welt geliebt, daß er seinen einziggeborenen Sohn gab, auf daß alle, die an ihn glauben, nicht verloren gehen, sondern das ewige Leben haben."

Weitere Ereignisse in Judäa

Das Nachtgespräch mit Nikodemus ist das einzige einzelne Ereignis, das uns aus dem Aufenthalt Jesu in der Hauptstadt bekannt geworden ist. Es hat sich aber in dieser Zeit von April bis Oktober in Jerusalem noch sehr vieles zugetragen, wovon keine Nachricht auf uns gekommen ist. Wir dürfen das Wort nicht vergessen, mit dem das Johannes-Evangelium schließt (Joh. 21, 25): „Es sind auch viele andere Dinge, die Jesus getan hat; wenn dies im einzelnen aufgeschrieben würde, so würde, wie ich meine, die Welt die Bücher nicht fassen, die zu schreiben wären".

Jedenfalls steht fest, daß Jesus volle drei Vierteljahre in Jerusalem und der Provinz Judäa geblieben ist.

Man kannte ihn also in Jerusalem gut. Und wenn später das Jerusalemer Volk rief: „Kreuzige, kreuzige ihn!", so konnte sich niemand entschuldigen, er habe ihn nicht gekannt. Damals ist er ganz heimisch geworden in den Gassen der Stadt, durch die er am Karfreitag zum letztenmal geschritten ist. Auf dem Ölberg ist er sicher oft gewesen. Das Kidrontal, durch das er am letzten Abend seines Lebens geschritten ist, die in den Fels gehauenen dortigen Prophetengräber, die er Matth. 23, 29 erwähnte, und die heute noch stehen, hat er gewiß oft gesehen und sich seine Gedanken darüber gemacht.

Auch die Umgebung der Stadt hat er während dieser neun Monate gewiß aufgesucht, so das nur ein Stündchen entfernte Bethanien, wo er seine Freundschaft mit den drei Geschwistern schloß, vielleicht auch das einige Stunden entfernte Emmaus, wohin der Auferstandene am Osternachmittag die beiden Jünger begleitete.

Als aber im November die kühlere Jahreszeit eintrat, ging er mit seinen Jüngern an den Jordan hinunter, wo es jetzt eine Lust war zu leben. Hier stand in dieser angenehmen Jahreszeit auch wieder Johannes der Täufer und setzte seine Tätigkeit fort. Aber auch Jesus fing hier an einer anderen Stelle an zu wirken. Hier im Freien, in der ländlichen Abgeschiedenheit, konnte er noch ungestörter zum Volk reden. Und auch er nahm das Taufen auf, das Johannes der Täufer als Zeichen des Eintritts in die Jesusgemeinde eingeführt hatte. Freilich er selbst gab sich mit Taufen nicht ab, das ließ er durch seine Jünger besorgen (Joh. 4, 1), wie das später auch Paulus tat (1. Kor. 1, 17). So fanden damals an zwei verschiedenen Orten mächtige Taufversammlungen statt, bei Jesus und bei Johannes (Joh. 3, 23). Es muß in jenem Herbst eine mächtige Bewegung durch das ganze Volk gegangen sein. Und bei Jesus war der Zudrang des Volks schon viel mächtiger als bei Johannes. Wenn es schon von Johannes heißt, daß ganz Jerusalem und das ganze Land sich zu seiner Botschaft und Taufe drängte, was für gewaltige Volksmassen müssen in jenem Herbst erst bei Jesus gewesen sein! In ganz Palästina gab es damals keinen Menschen, der so bekannt war wie Jesus. Das dürfen wir nicht vergessen, um beurteilen zu können, was für eine ungeheure Verantwortung dieses Volk auf sich lud, als es dennoch anderthalb Jahre später am Karfreitag zu Pilatus hinaufrief: „Sein Blut komme über uns und unsere Kinder!“

Diese Tauftätigkeit bei Jesus dauerte aber nicht lange. Schon nach acht Wochen mußte er sie jählings abbrechen. Denn da kamen Boten aus dem eine Tagereise entfernten Jerusalem, die ihm meldeten, daß sich die Pharisäerpartei darüber aufregte, daß er mehr Jünger machte als Johannes der Täufer. Was für Pläne sie gegen ihn schmiedeten, wissen wir nicht. Vielleicht wollten sie ihn verhaften und in einem ihrer Gefängnisse verschwinden lassen, wozu der Hoherat befugt war. Genug, Jesus nahm diese Nachricht so ernst, daß er sich entschloß, als die Taufbewegung auf ihrem Höhepunkt angekommen war, diese abzubrechen, die Hauptprovinz Judäa ganz zu verlassen und in weniger gefährliche Gegenden auszuweichen (Joh. 4, 1).

Dem Tode wollte er sich ja nicht entziehen. Den erwartete er schon seit dem Passahfest (Joh. 2, 19). Aber zuvor wollte er sich allen drei Provinzen genau bekanntgemacht haben, damit niemand die Ausrede haben konnte, er hätte Jesus nicht gekannt, als der Karfreitag gekommen war.

In der Provinz Judäa war er nun lange gewesen. Es gab aber noch zwei andere Provinzen, die ihn noch nicht kannten, Galiläa und Peräa. Denen mußte er sich auch noch widmen. Dann war er bereit zu sterben. Also Galiläa und Peräa, das war von nun an sein Programm für die übrigen fünf Vierteljahre seines Erdenlebens.

Sychar (Samaria)

Seit vielen Jahren hatte ich den Wunsch gehegt, einmal das ganze Tal Faarʿa kennenzulernen, das die bequemste Verbindung zwischen dem tiefen Jordantal und dem Gebirge von Samaria bildet. Aber früher, als man nur zu Pferd reisen konnte, brauchte man dazu von Jerusalem aus vier Tage. Jetzt, wo in ganz Palästina der Kraftwagen den Verkehr beherrscht, genügt dafür ein einziger Tag. So konnte ich die Zeit dazu erübrigen.

Ich fuhr an einem schönen Maitag von Jerusalem nach Jericho und Phasaiil, einer Trümmerstätte, die den Namen Phasaels, des Bruders von Herodes I. festhält, und dann das Tal Faarʿa hinauf. Drunten in der Gluthitze des Jordantals war der starke Bach von Faarʿa schon ganz verdunstet und vertrocknet. Aber weiter droben im Gebirge sprang er noch lustig neben der

Straße dahin, ehe ihn die Sonne verschlang. Manchmal sah ich einen arabischen Fellachen, der sich über den Bach bückte und aus der hohlen Hand trank. Solches fließendes Quellwasser, das sich fortwährend selbst erneuert, nennt man in Palästina „lebendiges Wasser" im Gegensatz zu dem Zisternenwasser, auf das die Gebirgsbewohner meist angewiesen sind, und welches das ganze Jahr hindurch gewissermaßen tot und unbewegt im dunklen Keller lagert.

Ich fuhr zwischen Getreidefeldern, die schon weiß zur Ernte waren, und zwischen felsigen Bergen talauf. Ich muß daran denken, daß auch Jesus einmal durch dieses Tal gewandert ist. Es war im Anfang des zweiten Jahres seiner öffentlichen Tätigkeit. Daß diese Reise im Januar stattfand, ergibt sich daraus, daß Jesus am Jakobsbrunnen seinen Jüngern sagte, es sei noch vier Monate bis zur Ernte, die im Mai stattfindet (Joh. 4, 35).

Er reiste also an einem Januartag mit seinen Jüngern zwischen den jungen grünen Saaten des fruchtbaren Tales zum samaritischen Gebirge hinauf. Nachdem ich vom Jordan an etwa dreißig Kilometer zurückgelegt hatte, bog ich links in einen leidlichen Weg ein, der den Gebirgsstock des Ebal an seiner Ostseite umgeht, bis ich wie damals Jesus zu dem Dorfe Sychar kam, dessen Name heute unter Beibehaltung der drei Konsonanten in Askar abgewandelt ist. Ich ließ das Dorf zunächst rechts liegen und fuhr sofort zu dem etwas entfernten Jakobsbrunnen weiter.

Da lag er nun wieder vor mir, der uralte Brunnen, der durch die Erzählung von dem Gespräch Jesu mit der Samariterin in der ganzen Welt berühmt geworden ist. Wenn ich vor fünfzig oder sechzig Jahren hierher kam, lag er mit seiner schlicht ummauerten Öffnung einsam im freien Feld. Das war schön und konnte an die Zeit erinnern, als Jesus hier rastete. Leider haben die alten Kirchen die Gewohnheit, jede „heilige Stätte" mit einem möglichst prunkvollen Kirchengebäude zuzudecken, wodurch die schlichte Ursprünglichkeit ganz verlorengeht. So ist es auch dem Jakobsbrunnen ergangen. Nicht nur das Grundstück ist von einer Steinmauer umschlossen, was man sich noch gefallen lassen könnte, sondern gerade über dem Brunnen ist ein Gewölbe und darum herum Kirchenmauern bis zur halben Höhe aufgeführt. Und da die griechische Kirche, die Eigentümerin, das Geld nicht hatte, den stattlichen Bau zu Ende zu führen, fängt er an, zu verfallen, und das Bild der alten Zeit ist gründlich verdorben.

Durch die Umfassungsmauer ging ich in das Grundstück hinein und betrat das unfertige Gebäude. Ein griechischer Priester in hoher Popenmütze, der nahebei wohnte, kam sofort, um mir gegen eine Abgabe den Brunnen zu zeigen. Wir beugten uns über den gemauerten, etwa tischhohen Brunnenrand und sahen hinunter. Der Priester warf einige kleine Steine hinab, um durch ihren plätschernden Aufprall zu beweisen, daß drunten Wasser sei. Dann ließ er an einem langen Strick einen Schöpfeimer in beträchtliche Tiefe hinab, ließ ihn sich füllen, zog ihn wieder herauf und gab mir nun „heiliges Wasser" von der in der Tiefe gefaßten Quelle zu trinken. Es war angenehm kühl und frisch, nicht Zisternenwasser, sondern „lebendiges Wasser" aus einer fließenden Quelle. Dann zündete er einen kleinen Strohbund an und ließ ihn hinunterfallen. Über den steinernen Rand gebückt sahen wir, von der kleinen Fackel erleuchtet, die Wände des Brunnens und vor dem Eintauchen des Strohwischs den blanken Wasserspiegel.

Als der Priester seine Gebühr erhalten hatte, ließ er mich allein. Da setzte ich mich, wie einst Jesus vor 1900 Jahren auf den Brunnenrand, holte mein Neues Testament heraus und las das vierte Kapitel des Johannes-Evangeliums.

Wie lebendig wurde mir hier an Ort und Stelle jene Geschichte aus längst vergangenen Tagen! Ich stellte mir vor, wie Jesus damals vom Jordantal durch das Tal Faar'a heraufkam. Sehr früh muß er mit seinen Jüngern aufgebrochen sein. Denn sie kamen mittags um zwölf Uhr hier an und hatten schon etwa dreißig Kilometer zurückgelegt (Joh. 4, 6). Kein Wunder, daß er müde war. Er setzte sich auf den Brunnenrand, um auszuruhen. Ein Teil der Jünger — natürlich nicht alle zusammen — ging in das nahe Dorf Sychar, um Speise zu kaufen, vielleicht auch einen Schöpfeimer zu leihen.

Noch nicht lange hatte Jesus dagesessen, da kam mit Schöpfeimer und Krug eine samaritische Frau zum Brunnen. Sie wohnte zwar in Sychar, kam aber jetzt nicht aus dem Dorf, denn dort hätte sie lebendiges Wasser genug gehabt, sondern vielleicht von ihrer Arbeit auf einem der nahen Felder. Es war ja Januar, da wurde überall in den Weizenfeldern fleißig gejätet, was später, wenn die Halme größer geworden sind, nicht mehr möglich ist. Es war Zeit zum Mittagessen, dazu wollte sie sich einen Trunk frischen Wassers holen. Den Fremden, der auf dem Brunnenrande saß, beachtete sie kaum, zumal da er nach seiner Tracht ein Jude war. Und mit Juden gaben sich die Samariter nicht gerne ab. Am Seil ließ sie ihren Eimer in die Tiefe und zog ihn, nachdem er sich gefüllt, wieder herauf.

Während sie, über die Öffnung des Brunnens gebeugt, damit beschäftigt war, saß Jesus schweigend neben ihr auf dem Brunnenrand. Er, der große Menschenkenner, las in ihrem Gesicht. Er sah, daß ein Druck von Schuld und Elend auf ihr lag. Aber er sah auch, daß in ihrer Seele der Gottesfunke noch nicht erstorben, jener Durst noch nicht erloschen war, den nur die Gemeinschaft mit Gott stillen kann. Wo er aber eine solche verlorene Seele sah, vergaß er Hunger und Durst über seiner Aufgabe, Verlorenes zu retten. Er war immer im Dienst, auch wenn er müde war. Er war ja sogar noch im Dienst, als er schon sterbend am Kreuze hing.

In diesem seinem Dienste stand er unablässig mit seinem Vater in Verbindung. Von ihm empfing er beständig Aufträge, Weisungen, Aufschlüsse, Antworten. Er hat es ja immer wieder selbst bezeugt: Der Sohn kann nichts aus sich selber tun, als was er den Vater tun sieht (Joh. 5, 19). Ich bin vom Himmel gekommen, nicht daß ich meinen Willen tue, sondern dessen, der mich gesandt hat (Joh. 6, 38). Der Vater läßt mich nie allein, denn ich tue allezeit, was ihm gefällt (Joh. 8, 29). Der Vater zeigt dem Sohn alles, was er tut (Joh. 5, 20). Ich tue nichts von mir selber, sondern wie mich mein Vater gelehrt hat (Joh. 8, 28). Und gerade in dieser Geschichte von der Samariterin sagt er, daß das Tun des göttlichen Willens geradezu die Speise sei, von der er jeden Augenblick lebe (Joh. 4, 34). Diese Versicherungen Jesu brauchen wir nur ernst zu nehmen, dann wird in unserer Geschichte alles verständlich. Er muß also, während die Frau an seiner Seite Wasser schöpfte, von seinem Vater den Auftrag bekommen haben, diese verlorene Seele auf den rechten Weg zu führen. Er muß zugleich einen doppelten Aufschluß bekommen haben: erstens über ihre bedenkliche Vergangenheit, in der sie von Ehescheidung zu Ehescheidung, von einer Hand in die andere gegangen war, bis zu ihrem jetzigen Verhältnis mit einem Manne, mit dem sie nicht gesetzlich verheiratet war; zweitens darüber, daß dort drüben in Sychar ein ganzes Dorf für die Himmelsbotschaft empfänglich war. Denn das war die Berufung, die Gott diesem armen Weibe zugedacht hatte, eine Botin Jesu zu werden, die ihr ganzes Heimatdorf zu ihm rufen sollte. Dieser geheime Verkehr zwischen dem Vater und dem Sohn war vorangegangen, ehe Jesus die Frau anredete.

Sie hatte also ihren mit „lebendigem Wasser" gefüllten Eimer am Seil heraufgezogen. Jetzt, als in dem auf den Brunnenrand gestellten Gefäß das frische Wasser blinkte, eröffnete Jesus das Gespräch, das ich absichtlich in freier Umschreibung wiedergebe.

Jesus: Gib mir zu trinken! (Bereitwillig reicht sie ihm das Gefäß. Er trinkt. Aber sie kann sich nicht enthalten, ihm ihre Verwunderung auszudrücken).

Die Frau: Von mir erbittest du Wasser? Du bist doch ein Jude, und ich eine Samariterin!

Jesus (dem Gespräch sofort die Wendung zu Gott gebend): Wenn du wüßtest, was für eine Gabe Gott den Menschen geben will, und wer der ist, der dich eben um Wasser gebeten hat, da würde sich das Verhältnis sofort umkehren: ich wäre der Gebende, du die Bittende, die von *mir* „lebendiges Wasser" bekäme.

Die Frau (auf die Wendung zu Gott noch nicht eingehend): Lebendiges Wasser gibt es wohl da drunten im Brunnen. Aber du hast doch keinen Schöpfeimer! Bist du etwa mehr als unser großer Ahn Jakob, der diesen Brunnen grub?

Jesus: Ich meine nicht das Wasser da drunten, sondern ein Wasser, das in einem noch viel höheren Sinn „lebendiges Wasser" ist. Wer von diesem Wasser da drunten trinkt, wird wieder durstig. Es gibt aber einen Durst der zu Gott geschaffenen Seele, den nur ein einziges lebendiges Wasser stillen kann. Und dieses kann nur ich allein geben. Wer dieses lebendige Wasser trinkt, der hat dann in sich selbst einen quellenden Brunnen ewigen Lebens, der seinen Durst auf ewig stillt. *)

---

*) Die Übersetzung „ein Brunnen des Wassers, das ins ewige Leben quillt", gibt den Sinn nicht richtig wieder. Gemeint ist ein sprudelnder, sich beständig erneuernder Quell des ewigen Lebens.

Die Frau (noch immer den tiefen Sinn nicht merkend, aber doch den Fremden jetzt ehrerbietig mit „Herr" anredend): Herr, dann gib mir doch dieses einzigartige Wasser! Dann brauche ich nicht immer zum Brunnen zu laufen und Wasser zu holen.

Jesus (den bisherigen Gegenstand des Gesprächs fallen lassend, um sie an ihrem Gewissen zu fassen): Geh, rufe deinen Mann und komm mit ihm wieder!

Die Frau: Ich habe keinen Mann.

Jesus: Damit bist du allerdings bei der Wahrheit geblieben. Denn fünf Männer hast du gehabt, und den du jetzt hast, der ist nicht dein Mann.

Die Frau (starrt ihn zuerst in maßlosem Erstaunen über sein übernatürliches Wissen an. Endlich findet sie Worte): *Herr, ich sehe, daß du ein Prophet bist!* (Vielleicht nach einer Pause der Bestürzung über die beschämende Aufdeckung ihrer Schande und ihres leichtfertigen Lebens geht sie jetzt auch auf das Gebiet der Religion ein, vielleicht auch, um das Gespräch von dieser peinlichen Sache abzulenken. Auf den gegenüber aufsteigenden Berg Garizim deutend): Unsere samaritischen Väter haben auf diesem Berge angebetet. Ihr Juden aber saget, man müsse in Jerusalem anbeten. Wer hat nun recht?

Jesus: Glaube mir, Frau, es kommt die Zeit, daß ihr weder auf diesem Berge noch in Jerusalem anbeten werdet, und zwar werdet ihr Gott nicht nur als den Schöpfer anbeten, wie ihr Samariter, sondern als den erlösenden *Vater,* der Heil und Seligkeit gibt. Allerdings kommt nach Gottes Willen das Heil für alle Völker von den Juden, weil ihnen das prophetische Wort Gottes anvertraut ist. Aber es kommt die Zeit, ja sie ist schon da, daß die wahrhaftigen Beter den Vater im Geist und in der Wahrheit anbeten werden. Dann hört alles äußerliche Anbeten an bestimmten Orten wie Garizim oder Jerusalem, an bestimmten Zeiten und Altären, durch Lippengebete, äußere Zeremonien, Festfeiern, Opferhandlungen, Gebärden und dergleichen von selbst auf. Die Gottesgemeinde der Zukunft wird Gott als den Vater im Geist, in geistiger Berührung mit ihm, und in der Wahrheit, in wahrer Herzenserhebung anbeten. Nur solche Anbeter sucht Gott. Denn Gott ist Geist, ist also nicht etwa nur auf dem Garizim oder in Jerusalem zu finden, sondern überall. Darum müssen auch die, die ihm nahen wollen, ihn im Geist und in der Wahrheit anbeten.

Die Frau (die beim Hören dieser erstaunlichen Worte, die ein ganz neues Zeitalter ankündigten, die alles, was die Menschen bisher für Religion gehalten hatten, auf den Kopf stellten, unwillkürlich an die Weissagungen vom Kommen eines Messias erinnert wird): Ich weiß, daß der Messias kommen wird. Wenn der kommen wird, wird er uns alles lehren.

Jesus (mit Hoheit): *Ich selbst bin der Messias.*

Wenn ein Blitz vom Himmel heruntergefahren wäre und vor ihren Füßen eingeschlagen hätte, so hätte er die Frau nicht mehr überraschen können. Der Messias, der Messias! Konnte es etwas Größeres, Beseligenderes, Erstaunlicheres geben? Sie, die während des Gesprächs eine immer größere Ehrerbietung vor dem Fremden empfunden hatte, kann gar nicht daran zweifeln, daß sie wirklich den Messias vor sich hat. Sie findet in ihrem maßlosen Erstaunen überhaupt keine Worte mehr. Ihren Krug und ihren Eimer läßt sie neben dem Brunnen stehen und eilt, so schnell sie ihre Füße tragen können, durch die Kornfelder nach Sychar hinüber und ruft es in ihrer Aufregung allen Leuten zu: Kommt, kommt! Draußen am Jakobsbrunnen ist einer, der mir alles gesagt hat, was ich getan habe. Seht selbst, ob er nicht gar der Messias ist! Und ihre Worte, ihre Aufregung, die deutlich zeigten, daß sie etwas ganz Überwältigendes erlebt haben mußte, machten auf die Leute einen so großen Eindruck, daß sie alles stehen und liegen ließen und sich alsbald auf den Weg machten, um den merkwürdigen Fremden selbst zu sehen.

Während Jesus mit seinen Jüngern ein bedeutsames Gespräch führte, das auch *ihre* Blicke in die große Zukunft richtete, von der er zu der Frau geredet hatte, strömten die Sychariten in Scharen zum Jakobsbrunnen hinaus. Auf dem schmalen Fußpfade, der durch die jungen Saatfelder führte, sah man sie in den weißen Kleidern der Landleute in langer Reihe daherkommen. *Weiß* schimmerten ihre Gestalten zwischen den saftgrünen Saaten. Bewegt sah Jesus hinaus auf dieses schöne Bild, das ihm ein Angeld der kommenden Ernte Gottes in der Völkerwelt war, und sagte zu seinen Jüngern: „Sagt ihr nicht, es sind noch vier Monate bis zur Ernte? Siehe, ich sage euch: Hebet eure Augen auf und sehet in das grüne Feld, denn es ist schon weiß zur Ernte!"

Und nun kamen die Sychariten an. Ehrerbietig umringten sie den fremden Herrn, dessen hoheitsvolles Angesicht und dessen geisterfüllte Worte ihnen die Botschaft der Frau nur bestätigten. Nachdem er auch zu ihnen gesprochen hatte, worüber uns Johannes nichts aufgeschrieben hat, fühlten sie sich so zu ihm hingezogen, daß sie es wagten, ihn in ihr Dorf einzuladen. Zum Erstaunen der Jünger, die nach ihren jüdischen Anschauungen in einem Samariterdorf gewiß nicht eingekehrt wären, nahm er die Einladung freundlich an und blieb sogar zwei volle Tage bei ihnen.

Wie mögen sie an seinem Munde gehangen haben, als er dem ganzen versammelten Dorf seine himmlische Botschaft brachte! Was er ihnen gesagt hat, das geht aus den Worten der Sychariten hervor, die uns Johannes am Schluß (Joh. 4, 42) mitteilt: „Wir haben selber gehört und wissen: Dieser ist wahrhaftig der Retter der Welt!"

Am See Genezareth

Von Sychar wanderte Jesus im Januar des zweiten Jahres nach Kapernaum, wo ihn in seinem Hause Maria und seine Brüder erwarteten. Begleitet war er dabei mindestens von den fünf Jüngern, die sich im Jahr zuvor aus der Schar Johannes des Täufers ihm angeschlossen hatten, und denen sich wohl inzwischen auch Jakobus, der Sohn des Zebedäus, zugesellt hatte. Zu Aposteln ernannte er sie ja erst etwa vier bis sechs Wochen später, unmittelbar vor der Bergpredigt (Luk. 6).

Er machte aber einen kleinen Umweg über Kana in Galiläa. Vielleicht kehrte er noch einmal bei dem jungen Ehepaar ein, bei dessen Hochzeit er im Jahr vorher das Wasser in Wein verwandelt hatte. Die Familie muß der Familie Jesu befreundet oder verwandt gewesen sein. Kana war aber auch die Heimat seiner beiden Jünger Nathanael und Simon. Er hatte also daselbst verschiedene Häuser, in denen er einkehren konnte. Er scheint sich dort einige Tage aufgehalten zu haben.

Während er dort war, kam ein königlicher Beamter des Herodes Antipas aus Kapernaum einen weiten Weg nach Kana herauf, um Jesus um Heilung seines todkranken Sohnes zu bitten. Die Kunde von vielen Wundertaten war von Jerusalem nach Kapernaum gedrungen, und jetzt kam die Nachricht in die Stadt, daß er wieder nach Galiläa zurückgekommen sei. Da machte sich der geängstigte Vater auf, um ihn nach Kapernaum zu holen. Jesus ging aber nicht hin, sondern heilte seinen Sohn auf vierzig Kilometer Entfernung durch ein bloßes Wort (Joh. 4, 50). Diese erstaunliche Tat lenkte noch viel mehr die Augen der ganzen Stadt auf Jesus (Joh. 4, 46).

Nach einigen Tagen wanderte Jesus mit seinen Jüngern in „seine Stadt" an den See Genezareth. Von da an war er drei Vierteljahre lang einer der Anwohner dieses Sees, vom Januar oder Februar bis zum Oktober dieses zweiten Jahrs seines öffentlichen Wirkens. Um den Lesern die Umwelt Jesu in dieser Zeit bekanntzumachen, lade ich sie ein, mich auf einer Fahrt über den See zu begleiten, wie ich sie einige Jahre vor dem Krieg einmal unternommen habe.

Ich war an einem Nachmittag in einem Boot von der Stadt Tiberias, der einstigen Winterresidenz des Herodes Antipas, des Landesherrn Jesu, ans Nordufer gefahren, war an der Trümmerstätte von Kapernaum ausgestiegen und setzte mich dort auf die aus den Trümmern in Tischhöhe wiederaufgerichtete Mauer der Synagoge, die der heidnische Hauptmann von Kapernaum der Stadt gebaut und in der Jesus so oft zum Volke geredet hat. Ganz nahe plätscherten leise die Wellen des Sees ans Ufer.

Ich sah hinaus in die Landschaft, die sich einst täglich in den Augen Jesu gespiegelt hat. Ringsum tiefe Stille. Bis in den fernen Süden erstreckte sich der See, auf allen Seiten von unbewaldeten, aber um so mehr von Licht und Farbe übergossenen Kalksteingebirgen eingefaßt. Von ihren höchsten Gipfeln schauten wie Burgen zwei Städte herunter: im Osten Hippos, im Nordwesten Saffad, die jedermann sehen *muß*, der unten am See ins Land hinaus schaut. Auf eine von ihnen mag der

Herr gedeutet haben, als er dort auf der nahen Höhe im Norden in der Bergpredigt sagte: „Es *kann* die Stadt, die auf einem Berge liegt, nicht verborgen sein".

Diese Landschaft am See Genezareth ist ohne Zweifel die schönste von ganz Palästina. Sie war aber auch die am meisten bevölkerte. Kapernaum lag an einer sehr belebten Handelsstraße. Täglich brachten zu Lande Kamelkarawanen, zu Wasser Frachtschiffe und Jollen ihre Warenballen hierher. Ein ununterbrochener Küstenhandel und geschäftlicher Verkehr von Ufer zu Ufer brachte Schwung ins öffentliche Leben. Die Fischerei im See, einem der fischreichsten Seen der Welt, bot Tausenden Beschäftigung. Der Handel mit Fischen, frischen und gesalzenen, bildete einen blühenden Erwerbszweig.

Die Ufer des Sees, der 19 Kilometer lang und an der breitesten Stelle 11 Kilometer breit ist, waren mit dichtbevölkerten Städten besetzt. Kapernaum lag an einer Landesgrenze. Ein großes Zollamt beherrschte den Warenverkehr zu Wasser und zu Land. Deswegen reden die Evangelien bei Kapernaum so oft von Zöllnern, die es natürlich in Binnenstädten wie Nazareth nicht gab.

Noch ehe Jesus etwa im Januar oder Februar aus Jerusalem nach Kapernaum zurückkam, war ihm der Ruf seiner in der Hauptstadt vollbrachten Taten schon vorausgeeilt (Joh. 4, 45; Luk. 4, 14), und zuletzt lenkte die Fernheilung des todkranken Sohnes des königlichen Beamten aller Augen auf ihn. Deswegen nahm ihn die Stadt mit großen Erwartungen auf. Und von da an folgte bis in den Hochsommer von seinen Taten eine Nachricht der anderen.

Den größten Eindruck machten aber nicht diese Heilungen, sondern seine bei aller äußeren Schlichtheit einzigartige, gütige, freundliche, ernste, hoheitsvolle Persönlichkeit. Die ganze Bevölkerung des Talkessels um den See her wurde davon ergriffen. In jedem vornehmen Haus, in jeder armen Hütte, in jedem Fischerboot, das über den See segelte, sprach man von ihm. Jedermann wollte ihn sehen und kennenlernen. Alle Kranken wollten von ihm geheilt werden.

Aber in diesem Massenandrang wollte und konnte er nicht aufgehen. Niemand hält den ununterbrochenen Verkehr mit den Menschen ohne inneren Schaden aus. Man braucht dann um so mehr die stillen Stunden allein mit Gott. Das war auch bei Jesus so. Das Geheimnis seiner Person lag in seinem beständigen Verkehr mit seinem Vater. Wenn ihn am Tag die Menschen so umlagerten, wenn er auch in seinem Hause die ungestörte Stille nicht finden konnte, suchte er sie außerhalb des Hauses. Er ging dann oft schon vor Tau und Tag hinaus auf den breiten, niedrigen Höhenzug, den ich von meinem Platz aus im Norden der Stadt vor Augen hatte, an eine Stätte (Luk. 4, 42; 5, 16). Ja, es kam vor, daß er die ganze Nacht im Freien zubrachte. So einmal im April dieses Jahres. Es war in der Zeit des Passahfestes, also in einer Vollmondnacht (Joh. 6, 4). Da brachte er die ganze laue Frühlingsnacht dort im Osten des Sees auf dem Berge zu, der sich über der von meinem Platze aus deutlich sichtbaren Stätte der Speisung der Fünftausend erhebt. Über ihm segelte der Vollmond wie eine leuchtende Goldkugel durch das sternbesäte Himmelsgewölbe und warf in der Tiefe einen breiten Lichtstreifen über den schweigenden See. Er aber blieb einsam droben, bis die ersten Purpurlinien der aufgehenden Sonne den östlichen Himmel färbten und im Tal die Rauchsäulen von den Dächern aufstiegen. Diese Stunden einsamen Verkehrs mit seinem Vater waren seine Kraftquellen. Da schöpfte er die Kräfte einer höheren Welt, die er dann tagsüber auf die Menschen ausströmte, wenn sie sich mit ihrem Elend, ihren Sünden, ihrer Friedlosigkeit, ihren leiblichen und geistigen Krankheiten an ihn herandrängten.

Jesus mußte viel im Freien reden. In der Stadt mit ihren engen Gassen war es nicht möglich, höchstens in der Synagoge. Aber drunten an dem vor mir liegenden Seegestade gab es Platz genug (Mark. 1, 45; 2, 13). Einmal stand er dort auf dem sandigen Ufer. Das Volk drängte ihn bis hart ans Wasser. So konnte er nicht zu ihnen reden. Aber hinter ihm wimmelte ja der See von Segeln und Fischerbarken. Da winkte er das Schiff des Petrus herbei, setzte sich auf die Ruderbank und redete von dieser schwankenden Kanzel aus zu dem bis an den Rand des Wassers stehenden Volk. Aber auch die in der Nähe beschäftigten Fischer eilten mit einigen Ruderschlägen herzu und lauschten (Luk. 5, 1—3).

Die Redeweise Jesu zog die Leute an. Er redete zwar meist ganz schlicht, oft fast im Unterhaltungston. Aber so konnte ihn hoch und nieder gleich gut verstehen. Die vielfache Verwendung von Bildern und Gleichnissen erhöhte die Volkstümlichkeit und Einprägsamkeit seiner Worte. Dichterischen Schwung und großartige rednerische Kunstgriffe verschmähte er. Mit Vorliebe benützte er für seine Gleichnisse ganz alltägliche Dinge, den Samen, den der Bauer auf den Acker streut, ein Senfkorn, einen Löffel voll Sauerteig, den Fischfang im See, oder kleine Geschichten von einem verlorenen Geldstück oder einem verlorenen Schaf.

Aber das war nur die *Form* seiner Rede. Viel mächtiger packte die Leute der Inhalt. Von all den Dingen, die ihnen sonst ihre Rabbiner einschärften, peinliches Halten der übertriebenen Sabbatgebote, Essen von koscherem Fleisch, Zahlung von Tempelsteuern, religiöse Waschungen und dergleichen sagte er nie ein Wort. Aber an die tiefste Sehnsucht des Menschenherzens nach Gott, an den Schrei des unruhigen Gewissens nach Frieden knüpfte er an und rief die Menschen von ihren friedlosen Irr- und Sündenwegen zurück in die rechte Heimat bei Gott. Mit eindringlichen, geradezu erstaunlichen Gründen ermutigte er sie zu unbedingtem Gottvertrauen. Über diese innersten Anliegen des Menschenherzens wußte er ihnen Worte zu sagen, wie sie noch nie eine Religion oder Philosophie gekannt hatte.

So stand er hier in dieser Stadt, auf deren ehemaligem Weichbild ich mich befand, und widmete sich dem Volk unter Aufbietung all seiner Kraft. Es kam vor, daß er so müde war, daß ihn seine besorgten Jünger „so, wie er war", (Mark. 4, 36) in ihr Schiff nahmen und schnell mit ihm auf den See hinausfuhren, nur damit er sich endlich ein wenig ausruhen könnte. Und dann schlief er gleich so fest ein, daß ihn selbst Sturm und Wellen nicht aufwecken konnten.

Viel zuhause war er in diesem galiläischen Sommer nicht. Er suchte ja mit seinen Jüngern alle Städte und Dörfer der Provinz auf. Diese Reisen wurden ihm erleichtert durch das vortreffliche Straßennetz, das damals alle wichtigen Plätze des Landes miteinander verband. Es handelte sich dabei nicht um große Entfernungen. Ganz Galiläa war ja nur 200 Kilometer lang bei sehr verschiedener Breite von 40 bis 120 Kilometern, nicht ganz so groß wie die Rheinprovinz. Wenn er also einmal die Apostel, während er vielleicht zu einem Fest nach Jerusalem reiste, zwei und zwei zur Evangelisation aussandte, so konnten sie immer nach wenigen Tagen zurückkehren. Deshalb wies er sie an, kein Gepäck mitzunehmen (Matth. 10, 9. 10).

Für gewöhnlich aber begleiteten ihn die Apostel auf seinen Reisen. Das war ihre Hochschule, auf der sie für ihren weltweiten Auftrag vorbereitet wurden. Da lernten sie vor allem Ihn, dessen Zeugen sie in der Welt werden sollten, genau kennen. Beim gemeinsamen Wandern kommt man sich nahe. Wenn er das Volk lehrte, waren sie täglich dabei und lernten das gründlich kennen, was er „seine Lehre" nannte (Joh. 7, 16), und was wir heute in den Evangelien und Episteln des Neuen Testaments vor uns haben. Auch beim Essen, beim Ausruhen, beim Übernachten waren sie mit ihm zusammen. Dabei wurde ihr Glaube felsenfest. Es kam vor, daß auf diesen Reisen, wenn wieder einmal seine göttliche Hoheit besonders stark hindurchgeblitzt war, alle zwölf überwältigt vor ihm niederfielen und ihm auf den Knien begeistert zuriefen: „Wahrhaftig — Du bist Gottes Sohn!" (Matth. 14, 33). Durch sein tägliches Beispiel erzog er sie zu heiligen, das heißt jesusähnlichen Persönlichkeiten, damit auch sie später seine Gemeinde zur Jesusähnlichkeit führen könnten.

Da lernten sie an seinem Beispiel und an seinem Beten, dem sie zuweilen zuhören durften, daß ein Christ beständig in der Nähe Gottes und in der Herzensverbindung mit ihm bleiben muß. Sie lernten aber auch, wie sie bei allen Menschen, den sittlich gesunkenen und verdorbenen ebenso gut wie bei den braven und untadeligen, bei den kirchlich frommen ebenso gut wie bei den unkirchlichen Zöllnern, die unsterbliche Seele suchen, auch den besessenen Gadarener wie das schwer entgleiste samaritische Weib am Jakobsbrunnen nicht verachten, auch bei einer „großen Sünderin" hinter allem Schutt und Schmutz des Lebens mit dem Erbarmen der Liebe den fast erloschenen Gottesfunken wieder anfachen sollten.

Am häufigsten hat Jesus die Nachbarstädte am See besucht, namentlich Chorazin und Bethsaida, welche heute ebenso wie Kapernaum vollständig in Trümmern liegen. Die Stätte von Bethsaida, der Heimat von fünf Aposteln, sah ich von meinem

Platz aus etwa eine Stunde entfernt, da, wo der Jordan in jugendlicher Eile in den See hineinstürmt. Wie oft ist Jesus auf dem vor meinen Augen liegenden sandigen, mit hübschen kleinen Muscheln besäten Uferweg dort hinübergegangen! Bethsaida war damals die mit Prachtbauten geschmückte Residenz des Herodes Philippus, die er zu Ehren von Julia, der Tochter des Kaisers Augustus, „Julias" zubenannt hatte. Aber trotz der häufigen Anwesenheit Jesu hatte sich die leichtfertige Residenzbevölkerung doch nicht bekehrt. Ebensowenig Chorazin, dessen Trümmerstätte Kerse auch nur ein Stündchen landeinwärts liegt, so daß Jesus schließlich mit lauten Weherufen von diesen Städten scheiden mußte (Matth. 11, 20—24).

Noch ein anderes Städtchen, das Jesus oft besucht hat, lag mir gerade westlich gegenüber, Magdala, wo Jesus jene Maria von schwerer Geisteskrankheit geheilt hat, die wir nach ihrer Heimat Magdalena nennen. Heute ist es nur noch ein armseliges, reizend am See gelegenes Dörfchen, hat aber immer noch den Namen Magdala.

Eine viel größere Stadt, die ich von meinem Platz aus mit ihren weißen Häusern am südwestlichen Ufer herüberschimmern sehe, ist Tiberias, zu Jesu Zeit die Winterresidenz des Herodes Antipas, der den Herrn am Karfreitag verhört hat. Baulustig wie alle Herodeer, hatte er die Stadt mit großartigen Bauten geschmückt. Von Kapernaum aus sah Jesus die glänzende Stadt alle Tage drüben liegen. Da war das Königsschloß, das Goldene Haus, griechische Säulenreihen und Marmorbilder und ein prächtiges Theater. Die gesetzesstrengen Juden mieden die Stadt wegen ihrer heidnischen Tempel und Bilder. Daraus erklärt sich auch der merkwürdige Umstand, daß Herodes, der so nahe bei Kapernaum wohnende Landesherr Jesu, diesen vor dem Karfreitag nie zu Gesicht bekommen hatte, obwohl er ihn schon lange gerne gesehen hätte (Luk. 23, 8). Deutlich sah ich von meinem Platz aus die Stadt, die noch heute Tiberias heißt, jenseits des blauen Sees mit ihren weißen Häusern wie einen Schwan aus den blauen Fluten aufsteigen.

Mehr als alle diese Orte und Berge zog meine Blicke immer wieder die durch den Franziskanerorden aus den Trümmern halb wieder aufgerichtete Synagoge von Kapernaum auf sich. Dort standen jetzt wieder die vier Säulen, unter denen Jesus so manchmal zum Volk geredet hat. Dort die Männerseite und dort die Frauenseite, wo das Volk dieser Stadt so manchmal lauschte, während Jesus redete, und dort im Norden lag die wüste Trümmerstätte, unter der die Häuser und Gassen der unseligen Stadt begraben waren, die einst Jesus zu ihren Mitbürgern zählen durfte.

Zuletzt trat mir jener schwarze Tag vor die Seele, wo es nach einer Rede Jesu eben in dieser Synagoge hieß: „Von da an zogen sich viele seiner Jünger zurück und gingen fortan nicht mehr mit ihm" (Joh. 6, 66). Wie war es nur möglich, daß dies Volk sich von seinen Pharisäern und Schriftgelehrten so betören ließ? Beim ersten Erscheinen Jesu war es wie ein Geistesfrühling über diese Stadt gekommen. Alle Herzen waren ihm zugeflogen. Aber es fiel ein Reif in der Frühlingsnacht. Sie schwärmten wohl eine Zeitlang für ihn, aber sie waren nicht bereit, sich zu beugen und sich dem Herrn wirklich auszuliefern. Sie staunten wohl seine Wundertaten an, aber seine heilige Forderung, zu Gott umzukehren, lehnten sie ab. Darum kam es zum Gericht, das er ihnen abschiednehmend ansagen mußte.

Die Spuren des Gerichts sah ich erschüttert vor Augen, als ich nachher über das ehemalige Stadtgebiet ging. Ich stolperte über einen wüsten Wirrwarr von zertrümmerten Steinen, welche einst das Kapernaum Jesu gewesen sind. Daß diese Steine durchweg aus schwarzem Basalt bestanden, machte den Anblick noch düsterer. Unfruchtbare reiterhohe Disteln wuchsen zwischen den Ruinen. Füchse, Schakale und Hyänen hatten ihre Schlupfwinkel da, wo einst Tausende Jesus umdrängt haben. Das Stadtgebiet ist nur noch ein veröderter Kirchhof, über den die Gerichte Gottes ergangen sind.

Es war Abend geworden. Mein Schiff, das mich nach Tiberias zurückbringen sollte, wartete. Im Westen neigte sich die Sonne zum Untergang. Der einsame See lag vor mir in zauberhafter Beleuchtung. Ich fuhr hinaus auf die Höhe des Sees auf denselben Wasserbahnen, über die einst Jesus so manchesmal mit seinen Jüngern gefahren ist.

Hier an diesem See ist eine Zeitlang seine Heimat gewesen. Aber nicht so lange, wie man manchmal gemeint hat. Er hatte nämlich sein Haus hier nur während der ersten acht Wochen nach seinem ersten Umzug in die Stadt und während der drei Vierteljahre des zweiten Jahrs, also im ganzen kaum ein Jahr lang. Dann nahm er Abschied für immer.

Auf meiner Rückfahrt sah ich noch so manchen Ort, der durch Jesus weltbekannt geworden ist.

Die untergehende Sonne überhauchte den ganzen See mit violetten und rosigen Farben. Im fernen Norden brannte die schneebedeckte Pyramide des Hermongebirges in der Glut der untergehenden Sonne wie Feuer und warf ihr purpurnes Spiegelbild weit hinein in den See. In breiten Strichen legten sich Perlmutterfarben weiß, blau, grün, rosenrot, orangefarben über die schweigende, von keinem Segel belebte Wasserfläche. Der See leuchtete wie ein Transparent, durch welches für mein Auge die Erinnerungen an Jesus wie Lichter einer höheren Welt schimmerten.

Mein Schiff zog seine Furchen durch die Gloria von Farben, bis sie mehr und mehr verblaßten und allmählich ganz erloschen. Die Schatten der Nacht hatten schon den finstern Felsberg des ehemaligen herodianischen Königsschlosses umfangen, und in den Fenstern der am See gelegenen Häuser brannten schon die Lichter, als ich in Tiberias an Land stieg.

26.4.

Matthäus

Es war an einem Werktag in den ersten Wochen, nachdem Jesus über Sychar nach Kapernaum zurückgekommen war. Die Bergpredigt war noch nicht gehalten, und die Apostel waren noch nicht als solche ausgewählt.

Markus sagt: „Jesus ging wiederum hinaus an das Meer; und alles Volk kam zu ihm, und er lehrte sie". Nicht weit von der Stelle, wo er lehrte, war das Zollhaus. Da war geschäftiger Betrieb. In Reihen lagen die Kamele davor, deren Lasten zur Verzollung abgeladen waren. Auf der Wasserseite lag eine kleine Flotte von Lastschiffen, die gleichfalls ihre Waren verzollen mußten. Weiter draußen fuhren Fischerboote und Personenschiffe mit aufgespannten Segeln über die sonnenbeglänzte Wasserfläche.

Matthäus, ein anscheinend hochgestellter Zöllner, war sonst immer womöglich dabei, wenn Jesus das Volk lehrte, und dieser hatte sich ihn wohl gemerkt, weil er ihm ansah, wie ganz er bei der Sache war.

Aber an diesem Tage war er nicht unter den Zuhörern. Er hatte Dienst. Er stand an seinem Pult oder vor seinen Warenballen, prüfte, musterte, machte Rechnungen.

Gar zu gerne hätte er mit dem Volk zugehört, während Jesus dort am See redete. Seit seiner Ankunft in Kapernaum im Januar oder Februar erfüllte Er all sein Denken. In den letzten Wochen hatte er täglich gesehen, daß einige Fischer, die er gut kannte, Petrus, Andreas, Jakobus, Johannes und Philippus ihren Meister überallhin begleiteten. Ach, wer das doch auch dürfte! dachte er. Aber davon konnte bei ihm nie die Rede sein. Er gehörte ja zu den unkirchlichen Zöllnern, die von den streng kirchlichen Pharisäern verachtet und gemieden wurden.

Da, während er an seinem Pult sitzt oder an seinen Warenballen beschäftigt ist, sieht er auf der Straße, die vom See zur Stadt hinaufführt, Jesus kommen und hinter ihm eine große Volksmenge (Mark. 2, 13). Er hatte also seine Ansprache beendet, und sie gingen alle nach Haus.

Jesus kam gerade auf das Zollamt zu, das auf seinem Wege lag. Matthäus sah ihn. Und als Er nähergekommen war, bemerkte er, daß das Auge Jesu gerade auf ihm ruhte. Ein froher Schreck ergriff ihn. Und jetzt, wer beschreibt sein Erstaunen, jetzt winkt ihm Jesus und ruft ihm laut den Befehl zu: „Folge mir nach!" Er traut seinen Ohren kaum.

Auf sprang er, warf Feder und Bücher beiseite, ließ Zollamt Zollamt sein und trat hochbeglückt in die Reihe der Jünger, welche dem Herrn in die Stadt hinein nachfolgten.

Mancher im Volk mag große Augen gemacht haben, als er den Zollbeamten unter den nächsten Jüngern Jesu sah. Denn jedermann kannte das Vorurteil der tonangebenden Pharisäer gegen die Zöllner.

Aber Matthäus kümmerte sich nicht darum. So unbegreiflich es ihm auch scheinen mochte, er gehörte jetzt zu den allernächsten Jüngern Jesu. Ja, er wagte es sogar, Ihn und seine Jünger zu einem festlichen Essen in sein Haus einzuladen. Freundlich nahm der Herr seine Einladung an.

Den Nachmittag benützte Matthäus vielleicht dazu, um seinen Dienst zu kündigen. Dann eilte er nach Hause, um die Mahlzeit zu rüsten. Er muß ein wohlhabender Mann gewesen sein. Denn das ganze Zollamt war eingeladen, also mit den Jüngern zusammen wohl zwanzig bis dreißig Personen. Er selbst schreibt in seinem Evangelium: *„Viele* Zöllner und Sünder saßen zu Tische mit Jesus und seinen Jüngern" (Matth. 9, 10). Die Beamten müssen sich durch die Berufung eines der Ihrigen geehrt gefühlt haben, sonst hätte er sein Dienstverhältnis kaum so schnell lösen können.

Tischeinladungen werden im Morgenland immer auf den Abend gelegt. So auch damals bei Matthäus. Die schönsten Stunden sind am See Genezareth die Abendstunden, wenn die Hitze vorbei ist und der kühlere West über das Seeufer weht. So war es, als Jesus mit seinen Jüngern im Hause des Matthäus erschien und sich unter den zahlreichen Gästen niederließ. Da saß er nun unter der Zöllnergesellschaft, als säße er unter seinen besten Freunden. Wir können uns denken, wie er nach dem Essen seinen Tischgenossen Herz und Gewissen warm gemacht und sie in sein Himmelreich eingeladen hat.

Zwar die Pharisäer, die draußen standen und sich viel zu heilig dünkten, auch nur einen Fuß in ein solches Zöllnerhaus zu setzen, machten ihre spitzigen Bemerkungen darüber, wie sich Jesus mit so unkirchlichen Leuten abgeben könne (Matth. 9, 11). Aber er fertigte sie mit einer schlagenden Antwort ab und machte den Abend für die ganze Zöllnergesellschaft zu einem Erlebnis, das sie gewiß nie vergessen haben.

Von diesem Tag an war Matthäus immer unter den vertrautesten Jüngern Jesu zu sehen. Ja, als Er (vielleicht einige Wochen später) aus der großen Zahl seiner Jünger seine zwölf Apostel auswählte (Matth. 10. 3), da war zum Erstaunen vieler auch Matthäus mit unter ihrer Zahl.

Ich habe einmal jemand sagen hören: „Es ist doch schade, daß wir von der apostolischen Tätigkeit des Matthäus so gar nichts wissen". Wirklich? Wissen wir wirklich nichts von ihm? Hat er denn nicht das Evangelium geschrieben, das an der Spitze

des Neuen Testaments steht? Wird nicht sein kleines Büch-
lein heute in allen fünf Erdteilen von Millionen und aber
Millionen in tausend Sprachen gelesen? Welcher weltliche
Schriftsteller aller Zeiten könnte sich darin auch nur entfernt
mit ihm messen? Hast nicht du, lieber Leser, ungezählte Male
davor gesessen und daraus die Stimme Jesu selbst vernommen?

Vieles ist zu allen Zeiten in allen Teilen der Christenheit zum
Lobe des Matthäus gesagt worden. Ganze Büchereien sind über
sein Evangelium geschrieben worden. Wie dankbar redet Luther von dem Mann, der uns die Bergpredigt, dies goldene
Blatt der Menschheit, aufgeschrieben hat! Aber ich will nichts
von dem sagen, was gläubige Christen darüber gesagt und geschrieben haben. Ich will nur zum Schluß anführen was ein
weltberühmter, aber ungläubiger Schriftsteller, der Franzose
Renan, geschrieben hat. Er sagt: „Das Evangelium des Matthäus ist das wichtigste Buch, das jemals geschrieben worden
ist".

Wenn wir das bedenken, verstehen wir, warum und zu welchem Dienste Jesus diesen aus seinem früheren Beruf federge-
wandten Mann in die Zahl seiner Apostel aufgenommen hat.
Er sollte der Geschichtsschreiber Jesu werden, welcher der
Christenheit und der Menschheit zum ewigen Gedächtnis
aufschreiben sollte, was er mit eigenen Augen gesehen und mit
eigenen Ohren gehört hat.

26.4.

Der galiläische Sommer

Mit der Abreise von Sychar trat Jesus im Januar seines zweiten
Jahrs in die zweite Hauptperiode seines öffentlichen Wirkens
ein, die ich den galiläischen Sommer nenne. Aus dieser zweiten
Periode haben wir bei den Evangelisten Matthäus, Markus und
Lukas viel zahlreichere Berichte, als von der ersten bei Jo-
hannes.

Ich nenne diese Zeit, die von Januar bis Oktober des zweiten
Jahrs reicht, den galiläischen Sommer, wiewohl wir nach unse-

rem Kalender die Monate Januar, Februar und März nicht zum Sommer rechnen. Es kommen auch dort am See Genezareth, auf diese drei Monate verteilt, noch etwa zehn Regentage vor. Aber die übrigen etwa siebzig Tage sind in Kapernaum warm und sonnig, so daß wir Abendländer sie als sommerlich empfinden würden.

In diese Zeit von Januar bis Oktober fallen alle Reden und Ereignisse, von denen die drei ersten Evangelisten bis zum Anfang der Passionszeit berichten. Natürlich können wir von diesen Ereignissen und Reden im einzelnen nicht sagen, in welchem Monat sie geschehen sind. Daß sie sich aber in diesem galiläischen Sommer ereignet haben, steht fest.

Mit der Benennung „Galiläischer Sommer" will auch nicht gesagt sein, daß alle Ereignisse, die wir aus dieser Zeit kennen, in Galiläa geschehen sind. Wir werden später auch von Reisen hören, die Jesus in dieser Zeit nach Jerusalem gemacht hat, im März zum Purimfest und im Oktober zum Laubhüttenfest, ebenso von seinen drei Auslandsreisen. Aber sie fallen doch in diese sommerliche Zeit, die Jesus in der Hauptsache seiner Heimat Galiläa gewidmet hat. Von diesem galiläischen Sommer werden die nächsten Kapitel dieses Buches handeln.

Es ist oben gesagt, daß wir von dieser galiläischen Zeit zahlreiche Berichte haben. Aber in Wirklichkeit sind sie spärlich. Bedenken wir doch, daß Jesus nach Matth. 4, 23 und Mark. 1, 39 *ganz* Galiläa Stadt für Stadt und Dorf für Dorf durchzogen hat. Und nach dem Zeugnis des späteren Oberbefehlshabers von Galiläa Josephus gab es in dieser Provinz 204 Städte, deren jede nach seiner wohl etwas übertriebenen Angabe mindestens 15 000 Einwohner zählte. Wenn wir von den acht Monaten des galiläischen Sommers drei für seine Reisen nach Jerusalem und ins Ausland ansetzen, so bleiben für Galiläa immer noch fünf Monate, also hundertundfünfzig Tage übrig. An jedem dieser hundertundfünfzig Tage muß etwas geschehen sein, und zwar etwas Bedeutendes. Denn kann es in diesem Leben einen einzigen unbedeutenden Tag gegeben haben? Da muß sich vieles ereignet haben, wovon uns die Evangelien nichts melden. Zahllose Reden hat er gehalten, von denen es immer nur zusammenfassend heißt: Er lehrte das Volk. Auch von dem galiläischen Sommer gilt, was am Schluß des Johannes-Evangeliums (21, 25) von der gesamten Tätigkeit Jesu gesagt ist.

Um so dankbarer sind wir, daß uns wenigstens eine dieser Reden erhalten ist, die wir als Beispiel für ungezählte andere ansehen dürfen, und bei der wir ein wenig verweilen wollen, die *Bergpredigt.* Sie ist uns in diesem Zusammenhang um so wichtiger, als sie offensichtlich gewissermaßen eine Programmrede war, mit der er vor das versammelte Volk trat. Zugleich ist sie uns ein Beispiel für die Art, in welcher er das galiläische Volk zu lehren pflegte.

Es war eine ganz außergewöhnlich gemischte Zuhörerschaft, die sich an jenem Frühlingstag im Februar oder März bei Jesus eingefunden hatte, nicht nur Bewohner der Städte am See Genezareth, sondern auch aus allen benachbarten Ländern. Matthäus zählt (4, 25) außer Galiläa auf: die Dekápolis, die Zehnstädte-Republik jenseits des Sees, die vier Tagereisen entfernte Provinz Judäa und das bis zu sechs Tagereisen entfernte Peräa, wobei Lukas (6, 17) sogar noch das durch ein hohes Gebirge getrennte heidnische Gebiet von Tyrus und Sidon am Mittelmeer hinzufügt.

Es muß zu einem solchen Zusammenströmen aus so verschiedenen und entfernten Landschaften die Leute ein besonderer Anlaß hergeführt haben, ein Jahrmarkt oder etwas Ähnliches. Da wollten die Leute die Gelegenheit benützen, um auch Jesus kennenzulernen, von dem alle Welt sprach. Sie werden ihr Verlangen auf irgend einem Wege Jesus zur Kenntnis gebracht haben, und er muß sie deshalb auf einen bestimmten Tag auf den Berg bestellt haben: das ist der nördlich von Kapernaum sich von Ost nach West ziehende, nicht sehr hohe Höhenzug, den man dort noch heute einfach „den Berg" nennt.

Auf diesen Tag hatte sich Jesus eine für die Zukunft seines Reiches hochwichtige Sache vorgenommen. Die wachsende Feindschaft der herrschenden Kreise in Jerusalem zeigte ihm, daß seines Bleibens nicht mehr allzu lange sein würde. Er hatte tatsächlich auf Erden nur noch ein Jahr vor sich. Er wollte sich deshalb Männer aus seinen Anhängern wählen, die nach seinem Tode seine Sache fortsetzen sollten. Diese zwölf Männer nannte er Apostel, bevollmächtigte Botschafter. Auf den frühen Morgen hatte er die Schar seiner treuesten Anhänger oder Jünger auf den Berg bestellt. Um sich im Gebet zu seinem Vater darüber klar zu werden, wen er dazu wählen sollte, war er schon vor Tau und Tag allein auf den Berg gegangen und hatte dort die Nacht im Gebet verbracht (Luk. 6, 12).

Als die Sonne aufgegangen war, kamen seine treusten Anhänger, die er dorthin beschieden hatte, den Berg herauf. Drunten lag Kapernaum und der See Genezareth mit seinen weiß schimmernden Uferstädten, als sie sich vor ihrem Meister aufstellten, gespannt, wen er von ihnen wählen würde.

Jetzt ertönte seine Stimme: „Petrus!" Petrus kam. „Johannes!" Johannes kam. Und so wurde einer nach dem anderen gerufen, auch Judas Ischariot.

Umgeben von diesen Zwölfen, trat er auf eine etwas niedriger gelegene Anhöhe, vor der sich die hierher bestellten Volksscharen versammelt hatten.

Er konnte aber noch nicht anfangen zu reden. Denn viele Kranke waren mitgekommen in der Hoffnung, von ihm geheilt zu werden. Zu ihnen ging er zuerst mit gütigem Blick. Lukas sagt (6, 19): „Alles Volk begehrte ihn anzurühren, denn es ging eine Kraft von ihm aus, und er heilte sie alle".

Können wir uns wohl heute noch eine Vorstellung davon machen, welch eine Begeisterung in jener Versammlung geherrscht haben muß, noch ehe der Herr anfing zu reden? Wer immer mit seiner Krankheit gekommen war, wurde geheilt. In weitem Umkreis war keiner mehr da, dem er sein Leiden nicht abgenommen hatte.

Mit um so größerer Erwartung richteten sich nun alle Augen auf Ihn. Matthäus beginnt seinen Bericht mit den Worten: „Da Er aber das Volk sah, ging er auf einen Berg und setzte sich. Und seine Jünger (die neu erwählten Apostel) traten zu ihm. Und er tat seinen Mund auf, lehrte sie und sprach". Einen langen, freudigen Blick warf er auf die vielköpfige Menge, die ihm sein Vater gesandt hatte. Das war ja das Volk, für das zu leben und zu sterben er gekommen war.

Etwa auf einem nahen Felsen setzte er sich nieder. Nicht stehend, wie es bei uns Sitte ist, und wie es auch die Maler darzustellen pflegen, sondern sitzend hat er geredet. Die Apostel, im Bewußtsein ihrer neuen Würde, setzten sich gleichfalls in seiner Nähe nieder. Das Volk lagerte sich in malerischen Gruppen den Abhang hinunter. Jetzt entstand eine feierliche Stille. Erwartungsvoll waren tausend Augen auf seinen Mund gerichtet. Und nun kam der große Augenblick, von dem Matthäus sagt: „Er tat seinen Mund auf". Seine weitreichende Stimme erscholl, und seine Seligpreisungen, eine immer einladender als die andere, ertönten:

> Selig sind, die da geistlich arm sind,
>   Denn das Himmelreich ist ihr.
> Selig sind, die da Leid tragen,
>   Denn sie sollen getröstet werden.
> Selig sind, die da hungert und dürstet nach
>   der Gerechtigkeit,
>   Denn sie sollen satt werden.

So begann er und entfaltete im Weiteren vor seinen gespannt lauschenden Zuhörern das ganze Programm seiner Lehre.

Immer ernster und gewaltiger faßte er seine Zuhörer an, bis er sie am Schluß vor die letzte Entscheidung stellte und sie mahnte, bei Gefahr ihres Seelenheils die rechte Wahl zu treffen zwischen den rechten und den falschen Propheten, der weiten und der engen Pforte, dem breiten und dem schmalen Weg.

Je weiter er in seiner Rede kam, desto mehr wuchs vor den Zuhörern seine Gestalt. Zuerst bei den Seligpreisungen erschien er ihnen nur als der milde Freund, der sie in dem vielfachen Leide des Lebens trösten wollte. Dann, als er den altheiligen Geboten des Mose sein selbstbewußtes „Ich aber sage euch" gegenüberstellte, erschien er ihnen wie ein Reformator und Religionsstifter; dann wieder, als er so eindringlich zur Wahl zwischen den wahren und den falschen Propheten aufforderte, als der getreue Eckhart der Menschheit. Aber am Schluß reckte sich seine Gestalt hoch über alles Menschenmaß hinaus, da stand er vor ihnen als der Weltrichter, der „an jenem Tag" jeden Menschen vor seinen Richterstuhl fordern wird.

Mit einem Vergleich aus dem Baumeisterberuf, den er einst in Nazareth ausgeübt hatte, machte er den Schluß. Er verglich die Lebensführung eines jeden mit einem Hausbau. Jeder will sich das Haus seines Glücks im Leben zimmern. Aber es kommt das Weltgericht, das über die Haltbarkeit des aufgeführten Lebensbaus entscheiden wird. Da wird nicht lange geprüft und untersucht, sondern mit der Schnelligkeit und Unwiderstehlichkeit eines Naturereignisses wird sich das Schicksal eines jeden entscheiden, je nachdem er sich zu Jesus gestellt hat. So schloß er mit den Worten:

„Wer nun diese meine Rede hört und tut sie, den vergleiche ich einem klugen Mann, der sein Haus auf einen Felsen baute. Da nun ein Platzregen fiel und ein Gewässer kam und wehten die Winde und stießen an das Haus, fiel es doch nicht, denn es war auf einen Felsen gegründet. Und wer diese meine Rede hört und tut sie nicht, der ist einem törichten Manne gleich, der sein Haus auf den Sand baute. Da nun ein Platzregen fiel und kam ein Gewässer und wehten die Winde und stießen an das Haus, da fiel es und tat einen großen Fall".

Atemlos, mit wachsender Bewegung hatte die von nah und fern zusammengeströmte Menge zugehört. Eine ehrfurchtsvolle Scheu und ein heilloser Schrecken ergriff die den Abhang hinunter gelagerte Versammlung, als er ihnen mit seiner weithin schallenden Stimme diese gewaltigen Schlußworte zugerufen hatte. Sie hatten schon viele Reden in ihrem Tempel in Jerusalem und in ihren Versammlungshäusern gehört, aber so etwas noch nie. Es mag zuerst kirchenstill gewesen sein wie immer nach einer Rede, die eingeschlagen hat. Aber allmählich fanden sie wieder Worte. Matthäus, der gottbegnadete Schriftsteller, dem wir dieses goldene Blatt der Menschheit verdanken, sagt:

„Und es begab sich, da Jesus diese Rede vollendet hatte, war das Volk über seine Lehre tief betroffen". Sie waren ganz außer sich. Und während sie wieder den Berg hinunter nach Kapernaum gingen, flüsterte einer dem anderen ergriffen zu: „Der lehrt als einer, der Vollmacht hat, und nicht wie unsere Schriftgelehrten".

Der Besessene in Gadara

Ein Leser schrieb mir: „Sie haben uns als Kenner Palästinas schon so manche Geschichte aus dem Leben Jesu anschaulich und verständlich gemacht. Können Sie das nicht auch einmal mit der Geschichte des Besessenen von Gadara tun?"

Ich tue es nicht ohne eine gewisse Scheu. Denn aus meiner Kenntnis Palästinas kann ich nicht allzuviel dazu sagen. Ich betrete damit ein Gebiet, in das mir der nähere Einblick fehlt. Unsichtbare Mächte einer geistigen Welt greifen täglich in unser Leben ein, hohe und niedrige. Es kommt nur darauf an, welchen wir Einlaß gewähren. Die ganze Geschichte des Christentums ist ein Beweis dafür, daß Gottes Geist einen Menschen ergreifen und geradezu zu einem Werkzeug Gottes machen kann. Luther bekennt, daß er wie von Gott fortgerissen das Werk der Reformation begonnen und fortgeführt habe. Aber ebenso gewiß ist, daß auch dämonische Kräfte auf einen Menschen einwirken, ja geradezu von ihm Besitz ergreifen können. Wir kennen Stunden, wo Gedanken und Entschlüsse in uns geweckt wurden, die von oben stammen mußten. Aber wir kennen auch Stunden, in denen eine finstere Macht Gewalt über uns bekommen hatte, daß wir uns nachher selbst nicht begreifen konnten und meinten, ein böser Geist müsse uns besessen haben. Auf welche geheimnisvolle Weise diese Beeinflussung aus der geistigen Welt in unserem Geiste zustande kommt, kann kein Mensch erklären. Aber an der Tatsache ändert unser Begreifen oder Nichtbegreifen gar nichts. Den Versuch der Beeinflussung einer finsteren Macht hat selbst Jesus bei der Versuchung in der Wüste und später erfahren. Und Johannes (1. Joh. 3, 8) faßt den Zweck des ganzen Erlösungswerks des Herrn in dem Worte zusammen: „Dazu ist erschienen der Sohn Gottes, daß er die Werke des Teufels zerstöre".

Was nun die Geschichte des Besessenen in Gadara betrifft, so gestehe ich offen, daß gerade sie mir früher viel zu schaffen gemacht hat, auch schon deshalb, weil ich nicht verstehen konnte, warum Jesus den Gadarenern scheinbar ohne jede Verschuldung ihrerseits durch den Verlust von zweitausend Schweinen einen so empfindlichen Schaden zufügen konnte. Ja, wäre die Geschichte im jüdischen Palästina geschehen, so wäre es noch begreiflich. Denn durch das Halten von Schweinen hätten sich die Juden gegen ihr Gesetz versündigt. Aber die Stadtrepublik Gadara war nicht jüdisch, sondern wie die ganze Dekápolis heidnisch. Indessen, so gut ich es kann, will ich versuchen, diese Geschichte aus den Verhältnissen Palästinas verständlicher zu machen.

Ich halte mich dabei an den Evangelisten Markus, der (5, 1—20) diese Geschichte am ausführlichsten erzählt. Er redet dabei immer von „unreinen Geistern", die in dem unglücklichen Menschen Wohnung genommen hatten. An anderen Stellen werden diese Menschen im Neuen Testament griechisch „Daimonizómenoi" genannt, von Dämonen Besessene. Das sagt uns deutlich, daß Dämonen, unreine Geister, mit im Spiele sind. Ein geheimnisvolles und unheimliches Gebiet. Ich habe in jüngeren Jahren versucht, dieser Aussage der Evangelien aus dem Wege zu gehen und die Geisteskrankheit auf rein körperliche Ursachen zurückzuführen. Aber schon in meinen ersten Amtsjahren machte mich ein Erlebnis daran irre. Ein junges Mädchen, das sich an reiner Gesinnung, Anmut, Takt und aufrichtiger Frömmigkeit vor vielen anderen auszeichnete, wurde geisteskrank. Von da an kamen über ihre Lippen so unflätige, gemeine, unzüchtige Reden, die man bei ihr nie für möglich gehalten hätte. War denn das noch dasselbe fromme Kind wie früher? War es nicht, als ob ein unsauberer Geist in sie gefahren wäre? Der Arzt, ein berühmter und entschieden christlich gesinnter Mann, versicherte zwar, die Krankheit beruhe lediglich auf körperlichen Ursachen. Aber ich konnte das nicht glauben. Und die entsetzlichen Auftritte, die ich bei Geisteskranken und Epileptischen mit angesehen habe, verstärkten diesen Eindruck. Es war nicht etwas Tierisches, sondern etwas, was weit unter dem Tierischen ist. Keines von unseren braven Haustieren kann sich so gebärden. Aus den unheimlich verzerrten Zügen dieser armen Menschen sahen mir dämonische Mächte herausfordernd ins Gesicht.

Selbstverständlich haben solche Krankheiten auch ihre körperlichen Ursachen. Aber sie haben eben auch ihre geistige Seite, wie ja auch der Ausbruch der Geisteskrankheit oft genug nicht durch körperliche, sondern durch rein geistige oder seelische Veranlassung herbeigeführt wird. Ich erlaube mir da gar nicht in das körperliche Gebiet mit hineinzureden, das nur der Irrenarzt beurteilen kann. Aber ebenso unzweifelhaft ist es mir, daß es auch Fälle gibt, bei denen Ursachen aus der unsichtbaren Welt mit hineinspielen, die dem Auge auch des erfahrensten Arztes verborgen sind. Und gerade das ist es, was das Evangelium vor

Augen hat, wenn es von den „Besessenen" redet, die Jesus geheilt hat.

Auch ein so hervorragender und nüchterner Irrenarzt wie Albert Zeller, der mit dem Scharfblick des Arztes und dem Tiefblick des gläubigen Christen in seiner Anstalt Winnental in Württemberg unzählige Geisteskranke behandelt hat, und der lebenslang dem geheimnisvollen Wesen der Geisteskrankheit und Schwermut sowie dem rätselhaften Zusammenhang von Leib, Seele und Geist nachgespürt hat, glaubte bei aller Wertschätzung der von ihm angewendeten medizinischen Mittel an eine geheimnisvolle Störung des geistigen Lebens. Darum war es ihm viel wichtiger, auf die Seelen seiner Kranken einzuwirken als nur durch Arzneien auf ihren Leib. Er sagt: „Wir sind alle des Heilands Kranke, ob wir nun einen gesunden oder kranken Körper haben. Der Teufel war von Anfang an ein Lügner. Kann er die Menschen nicht durch Lust zu Fall bringen, so stürzt er sie durch Leiden. Sobald wir losgetrennt vom Heiland sind, hat der Teufel mit seiner Anklage recht." Das schmerzliche Rätsel, daß ein für die Ewigkeit geschaffener Geist während seines irdischen Daseins an sein unbrauchbar gewordenes leibliches Werkzeug gebunden bleiben muß, konnte er nur ertragen in dem Glauben, daß „Leiblichkeit das Ende der Wege Gottes" sei, daß auch der Geisteskranke, der sich jetzt durch den Vorhang eines irregewordenen Gehirns gar nicht mehr äußern und zu erkennen geben kann, einmal in der Ewigkeit durch Jesus, den Erlöser aller, befreit und drüben einen Leib haben werde, der wieder Träger und Ausdruck eines erlösten und in Gott beseligten Geistes sein werde.

„Besessen" nennt das Evangelium diese Kranken. Da ist es schon merkwürdig, daß in Palästina auch heute noch der Geisteskranke ganz allgemein „maschnuun", das heißt wörtlich „von einem Dschinn (unsauberen Geist) besessen" genannt wird. Als ich (noch in der Türkenzeit) in Palästina tätig war, gab es für das ganze Land nur zwei Irrenanstalten, eine in Nääblus für muhammedanische, eine in Chadder bei Bethlehem für christliche Kranke. Beide genügten für ganz Palästina. Denn während in Europa und Amerika die Geisteskranken in erschreckendem Maße zunehmen, sind sie in Palästina, wo man mehr im Freien lebt und keinen Alkohol trinkt, selten. Sie werden auch zur Zeit Jesu selten gewesen und nur deshalb oft besonders erwähnt sein, weil die Heilung dieser unheilbaren Krankheit durch Jesus ungeheures Aufsehen machte.

Das christliche Irrenhaus in Chadder, nahe bei den Salomonischen Teichen, gehörte sozusagen in meinen Sprengel, wenn auch kein evangelischer, sondern nur griechisch-orthodoxe Araber dort untergebracht waren. So ritt ich eines Tages von meinem Haus in Bethlehem in einer halben Stunde hinüber, um mir die Anstalt anzusehen. Sie war als Kloster der griechischen Kirche dem Chadder — das ist der arabische Name des heiligen Georg, des Drachentöters — dem Schutzpatron der Geisteskranken geweiht. Der Vorsteher war ein alter Mönch, in einen dunkelblauen Talar gekleidet, über dem bärtigen Gesicht eine hohe schwarze Popenmütze. Er empfing mich freundlich und führte mich bereitwillig durch sein Kloster und die dazu gehörige kleine Kirche.

Zuerst führte er mich zu den Kranken. Wir betraten einen großen Raum, in dem sie untergebracht waren. Nur einige wenige besonders unruhige Kranke waren in Einzelzellen. Ich übersah die ganze Reihe der „Besessenen". Mein Gott, wie saßen die armen Menschen da! Allen war eine schwere eiserne Kette um den Hals gelegt, an der die meisten beständig rüttelten, weil sie sie quälte. Diese Kette wurde erst dann gelöst, wenn der Kranke tot oder lebendig das Kloster verlassen durfte. Da saßen sie, schrecklich verwahrlost, die Frauen mit wirren Haaren, manche mit gesenktem Blick stumpfsinnig vor sich hin stierend, andere das Gesicht halb mit den Händen bedeckend; die einen regungslos, die anderen wild um sich schlagend; die einen stumm, die anderen ausgelassen lachend oder fortwährend schwatzend; die einen mit Lumpen bekleidet, die anderen splitternackt wie der Besessene in unserem Evangelium. Da sie an ihren Platz gekettet waren und nicht hinausgehen konnten, saßen sie in ihrem entsetzlichen Schmutz, der wie in einem Stall nur dann und wann ausgemistet wurde.

Aber, lieber Bruder, sagte ich zu dem alten Mönch, ihr seid ja Unmenschen! Wie könnt ihr diese Unglücklichen so furchtbar quälen? Wer da nicht schon vorher verrückt ist, der muß es ja hier werden.

O nein, erwiderte er eifrig, das verstehst du nur nicht, weil du mit solchen Kranken keine Erfahrung hast. Darin besteht ja gerade unsere Behandlung, durch die wir sie heilen wollen. Siehst du denn nicht, daß jede dieser Ketten, die sie um den Hals tragen, durch ein Mauerloch der Kirche mit dem Altar des heiligen Georg verbunden ist? Dadurch kommen die Kranken Tag und Nacht unter den unmittelbaren Einfluß des Heiligen. Das ist ein gar mächtiger Heiliger. Er kann sogar Geisteskranke heilen.

Ich: Und das ist eure einzige Behandlung?

Er: Nein, wir haben noch andere Mittel. Unsere Behandlung wird dadurch unterstützt, daß wir ihnen nur eine ganz schmale Kost, Brot und Wasser, geben, niemals Fleisch. Manchmal lassen wir sie auch gründlich fasten und Hunger leiden, was immer gottgefällig ist. Wenn sie aber toben, nehmen wir die Nilpferdpeitsche und hauen sie gehörig durch; davor hat der unsaubere Geist Angst. Gewöhnlich genügen einige sausende Hiebe, dann werden sie bald still. Dabei wies er auf das furchtbare Werkzeug hin, das an der Wand hing, und auf die blutunterlaufenen Striemen am Leibe des nächsten Kranken.

Ich: Aber das ist ja eine fürchterliche Folter für die armen Kranken. Habt ihr denn gar kein Herz im Leib?

Er: Die Behandlung gilt ja gar nicht den armen Menschen, sondern dem Dschinn, der ihn besessen hat. Das Hungern steht ja geradezu in der Bibel. Hat nicht Jesus bei solch einem Kranken gesagt: „Diese Art fährt nicht aus denn durch Beten und Fasten"?

Ich: Das hat Jesus ganz und gar anders gemeint. Aber glaubst du denn, daß die Kranken bei solcher Mißhandlung jemals gesund werden können?

Er: Aber gewiß! Es kommt manchmal vor, daß wir einen als geheilt entlassen können. Da sieh dir nur diesen jungen Burschen an, den wir jahrelang so behandelt haben und der erst vor einigen Tagen als geheilt freigelassen worden ist.

Damit wies er auf einen Mann, der sich frei von jeder Fessel durch den weiten Raum bewegte. Ich redete ihn an, und sehr vergnügt bestätigte er mir, daß er völlig genesen sei und im Begriff stehe, in seine Heimat zurückzukehren.

Das alles schicke ich deswegen voraus, weil jener Besessene, den Jesus heilte, nach Mark. 5, 3. 4 vor neunzehnhundert Jahren in demselben Lande genau ebenso grausam behandelt worden ist wie die „Besessenen" im heutigen Chadder. Wir wollen auch nicht allzu stolz auf die unwissenden Morgenländer herabsehen, denn noch vor hundertundfünfzig bis zweihundert Jahren wurden die Geisteskranken in unserem gebildeten Europa ebenso grausam behandelt.

Und nun wende ich mich zu unserer Geschichte. Es war nach Markus gegen Abend (Mark. 4, 35). Den ganzen Tag war Jesus in Kapernaum unablässig vom Volk umdrängt worden, so daß er keinen Augenblick Zeit zum Ausruhen oder auch nur zum Essen hatte finden können. Jetzt war er müde. Er hatte selbst das Bedürfnis, auszuruhen. Da sagte er seinen Jüngern, indem er zum fernen Südufer des Sees hinüberdeutete: „Laßt uns hinüberfahren!" Nach Mark. 4, 1 hatte er vom Schiff aus lange zum Volk geredet. Er war müde, ganz müde, vollständig abgearbeitet. Da sorgten sie dafür, daß das immer noch andrängende Volk endlich fortging, ließen ihn gar nicht erst aussteigen, sondern „nahmen ihn so, wie er im Schiff war" (Mark. 4, 36), mit auf die Fahrt und stießen vom Land ab. Wenn Gadara, wie man annimmt, das heutige Mkees war, so mußten sie über die ganze Länge des Sees fahren. Es fuhren noch mehrere Schiffe mit, deren Insassen anscheinend noch nicht von ihm ablassen wollten (Mark. 4, 36). Die Jünger sahen es dem Herrn an, wie erschöpft er war. Vielleicht Johannes, der Jünger, den Jesus lieb hatte, mag das vor den anderen gesehen und ihm im Hinterteil des Schiffes ein Kissen zurechtgelegt haben. Darauf legte der Herr sein müdes Haupt und schlief sofort ein.

Sie fuhren über die weite Wasserfläche hinüber zu dem fernen heidnischen Ufer der Dekápolis, das sie bei günstigem Wind wohl in einer guten Stunde erreichen konnten. Die blauen Berge der Dekápolis, jetzt in der Abendstunde in prächtiger Beleuchtung vor ihnen aufsteigend, winkten ihnen von ferne. Bekanntlich können auch beim schönsten Wetter unerwartete Fallböen den See plötzlich in ungeheure Bewegung bringen. Sie werden auch heute noch von den dortigen Schiffern sehr gefürchtet. Solch ein Sturm erhob sich. Die Jünger, zum Teil erfahrene Schiffer, wußten wohl, was das zu bedeuten hatte. Sie strengten alle ihre Kräfte an, um ihr Schiff durch die furchtbar aufgeregten Wogen hindurchzusteuern. Aber der

Sturm wurde immer wilder. Als sie sich gar nicht mehr zu helfen wußten, weckten sie ihren ruhig schlafenden Herrn: „Herr, hilf uns, wir verderben!" Jesus stand auf und gebot den aufgeregten Elementen Ruhe. Da ward eine große Stille. Der Sturm ließ nach, und die tobenden Wellen verebbten. Über die Maßen erstaunt sahen es die Mitfahrenden in allen Schiffen. Eine nie gekannte Ehrfurcht vor diesem Mann, dem Wind und Wellen gehorchten, ergriff sie.

In diesem überwältigenden Gefühl stiegen sie am Südufer des Sees an Land. Das war nicht bei der *Stadt* Gadara, welche ja, wenn es das heutige Mkees ist, nicht am Ufer, sondern noch einige Stunden weiter hoch auf dem Berge lag, sondern, wie Markus sagt, „in der *Gegend* der Gadarener", also in dem Ufergebiet, das zu der Stadtrepublik gehörte.

Gleich am Ufer, das geht aus der Erzählung des Markus hervor, erhob sich das Land zu einer Anhöhe, welche seewärts schroff abfiel. Kaum hatte Jesus mit seinen Begleitern das Ufer betreten, so stürzte ihnen ein Geisteskranker entgegen, der, wie Markus sagt, von einem unreinen Geist besessen war. Der arme Mensch war von seinen Landsleuten ebenso behandelt worden, wie wir es oben in dem Irrenhaus von Chadder gesehen haben. Wie ein wildes Tier wurde er mit Stricken oder Ketten gebunden. Aber der Tobsüchtige zerrieb seine Fesseln an den Felsen und wußte sich mit verzweifelten Anstrengungen immer wieder auch von seinen Ketten loszumachen. So schweifte er brüllend Tag und Nacht auf den Bergen herum, durch die Quälereien nur noch wilder gemacht, und wo er erschien, liefen die Leute entsetzt davon. Wenn er genug hatte oder schlafen wollte, kroch er in die höhlenartigen Felsgräber, die man heute noch auf jenen Bergen sieht. Niemand, sagt Markus, konnte ihn zähmen. Er war der Schrecken der ganzen Gegend. Niemand mochte dem unheimlichen Menschen begegnen (Matth. 8, 28).

So kam der Tobsüchtige auch dem Herrn und seinen Begleitern entgegen. Er brüllte und war splitternackt (Luk. 8, 27). Kaum hatte er Jesus erkannt, der seit einiger Zeit das Tagesgespräch der ganzen Gegend bildete und wohl oft „der Sohn des Allerhöchsten" genannt wurde, so stürzte er drohend auf ihn zu. Die Jünger und die Besatzung der anderen Schiffe stoben entsetzt zurück. Nur Jesus blieb ganz ruhig. Das war dem

Geisteskranken etwas ganz Neues. Sonst lief alles erschrocken davon, wenn er nahte. Hier war einmal einer, der ihm ruhig standhielt und ins Auge blickte. Als er ganz nahe war, sagte Jesus ruhig mit der Stimme eines Mannes, der zu befehlen gewohnt ist: „Du unsauberer Geist, fahre aus von dem Menschen!"

Da geschah etwas Unerwartetes. Der Kranke, der den Herrscherblick Jesu auf sich gerichtet sah, fing an zu zittern. Die ihn bisher unterjochende und beherrschende dunkle Macht fühlte die Nähe des Fürsten der Geister, der eben vorhin noch über Sturm und Wellen geboten hatte. Zwei entgegengesetzte Mächte trafen in seinem Bewußtsein zusammen, die dunkle Macht der Dämonen und die göttliche Hoheit Jesu. Die eben noch drohenden Gebärden verrieten plötzlich Furcht und Schrecken. Wie ein wildes Tier sich vor seinem Bändiger beugt, warf sich der Besessene vor Jesus auf die Knie und schrie: „Was habe ich mit dir zu schaffen, o Jesus, du Sohn des Allerhöchsten? Ich beschwöre dich bei Gott, daß du mich nicht quälest!"

Jesus sah mit einem Blick tiefen Erbarmens auf den Knienden herab und fragte ruhig: „Wie heißt du?"

In dem Kranken fing auf diese Frage das Bewußtsein seiner eigenen Persönlichkeit wieder an aufzuwachen. Aber noch antworteten die ihn beherrschenden unreinen Geister: „Legion heiße ich! Denn wir sind viele." Legion, viertausend römische Soldaten, das war damals der Ausdruck für eine unwiderstehliche Macht.

Da er eine Gehorsamsverweigerung nicht wagen durfte, fing er an, wimmernd zu flehen: „O bitte vertreib uns nicht aus dieser Gegend! Heiß uns nicht in die Tiefe fahren! (in den Abgrund, wo sie ohne einen Anhalt an die stoffliche Welt nichts mehr als ihre eigene Leere und Armut fühlen würden). Erlaub uns wenigstens, daß wir in die Herde Säue fahren, die dort droben in der Ferne weidet" (Matth. 8, 30).

Jesus: „Ich erlaube es".

Da fuhren die unreinen Geister aus und in die Säue. Die ganze Herde bei zweitausend Stück stürzte sich wie rasend von dem nahen Abhang hinunter in den See und verschwand in den Strudeln. Die Hirten aber flohen voll Schrecken und erzählten in Stadt und Land, was sie gesehen hatten.

Bei dem Kranken selbst war die entscheidende Wendung ein-getreten. Mit einem lauten Schrei sank er nieder. Jetzt war er wieder er selbst. Von nun an redete und handelte nicht mehr die ihn bindende Macht, sondern er selbst. Mit klaren Augen sah er seit langer Zeit wieder um sich. Er schämte sich, daß er nackt war. Und da aus verschiedenen Schiffen Menschen da waren, gaben sie ihm Kleider, die er anzog. Dann setzte er sich wie ein treuer Hund zu Füßen seines Retters. Ganz vernünftig sah er wieder aus. Die dunkle Nacht der Geisteskrankheit war gewichen. Ein neuer Lebensabschnitt hatte für ihn begonnen. Das verdankte er diesem Jesus, zu dem er mit unbeschreiblicher Dankbarkeit aufblickte. Ohne Zweifel hat Jesus jetzt noch Worte zu ihm gesprochen, aus denen er ihn nicht mehr nur als Retter seines Leibes, sondern auch als seinen Heiland erkannte. Und von Herzen glaubte er an Ihn. Das geht daraus hervor, daß ihn Jesus gleich nachher als Seinen Herold in sein Land zurückschickte.

Während Jesus so mit dem Geretteten redete und handelte wie ein guter Hirte mit seinem verloren gewesenen Schaf, sah man in der Ferne Menschen in Scharen kommen. In Gruppen kamen sie aus der nächsten Stadt daher. Staunend sahen sie den Men-schen, vor dem sie sich immer entsetzt hatten, bekleidet und vernünftig zu Jesu Füßen sitzen. Die Augenzeugen, die Jünger und die Leute aus den anderen Schiffen, mögen ihnen das Er-eignis in lebhaften Farben geschildert haben. Mit abergläubi-scher Scheu sahen die griechischen Heiden zu dem mächtigen Mann hinüber, den sie durch Hörensagen gewiß schon kannten. Sie fürchteten sich vor ihm. Immer mehr Menschen kamen. Es war schließlich „die ganze Stadt" (Matth. 8, 34), die da am Ufer versammelt war. Viele von ihnen waren wohl auch Be-sitzer einer Anzahl von Schweinen, die mit der Stadtherde ver-einigt gewesen waren. Sie hatten einen empfindlichen Verlust erlitten. Aber davon wagten sie gar nicht zu reden. Sie baten den Mann mit der unheimlichen Macht nur, ihr Land zu ver-lassen. Denn „es war sie eine große Furcht angekommen" (Luk. 8, 37).

Für Jesus war es auch eine eigene Erfahrung, daß man ihn we-gen seiner rettenden Tat am liebsten so weit als möglich fort-wünschte. Aber er tat ihnen den Gefallen. Er wendete sich, um trotz der späten Stunde wieder in das Schiff einzusteigen. Der

Geheilte, der die ganze Zeit dankbar zu seinen Füßen gesessen hatte, wollte sich von seinem Retter nicht mehr trennen und machte Miene, mit einzusteigen. Vielleicht mit Tränen der Dankbarkeit bat er den Herrn, ihn mitzunehmen. Freundlich sah ihn Jesus an. Er verstand, was im Herzen des Mannes vorging. Aber seine Bitte gewährte Er ihm nicht, sondern sagte: „Geh wieder heim, und sage, wie Großes Gott an dir getan hat." Konnte er den Gadarenern nicht selbst seine Gnadenbotschaft bringen, so ließ er ihnen doch in dem Geheilten einen Boten zurück, der ihnen verkündigen konnte, welch ein Gast an ihrem Ufer geweilt hatte. So wurde der Geheilte für das ganze Land, das sich bisher vor ihm entsetzt hatte, ein wandelnder Zeuge, der die Gadarener daran erinnern mußte, daß Jesus der Retter war, der die ganze Welt, auch die Gadarener, von allem, was das Leben dunkel und schwer macht, erlösen wollte und konnte.

So ging denn der Mann hin, ein seltsamer, die Aufmerksamkeit von Stadt und Land auf sich lenkender Herold Jesu, den niemand übersehen oder überhören konnte. Und wenn wir erfahren, daß unter den Zuhörern Jesu in Kapernaum auch viele aus der heidnischen Dekápolis anwesend waren, und wenn wir lesen, daß Jesus noch in demselben Jahr zweimal in die heidnische Dekápolis herüberfuhr, und daß das einemal 5 000, das anderemal 4 000 Menschen bei den wunderbaren Speisungen zusammenkamen, wer weiß, ob da nicht auch gar mancher aus der Gegend von Gadara dabei war, der damals mit am Ufer gestanden hatte? Und wer weiß, ob nicht auch manche von den geschädigten Schweinebesitzern dabei waren, die nun in der Person Jesu unendlich viel mehr fanden, als ihre Schweine wert gewesen waren?

Die Gleichnisse Jesu

Die Gleichnisse Jesu sind in der Weltliteratur etwas Einzigartiges. Etwas einigermaßen Ähnliches gibt es in der Fabeldichtung. Die Fabel erzählt auch eine erdichtete Geschichte, meist aus dem Tierreich, um dadurch eine bestimmte Wahrheit oder

Lehre einleuchtend zu machen. Aber die Gleichnisse Jesu sind doch ganz etwas für sich. Vielfach, namentlich bei denjenigen, die uns der Evangelist Lukas aufbehalten hat, erzählt Jesus eine Geschichte, die von ihm ausgedacht ist, um seinen Zuhörern eine seiner großen Wahrheiten zu veranschaulichen. Gerade dadurch war seine Lehrweise so volkstümlich, fesselnd und einprägsam. Wer sie gehört hatte, konnte sie so leicht nicht wieder vergessen.

Was ich meine, möchte ich an zwei Beispielen zeigen, zunächst an dem Gleichnis vom verlorenen Sohn. Es ist vielleicht das schönste Gleichnis, das uns durch den Sammelfleiß des Lukas erhalten geblieben ist.

Wie anschaulich erzählt der Herr diese Geschichte! Er malt förmlich. Zug um Zug spielt sie sich vor unseren Augen ab. Dabei wird er niemals breit. Kein Wort zuviel, aber auch keines zu wenig. Und doch steigen dabei vor uns unwillkürlich eine Menge von Bildern auf, die er selbst nicht ausmalt, die wir aber sozusagen zwischen den Zeilen lesen *müssen*. Da sehen wir vor uns das weite Gut eines stattlichen Landherrn. Wir sehen das weiträumige Wohnhaus, die Scheunen, die Stallungen. Wir sehen den angesehenen Herrn, seine zwei Söhne, die Diener des Hauses, die vielen täglich von auswärts auf den Hof kommenden Tagelöhner. Dem jüngeren Sohn wird das Vaterhaus mit seinen festen Ordnungen und der väterlichen Aufsicht zu eng. Er will hinaus in die Freiheit. Am Vater liegt ihm nichts. Nur sein Geld will er haben. Eines Tages tritt er vor den Vater mit der unverschämten Forderung, er solle ihm noch zu seinen Lebzeiten das ihm nach dessen Tode gesetzlich zustehende Drittel des Vermögens herausgeben. (Die anderen zwei Drittel kamen dann dem älteren Bruder zu.) Der Vater sagt kein Wort dagegen. Er kennt seinen Sohn, liebt ihn auch. Aber er weiß: der kann nur durch Erfahrung klug werden. Er gibt ihm also sein Geld und läßt ihn gehen. Ungerührt nimmt der Sohn Abschied.

Und nun zieht er hinaus in die Freiheit. Wir sehen ihn in vornehmem Anzug auf stolzem Roß mit tausend Hoffnungen in die schöne Welt hinausreiten. Nur fort, nur möglichst weit fort, in ein fernes Land, wo ihn kein Mensch kennt und kein Vater beaufsichtigt.

In dem fernen Lande beginnt nun das lustige Leben. Feine Kameraden, flotte Burschen, Gastmähler, Saufgelage, leichte Mädchen — das alles faßt das Gleichnis in den Worten zusammen: „Er brachte sein Vermögen in einem ausschweifenden Leben durch". So geht es eine Zeitlang in Saus und Braus. O wie schön ist's in der goldenen Freiheit! Seine schönen Träume haben sich glänzend erfüllt.

Aber jetzt kommt etwas, woran der junge Mensch nicht gedacht hatte. Bei dem ausschweifenden Leben ist ihm das Geld ausgegangen. Er denkt wohl, seine guten Kameraden, die er so lange freigehalten hat, werden sich jetzt seiner annehmen. Aber siehe da, der ganze Schwarm ist auf einmal verschwunden. Sie haben nicht ihn geliebt, sondern nur seinen Geldbeutel. Nun dieser leer ist, kennen sie den dummen Kerl nicht mehr.

Als Arbeitsloser geht er nun von Tür zu Tür, um sich wenigstens sein Stücklein Brot zu verdienen. Er hat ja Hunger. Aber niemand, auch keiner von seinen lustigen Brüdern, gibt ihm etwas. Endlich bettelt er bei einem Bürger jenes Landes. Er hängt sich förmlich an ihn. Vielleicht nur, um ihn loszuwerden, gibt ihm dieser endlich die Stelle seines Schweinehirten.

Und nun sitzt der junge Herr draußen auf dem Anger bei seinen neuen Kameraden, den Säuen. Er ist hungrig. Hätte er doch wenigstens die Schoten des Johannisbrotbaums, die seine Schweine zwar nicht hier auf der Weide, aber daheim bei der Stallfütterung bekommen, um gemästet zu werden! Aber niemand gibt sie ihm. Die Schoten kosten Geld, und die Schweinemast ist wichtiger als so ein Stromer von der Landstraße.

„Da kommt er endlich zu sich", wie es im Urtext wörtlich heißt. Bisher war er außer sich wie in einem Rausch. Aber jetzt wird er nüchtern und kommt zu sich. Während seine jetzigen einzigen Kameraden um ihn her grasen und grunzen, führt er ein Selbstgespräch: „Du Lump! So weit bist du also in deiner goldenen Freiheit gekommen! Hast es glücklich bis zum Schweinehirten gebracht! Wo sind jetzt deine stolzen Freiheitsträume?"

Wie eine blendende Vision steigt jetzt vor ihm das ferne Vaterhaus auf: der Vater, das Wohnhaus, der hohe Giebel, die Scheunen, die Stallungen. An die eigenen Hausdiener, die zur Familie gehören und es natürlich gut haben, mag er gar nicht denken. Aber schon die bloßen Tagelöhner hatten es viel, viel besser als er, denn denen fehlte es wenigstens nie am nötigen Brot. Da sagte er zu sich: „Wieviel Tagelöhner hat mein Vater, die Brots die Fülle haben, und ich verderbe im Hunger! Ich will mich aufmachen und zu meinem Vater gehen und zu ihm sagen: Vater, ich habe gesündigt gegen den Himmel und vor dir! Ich bin hinfort nicht mehr wert, daß ich dein Sohn heiße. Mache mich zu einem deiner Tagelöhner!"

Er merkt noch nichts davon, daß, wie sein Vater vorausgesehen hat, sein tiefstes Unglück ihn auf den Weg zu seinem wahren Glück führen sollte. Er hat jetzt nur noch *einen* Gedanken: Heim, ach nur heim! Also macht er sich auf den Weg. Er muß aus dem fernen Lande einen weiten, weiten Weg zu Fuß machen. Tag für Tag ist er auf der Landstraße. Es geht dem Bettler dabei schlecht genug. Aber er wandert unaufhaltsam weiter.

Endlich sieht er sein Vaterhaus von ferne. Der Fuß will ihm stocken, so schämt er sich, elend, zerlumpt, abgemagert, barfuß als Landstreicher den väterlichen Hof zu betreten.

Aber was ist das? Wer ist der alte Mann, der dort aus dem Haus gelaufen kommt, so schnell ihn seine Füße tragen mögen? Der Vater ist's. Er hatte das Warten auf seinen Sohn nie aufgegeben. Er hatte schon lange ausgeschaut, ob der törichte Junge nicht endlich wiederkommt. Und jetzt hat er ihn gesehen. Von weitem schon. Zwar kommt er in sehr üblem Aufzug daher. Aber an Gestalt und Haltung hat er ihn gleich erkannt. Sein Herz wallt ihm vor Erbarmen. Es ist doch sein Kind! Er eilt ihm entgegen und, wie er ihn erreicht hat, bedeckt er ihn (wie es im Urtext heißt) mit Küssen. Beide liegen sich wieder in den Armen wie in längst vergangener Zeit. Dem Sohn ist zwar die Stimme vor Schluchzen fast erstickt. Aber er bringt doch noch den Anfang der Worte heraus, die er sich draußen bei seinen Schweinen vorgenommen hatte: „Vater, ich habe gesündigt gegen den Himmel und vor dir! Ich bin hinfort nicht mehr wert, daß ich dein Sohn heiße". Er will sein vorgenommenes Bekenntnis bis zum Schluß hersagen. Aber der Vater läßt ihn vor lauter Herzen und Küssen nicht ausreden. Er nimmt ihn unterm Arm und geht mit ihm dem Hofe zu.

Und jetzt, am Hof angekommen, sehen auch andere Leute den Heimkehrenden. Der Hofhund springt vielleicht schweifwedelnd mit frohem Gebell an seinem jungen Herrn hinauf. Die Knechte, die in den Hofgebäuden wohnen, auch die Tagelöhner, die auswärts wohnen, laufen zusammen und sehen erstaunt, in was für einem Aufzug ihr junger Herr zurückkommt.

Aber der Vater, ganz außer sich vor Freude, befiehlt ihnen mit glücklicher Stimme, seinen Sohn zu bedienen. Jetzt hat ja der arme Junge wieder Diener. So darf der Sohn keine Viertelstunde mehr bleiben. Vor allem muß er neue Kleider haben. In der Kleiderkammer hängen viele von den weiten faltigen Feierkleidern, die im Morgenlande nicht so eng und knapp zugemessen sind wie bei uns, und die fast von jedem angezogen werden können. Deshalb ruft der Vater: „Schnell! Bringet das beste von allen Kleidern der Kleiderkammer und ziehet es eurem jungen Herrn an! Und einen goldenen Siegelring an seine Hand, wie es sich für seinen Stand und seine Stellung gehört, und Sandalen unter die armen, wundgelaufenen Füße! Und holt aus dem Stall das Kalb, das wir für ein besonderes Fest gemästet haben. Und dann geschlachtet, gebraten, gekocht, den Tisch gedeckt! Auch für euch! Ihr sollt mit am Tisch sitzen und euch freuen. Denn dieser mein Sohn war tot und ist wieder lebendig geworden, er war verloren und ist gefunden worden".

Das alles ist in der meisterhaften Knappheit und Kürze von Jesus viel schöner gesagt. Aber ich habe nichts von mir aus hinzugefügt. Ich wollte nur zeigen, wie viele und mannigfaltige Bilder der Dichter bei seinen Worten vor unseren Augen aufsteigen läßt, die sich, ohne ausgeführt zu sein, mit Notwendigkeit aus seinen Worten ergeben. Und ich frage: Kann man das Erbarmen Jesu mit dem verirrten Sünder und seine Freude über dessen reumütige Wiederkehr schöner, ergreifender schildern, als er es selbst in diesem Gleichnis getan hat? Sein ganzes Herz erschließt sich hier. Es klingt das zärtlichste und heiligste Erbarmen mit dem Sünder hindurch. Es ist dichterisch und literarisch ein Meisterstück. In der ganzen Weltliteratur gibt es kein schöneres.

Da kann einem schon der Gedanke kommen: Wie schade, daß uns nicht noch mehr solche Gleichnisse aufbewahrt worden sind! Unsere vier Evangelien geben ja nur einen winzigen Teil der Taten und Reden Jesu wieder. Seine öffentliche Tätigkeit dauerte zweieinviertel Jahre, also etwa achthundertzwanzig Tage. An jedem von ihnen hat er Taten getan und Worte gesprochen, die Ewigkeitswert hatten. Wenn von jedem dieser Tage nur ein einziges Kapitel geschrieben worden wäre, so gäbe das schon achthundertundzwanzig Kapitel. Und unser Lukasevangelium, das längste von allen, hat ja nur vierundzwanzig. Aber Gott hat es in seiner Weisheit so gefügt, daß wir nur unsere vier Evangelien haben. Immerhin haben wir in ihnen in ihrer schlichten Kürze vier Zeugen, die uns übereinstimmend die Tatsachen des Lebens Jesu berichten, und damit haben wir eine Beglaubigung, wie sie viele große Weltereignisse nicht haben. Alle vier zusammen sind der größte literarische Schatz der Welt, der mehr wert ist als alle Büchereien der ganzen Erde zusammengenommen. Wenn auch viele der damaligen Aufzeichnungen verschwunden sind, es fehlt in unseren vier Evangelien tatsächlich nichts, was wir zu unserer Seligkeit nötig haben.

*

Unser Gleichnis vom verlorenen Sohn hat übrigens das seltsame Schicksal gehabt, daß es auch von ganz gelehrten Leuten gründlich mißverstanden worden ist. In einer noch nicht so gar lange zurückliegenden Zeit gab es in der Theologie eine sich „liberal" nennende Richtung, welche die Meinung vertrat, daß Jesus zur Erlösung der Menschheit eigentlich gar nicht unbedingt nötig gewesen sei. Das Erbarmen Gottes des Vaters sei vollständig genügend. Selbst ein so hochberühmter Mann wie Harnack schrieb in der ersten Ausgabe seines „Wesens des Christentums", Jesus gehöre nicht in das Evangelium, nur Gott der Vater. Um diese Meinung zu stützen, wurde mit Vorliebe das Gleichnis vom verlorenen Sohn als Beweis herangezogen. Man sagte: Da sehen wir's ja, im ganzen Gleichnis ist nirgends von einem erlösenden Sohn die Rede, sondern immer nur vom Vater, der sich des verlorenen Sohnes erbarmt. Diese ganz unhaltbare Deutung beruht darauf, daß man so tut, als sei mit dem Vater im Gleichnis der himmlische Vater gemeint. Wie grundfalsch das ist, muß jedem einleuchten, der das Gleichnis und seine Veranlassung mit einiger Logik überdenkt.

Wir dürfen nur daran denken, aus welchem Anlaß Jesus die drei mit einander zusammenhängenden Gleichnisse gegeben hat, die uns Lukas in seinem fünfzehnten Kapitel aufbewahrt hat. Der Evangelist sagt einleitend (Luk. 15, 1), daß, wenn Jesus an einen Ort kam, gleich *alle* Zöllner und Sünder herbeiströmten; nicht um Wunder zu sehen, sondern nur, um Ihn zu hören. Warum? Sie fanden eben hier etwas, was ihnen bei den frommen Pharisäern sonst nie vorgekommen war: Liebe und eine von Hochmut freie Heiligkeit. Wohl hatten sie den sonst vorgeschriebenen kirchlichen Weg zu Gott verlassen; aber in ihren Herzen glühte doch noch ein Funke der uns allen eingeschaffenen Sehnsucht nach Gott. Darum widmete sich Jesus diesen unkirchlichen Menschen mit sichtlicher Vorliebe.

Darüber waren aber die frommen untadeligen Pharisäer ganz entrüstet. Mit solchem unkirchlichen Pack ließen sie sich überhaupt nicht ein, mieden sogar jede Berührung mit ihm. Hämisch sagten sie: Da sieht man's, was dieser Jesus für einer ist. Dieser nimmt die Sünder an und ißt sogar mit ihnen! Gleich und gleich gesellt sich gern. Sage mir, mit wem du umgehst, und ich will dir sagen, wer du bist. — Dieser gehässigen Verdächtigung gegenüber rechtfertigt Jesus sein Verhalten ganz freundlich, ohne ihnen auch nur ein einziges böses Wort zu sagen, durch drei Gleichnisse:

1. Im ersten vergleicht er *sich selbst* mit einem Hirten, der ein verlorenes Schaf sucht. Aus Mitleid mit dem armen wehrlosen Tier geht er über die Berge und scheut keine Mühe, bis er es gefunden hat. Er nimmt es auf seine Achseln, kommt mit ihm heim und ruft hocherfreut Freunde und Nachbarn zur Mitfreude auf. Diese Freunde und Nachbarn sind in diesem Fall die Pharisäer. Aber sie freuten sich nicht mit, sondern schimpften nur.

2. Im zweiten vergleicht er *sich selbst* mit einer Frau, die von ihren zehn Drachmen (je etwa eine Mark) eine verloren hat. Sie sucht und sucht, bis sie sie gefunden hat. Dann ruft sie hocherfreut Freundinnen und Nachbarinnen zur Mitfreude auf. Mit diesen sind wieder die Pharisäer gemeint. Aber sie freuen sich nicht mit, sondern verdächtigen ihn nur.

3. Im dritten und schönsten vergleicht er *sich selbst* mit einem Vater, der einen Sohn verloren hat. Dieser kommt von selbst zurück, getrieben von Heimweh und Gewissensbissen. Dem Vater, der ihn von weitem kommen sieht, wallt das Herz gegen den verlorenen Sohn. Er läuft dem armen zerlumpten Jungen weit entgegen, fällt ihm um den Hals und zieht ihn ohne Vorwürfe wieder ans Herz. Die Knechte, die sich mitfreuen sollten, sind wieder die hochmütigen und zornigen Pharisäer. Diese vergleicht der Herr sodann mit dem älteren Sohn, der hochmütig

und zornig draußen bleibt und die Festfreude nicht teilen will. Und der Vater, der dem Grollenden noch freundlich zuredet, ist wieder Jesus selbst, der den murrenden Pharisäern durch diese drei Gleichnisse freundlich zuredet. Was für einen Eindruck mußte das auf die Herren machen, die ihn so mißdeutet hatten! Und was für einen Eindruck mußte diese ergreifende Schilderung auf die zuhörenden Zöllner und Sünder machen!

Leicht ist zu erkennen, daß Jesus mit dem Vater im Gleichnis sich selbst geschildert hat. Das ist so klar, daß man sich nur wundern muß, wenn nachdenkende Menschen es fertig bringen, die beiden ersten Gleichnisse auf Jesus, das dritte dagegen auf seinen himmlischen Vater zu beziehen.

Jesus gar nicht nötig? Ohne Jesus würden wir alle gar nicht wissen, daß es überhaupt einen himmlischen Vater gibt. Er ist der einzige Weg zu Ihm (Joh. 14, 6).

*

Der ungerechte Haushalter (Luk. 16)

Dies Gleichnis hat schon so vielen Kopfzerbrechen verursacht, daß die Gelehrten, wie man ausgerechnet hat, fast dreißig verschiedene Erklärungen dazu gegeben haben. Worin liegt denn die Schwierigkeit? Lediglich in dem kleinen Sätzchen: „Der Herr lobte den ungerechten Haushalter". Konnte denn Jesus diesen Betrüger und Fälscher loben? Unmöglich! Es muß also irgendwie ein Fehler vorliegen. Wo steckt er?

Um ihm auf die Spur zu kommen, müssen wir an den Evangelisten denken, der uns dies Gleichnis aufgeschrieben hat. Lukas war ein Grieche, der Medizin studiert hatte und seine Praxis in der syrischen Millionenstadt Antiochia ausübte. Als einige Jahre nach des Herrn Auferstehung der Apostel Barnabas das Evangelium in Antiochia verkündigte, wurde auch dieser Dr. Lukas gläubig. Und als bei der immer größer werdenden Zahl der Gläubigen Barnabas allein nicht mehr fertigwerden konnte, holte er sich von jenseits des Golfs den bis dahin in der Stille von Tarsus noch unbekannt lebenden Paulus. Dessen gewaltige Persönlichkeit machte auf Lukas einen so tiefen Eindruck, daß er fortan sein Leben nicht mehr von ihm trennen konnte. Er wurde sein Begleiter auf vielen Missionsreisen und half ihm in der Verkündigung des Evangeliums.

Als Paulus im Jahre 56 in Cäsarea am Meer in Untersuchungshaft geriet, bekam er dort im Regierungspalast in einem eigenen Zimmer *custodia libera* d. h. freie Haft, wo er auch beliebig Besuch empfangen durfte. Da reiste der treue Lukas auch nach Cäsarea, um bei ihm zu sein, ihm beim Verkehr mit seinen weit zerstreuten Gemeinden zu helfen, Briefe zu schreiben, wohl auch sein Leibarzt zu sein.

Diese zwei Jahre, 56 bis 58, die Lukas in dem ihm bis dahin unbekannten Palästina zubrachte, benützte er, da er nichts von den Ereignissen im Leben Jesu selbst erlebt hatte, um alles, was er im Lande darüber von Augenzeugen erfahren konnte, zu sammeln und aufzuschreiben. Er ging dabei, wie er Luk. 1, 1—4 sagt, als wissenschaftlich gebildeter und federgewandter Mann streng historisch zu Werk. Er nahm nur das auf, was er von zuverlässigen Augen- und Ohrenzeugen erfahren konnte, und schrieb es der Reihe nach, d. h. in der richtigen Zeitfolge auf. Es gab ja damals, zwanzig Jahre nach der Auferstehung, noch Leute genug, welche Jesus selbst gesehen und gehört hatten. Dafür war Cäsarea ein ganz günstig gelegener Platz. In zwei Tagereisen war Jerusalem zu erreichen, wo er von den Aposteln mündlich alles erfahren konnte. Dort konnte er auch die Mutter Jesu sprechen, die etwa siebzigjährig noch bei Johannes leben mochte. Und wie manches hat er in sein Evangelium hineingeschrieben, das er wahrscheinlich aus ihrem Munde hatte, so seine heute weltbekannte Weihnachtsgeschichte oder Sätze wie „Maria behielt diese Worte und bewegte sie in ihrem Herzen". Und auf dem Wege von Cäsarea nach Jerusalem auf der noch heute sichtbaren damaligen Römerstraße, über die ich manchmal geritten bin, konnte er bequem durch Emmaus kommen; da hatte er vermutlich noch die beiden Emmausjünger aufgesucht und von ihnen das einzig schöne Erlebnis des Osternachmittags vor fünfundzwanzig Jahren vernommen.

Auch nach Galiläa und Kapernaum konnte Lukas bequem in zwei Tagesreisen kommen und dort noch viele sprechen, die den Herrn seinerzeit selbst gesehen und gehört hatten. Wenn er dann mit neuen Funden wieder nach Cäsarea zurückkam, dann mögen die beiden Männer, Paulus und Lukas, in dem Gefangenenstübchen ein Fest darüber gefeiert haben. Jetzt haben wir das alles bequem in unserem Neuen Testament beisammen. Und was für einen Schatz hat Lukas damit der ganzen Christenheit gegeben! Dahin gehören alle jene Geschichten, welche nur er allein uns überliefert hat, so die Weihnachtsgeschichte, die Auferweckung in Nain, die Gleichnisse vom verlorenen Sohn und vom ungerechten Haushalter, der Besuch Jesu in Bethanien und vieles andere. Die Geschichten von Jesus bei Matthäus, Markus und Lukas zusammengenommen umfassen 1310 Verse; darunter sind nicht weniger als 541 Verse bei Lukas, von denen in den beiden anderen nichts steht. Ohne die fleißige Sammeltätigkeit des Lukas wäre also ein volles Drittel von den Taten und Reden Jesu für uns verloren gegangen.

So ist durch Lukas auch das Gleichnis vom ungerechten Haushalter auf uns gekommen. Von einem Jünger in Galiläa, der es selbst aus dem Munde Jesu gehört hatte, hat es Lukas erfahren. Dieser Jünger hatte es nicht sofort nachgeschrieben, aber es so wiedergegeben, wie er es in treuem Gedächtnis festgehalten hatte. Da konnte es leicht geschehen, daß er einen Satz nicht ganz wörtlich oder auch abgekürzt wiedergab. Das mag auch der Fall gewesen sein bei dem Satz: „Der Herr lobte den ungerechten Haushalter". Ich denke mir, der Herr mag etwa so gesagt haben: „Dieser Haushalter war zwar ein ganz gemeiner Betrüger. Aber klug war er, denn er sorgte rechtzeitig für die Zeit, wo er seines Amtes enthoben sein würde. Seid auch ihr so klug und sorgt für die Zeit vor, wo ihr durch den Tod vom irdischen Leben abgesetzt werdet." Nehmen wir an, daß er ungefähr so gesagt hat, dann ist auf einmal jede Schwierigkeit an diesem Gleichnis beseitigt.

Also die Unehrlichkeit des Haushalters wird vom Herrn natürlich nicht gelobt. Im Gegenteil. Die Schlußworte, die er diesem Gleichnis hinzufügt, zeigen ganz deutlich, daß er dadurch seine Jünger ermahnt, doch ja in Geldsachen ganz ehrlich und gewissenhaft zu sein: „Wer im Geringsten treu ist, der ist auch im Großen treu. Und wer im Geringsten unredlich ist, der ist auch im Großen unredlich. So ihr nun schon in dem ungerechten Mammon nicht treu seid, wer will euch das wahre Gut anvertrauen?" Mit dem Mammon meint er bekanntlich Geld und Geldeswert, das der ungerechte Haushalter veruntreut hat. Und mit dem wahren Gut die himmlischen Güter, die Gott den Seinen verheißen hat.

„Und", fährt er fort, „so ihr in dem Fremden nicht treu seid, wer wird euch geben, *was euer ist?*" Mit dem Fremden meint er alles, was wir auf Erden unser eigen nennen. Ist denn das, was wir jetzt haben, unser eigen? Wie bald wird es das nicht mehr sein! Wo sind auch nur die Kleider, die du von deiner Kindheit an getragen und dein eigen genannt hast? Zusammengelegt würden sie einen großen Haufen bilden. Aber sie sind jetzt in alle Winde zerstreut und nicht mehr dein eigen. Alles, was du von Kind auf besessen hast, ist dir schon jetzt großenteils etwas Fremdes oder wird es in kurzer Zeit sein. Es ist davongegangen wie ein Häufchen trockenen Sandes, das jemand in der geschlossenen Faust festhalten möchte — es rinnt schnell davon. „Was sind dieses Lebens Güter? Eine Hand voller Sand, Kummer der Gemüter". Daran denkt der Herr, wenn er sagt: „Wer wird euch geben, was euer eigen ist?" Damit meint er die Güter, welche die Seligen einmal im Himmel besitzen sollen. Erst dort werden wir, wenn wir durch Gottes Gnade dahin kommen, etwas wirklich *Eigenes* haben, das uns nicht wie Sand unter den Händen zerrinnt.

Darum sagt Jesus am letzten Abend zu seinen Jüngern, die über seinen nahen Abschied traurig sind, zum Trost: „In meines Vaters Hause sind viele Wohnungen. Ich gehe hin, euch die Stätte zu bereiten". Neben der großen gemeinsamen Herrlichkeit, die alle zusammen beseligen wird, soll auch jeder Einzelne sein „Eigen", sein eigenes Plätzchen haben, in dem er daheim ist.

Damit läßt der Herr am Schluß dieses Gleichnisses etwas wie ein süßes Geheimnis durchblicken, um uns desto mehr anzuspornen, in Geldsachen doch ja recht treu und gewissenhaft zu sein, damit wir uns nicht durch solche Veruntreuungen wie bei diesem ungerechten Haushalter oder bei Judas Ischariot um unser ewiges Eigentum bringen. Und wenn du dich doch einmal darin versündigst, dann sofort zurück! Aber nicht so, daß du deshalb etwas mehr in die Kollekte oder Armenbüchse legst. Nichts da! Dahin muß das Veruntreute kommen, wohin es gehört, nämlich in die Hand des von dir Geschädigten, indem du dich auch soweit demütigst, daß du ihm die Sünde eingestehst und ihn um Verzeihung bittest. Und erst dann kommt die Hauptsache, daß du auch Gott um Vergebung bittest. Nur so ist die Sünde ganz rein und sauber aus der Welt geschafft, daß dir nicht auch noch das „Eigen" verlorengeht, das dich in der ewigen Seligkeit erwarten würde.

Darum redet das Neue Testament so gern von einem eigenen „Erbe" oder Erbteil, das uns im Himmel erwartet und auf das wir uns freuen dürfen, während wir hier auf Erden nur Gäste und Fremdlinge sind. An dies Erbe im Himmel denkt auch Paul Gerhardt, wenn er sein Lied „Ich bin ein Gast auf Erden" mit den Worten schließt:

> Da will ich ewig wohnen
> Und nicht nur als ein Gast
> Bei denen, die mit Kronen
> Du ausgeschmücket hast;
> Da will ich ewig singen
> Von deinem großen Tun
> Und frei von schnöden Dingen
> In meinem Erbteil ruhn.

Das Purim-Fest

Am Teich Bethesda

Den äußeren Verlauf des zweieinvierteljährigen öffentlichen Wirkens Jesu kann man nur verstehen, wenn man im Auge behält, daß er in Galiläa im Norden zuhause war und nur fünfmal gastweise je an einem der Nationalfeste in der Landeshauptstadt Jerusalem gewesen ist, zum erstenmal bei jenem Passahfest, an dem die Tempelreinigung stattfand. Matthäus, Markus und Lukas berichten allerdings nur von der letzten Festreise, die zu seiner Kreuzigung führte, während Johannes von allen fünfen ausführlich erzählt.

Das hat eine besondere Ursache. In seiner Gemeinde in Ephesus war ein Irrlehrer namens Cärinth aufgetreten, der die Gottessohnschaft Jesu bestritt. Da griff Johannes etwa in seinem neunzigsten Lebensjahr noch zur Feder und beschrieb diese Festreisen, auf denen Jesus seine Gottessohnschaft am deutlichsten bezeugt hatte.

Die Entscheidung des ganzen Judenvolks für oder wider Jesus konnte nicht in der Nebenprovinz Galiläa, sondern nur in der Landeshauptstadt Jerusalem fallen. Zwar schon während der ersten Festreise gab sich Jesus in jenem Nachtgespräch mit Nikodemus deutlich als Gottes Sohn zu erkennen, aber in seinen Volksreden noch nicht. Er konnte daher ganze sieben Monate in der Stadt bleiben und das Volk lehren.

Aber die weiteren vier Festreisen waren wie vier Feldzüge gegen die ungläubigen Machthaber in Jerusalem, in denen er sich mit wachsender Deutlichkeit gegen ihren Unglauben als Gottes Sohn behauptete.

Zum erstenmal begann daher der Streit der Jerusalemer Machthaber gegen seinen Anspruch, Gottes Sohn zu sein, auf seiner zweiten Festreise zum Purimfest, zu der wir jetzt kommen.

Johannes beginnt seinen Bericht im fünften Kapitel: „Danach war ein Fest der Juden, und Jesus zog hinauf nach Jerusalem". Welches Fest war das? Das Passahfest war es nicht, denn dann dürfte es nicht heißen: „ein", sondern: *das* Fest der Juden", und beim Passahfest des zweiten Jahrs war er nach Joh. 6, 4 in Galiläa. Das einzige Fest der Juden, das in diese Zeit fiel, war das Fest Purim, das bekanntlich am 14. und 15. März gefeiert wurde, eines der ganz sicheren Daten im Leben Jesu. Es war kein religiöses, sondern ein nationales Fest, das zur Erinnerung an die Rettung der Juden in der persischen Hauptstadt Susa gefeiert wurde. Diese Rettung wurde vermittelt durch die jüdische Haremsfrau Esther und ihren Vormund Mardochai; deshalb kommt auch im ganzen Buch der Name Gottes nicht ein einzigesmal vor. Darum hat sich auch Jesus um die Bedeutung dieses Festes gar nicht gekümmert. Es war ihm nur eine Gelegenheit, dem versammelten Volk sein Zeugnis als Gottes Sohn erstmalig mit größter Deutlichkeit zu verkünden.

Nach etwa viertägiger Wanderung aus Galiläa kam er in Jerusalem an. Wir können vermuten, daß er sich in demselben Hause einmietete, in dem er im Jahr vorher mehr als ein halbes Jahr gewohnt und auch den Ratsherrn Nikodemus bei Nacht empfangen hatte.

Über die Festfeier sagt Johannes gar nichts. Er eilt sofort zu dem Ereignis, das für ihn die Hauptsache war, die Heilung des achtunddreißigjährigen Kranken am Teich Bethesda.

Diese Heilung hat schon manchem Kopfzerbrechen gemacht. So schrieb mir eine Leserin: „Über diese Geschichte habe ich schon oft nachgedacht. Ein Engel kann doch nicht jedes Jahr sichtbar nach Jerusalem gekommen sein. War es aber eine natürliche Heilquelle, warum wurde nur ein einziger gesund? Und wie konnte die Heilquelle alle nur denkbaren Krankheiten ohne Ausnahme im Nu heilen? Und warum kam diese Wohltat des Engels nicht den Elendesten und Bedürftigsten zugute, sondern denen, welche am rücksichtslosesten ihre geschwinden Beine und ihre kräftigen Ellenbogen gebrauchten, um den Schwachen zuvorzukommen und sie zurückzudrängen?" Auf diese Fragen, die vielleicht auch anderen Lesern schon aufgestiegen sind, will ich zunächst antworten.

Die geäußerten Bedenken sind leicht zu beheben. In den ältesten griechischen Handschriften des Neuen Testaments, dem *Codex Sinaiticus* und dem *Vaticanus,* fehlen die Sätze von Joh. 5, 4. Die am frühesten geschriebene dieser Handschriften, den *Codex Sinaiticus,* den einst mein Schwiegervater von Tischendorf auf höchst wunderbare Weise am Fuße des Berges Sinai entdeckt hat, habe ich lange bei mir im Hause gehabt und habe mich davon überzeugt, daß diese Sätze nicht darin stehen. Hätte Luther, als er das Neue Testament auf der Wartburg übersetzte, eine Ahnung davon gehabt, daß diese Sätze ursprünglich gar nicht im Johannesevangelium gestanden haben, so hätte er sie natürlich gar nicht in seine Übersetzung aufgenommen.

Wie sind sie aber ins Johannesevangelium hineingekommen? Das Neue Testament mußte vor Erfindung der Buchdruckerkunst durch Abschreiber vervielfältigt werden. Ein Abschreiber nun, der fern von Palästina lebte und den Teich nicht kannte, hat diesen Zusatz zu einer Zeit, wo Johannes schon längst im Grabe lag, wahrscheinlich an den Rand seiner Abschrift geschrieben, und spätere Abschreiber haben ihn dann in den Text selbst hineingenommen. Der Mann hatte dabei nicht die Absicht, zu fälschen. Er wollte nur den Lesern verständlich machen, warum der Kranke zu Jesus sagte: „Ich habe keinen Menschen, wenn das Wasser sich bewegt, der mich in den Teich lasse. Und wenn ich komme, so steigt ein anderer vor mir hinein". Darum schrieb er an den Rand, wie er sich die Sache vorgestellt hatte, und zwar nach der Art seines wundersüchtigen Jahrhunderts auf möglichst wunderbare Art. Er bedachte aber nicht, daß er durch seinen eigenmächtigen und ungeschickten Zusatz noch nach vielen Jahrhunderten vielen Lesern die Sache nicht verständlicher, sondern unverständlicher gemacht hatte. Also die ganze Geschichte mit dem Engel ist erst später erfunden. Nach dem ursprünglichen Text ist an dem, was sonst in Bethesda vorging, nichts Übernatürliches. Johannes selbst sagt nur, daß der Kranke in seiner Antwort die Bewegung des Wassers erwähnt, die, durch irgend eine Wallung hervorgerufen, nach der Volksmeinung in Jerusalem eine heilkräftige Wirkung hatte.

Woher die Bewegung des Wassers kam, können wir heute nicht mehr feststellen. Man könnte an eine „intermittierende Quelle" denken, eine jener Quellen, welche zu Zeiten aussetzen und dann mit kräftigem Sprudel wieder hervorbrechen. Möglich, daß bei starken Regenfällen, wie sie in Jerusalem im März noch vorkommen, ehe der regenlose Sommer beginnt, das Wasser von allen Seiten in den mächtigen Teich einströmte, und daß ein Bad in diesem wallenden Wasser für heilkräftig galt.

In jenem Jahr, in dem Jesus das Purimfest besuchte, fiel dieses auf einen Sabbat. Schon beim Morgengrauen kündigten Priester von der Zinne des Tempels herab das Fest mit silbernen Trompeten an, deren helle Klänge jubilierend über das Häusermeer Jerusalems dahinschmetterten. Auch Jesus wird sie in der Morgendämmerung in seinem Schlafzimmer gehört haben. Zum Morgengottesdienst erschien eine gewaltige Gemeinde aus Jerusalem und Umgegend und wogte durch die Säulenhallen und die mit Marmorplatten gepflasterten Vorhöfe des Tempels.

Das Rauchopfer wurde drinnen im Heiligtum dargebracht; und während die feine weiße Rauchsäule gerade zum Himmel aufstieg, ein Sinnbild aufsteigender Gebete, betete draußen das Volk. Dann kamen weißgekleidete Priester heraus und erteilten mit aufgehobenen Händen den aaronitischen Segen. Hierauf folgte das Morgen-Brandopfer. Der Hohepriester Kaiphas, zum Fest in seiner prächtigen Amtstracht inmitten seiner Priester erschienen, bildete den Gegenstand allgemeiner Verehrung. Auch Jesus war ohne Zweifel unter der Menge, denn zur Festfeier war er ja nach Jeruslalem gekommen.

Jetzt war der Gottesdienst vorüber. Auch die Synagogen, in denen das Buch Esther vorgelesen worden war, leerten sich, und die Kirchgänger zerstreuten sich in den Gassen Jerusalems. Hier herrschte überall peinlichste Sabbatruhe. Längst war ja unter den Händen der Schriftgelehrten das Sabbatgebot aus einer unvergleichlichen Wohltat ein hartes, ja unsinniges Joch geworden, ein Götze, dem das ganze Volk dienen mußte. Keine Hausfrau durfte Feuer machen, kein Arzt durfte einem Kranken helfen, niemand durfte außerhalb der Stadtgrenze weiter als zweihundert Ellen gehen, sonst beging er Sabbatschändung, ein todeswürdiges Verbrechen. So gingen also die Kirchgänger durch lauter stille Straßen. Kein Laden war offen, kein Lastträger war zu sehen, kein Bauer trieb seinen Esel mit Gemüse zu Markt.

Um so mehr hatte heute jedermann Zeit, sich in der Stadt zu ergehen. Da die Festungsgassen eng waren, lenkten wohl die meisten ihre Schritte zu den wenigen öffentlichen Plätzen, so zu den Spiel- und Turnplätzen, zu dem Xystusplatz vor dem Hasmonäerpalast, oder nach Gabbata, dem prächtig gepflasterten Schloßplatz am herodianischen Königspalast, in dem am Passahfest Pilatus abzusteigen pflegte. Ein beliebter Platz scheint auch der Teich Bethesda gewesen zu sein. Nicht nur der schöne und in Jerusalem seltene Anblick eines Wasserspiegels lockte, sondern auch die weiten, eine große Volksmenge fassenden fünf bedeckten Säulenhallen, die ihn umgaben. So kam auch an jenem Sabbat des Purimfestes eine große Volksmenge hier zusammen (Joh. 5, 13). Unter den Schattengängen ergingen sich die Spaziergänger in ihrer feiertäglichen Kleidung. Es waren aber auch noch andere Leute da, „eine Menge" Kranke (Joh. 5, 3), die sich's unter den Bogenhallen bequem gemacht hatten, Blinde, Lahme, Schwindsüchtige. Die einen waren selbst hergekommen, die anderen mitsamt ihren Bettdecken von mitleidigen Menschen hierher getragen worden.

Ein solcher Tag im März kann in Jerusalem wunderschön sein. Der Winter ist vorüber, die Sonne noch nicht brennend heiß, in den Hausgärten und in den Gärten vor der Stadt ein leuchtender Frühling. So war es wohl auch an jenem Sabbattage. Drüben, nur wenige Minuten entfernt, sah man den Tempel, der mit seinen schneeweißen, marmorähnlichen Quadern und seinem blitzenden goldenen Dach vor der ganzen Stadt aufragte, in der Oberstadt den stolzen herodianischen Königspalast, und drüben im Osten jenseits der Kidronschlucht, in der Luftlinie nur einen Kilometer entfernt, den Ölberg, dessen Abhänge mit dunklen Ölbäumen bedeckt und dessen Höhe mit prächtigen Landhäusern geschmückt war.

Anscheinend ohne viel bemerkt zu werden, hatte sich auch Jesus unter die lustwandelnde Menge gemischt. Da waren die verschiedensten Leute, Vornehme und Geringe, Kaufleute, Schriftgelehrte, Handwerker, Landleute, alle an ihrem Sonntagsstaat die bekannten großen und kleinen Quasten tragend.

Jesus, der in den Gesichtern lesen konnte, ging still durch ihre Mitte. Aber besonders hafteten seine Blicke an den vielen Kranken, die für ihn immer eine besondere Anziehungskraft hatten. Vor allen zog einer seine Aufmerksamkeit auf sich, der seine tiefste Teilnahme erweckte. In diesem Gesicht lag so viel Hoffnungslosigkeit, Enttäuschung, stumme Verzweiflung, wie er sie noch selten gesehen hatte. Er konnte nicht anders, er mußte den Mann anreden. Er fragte ihn nach seiner Krankheit und wie lange er schon krank sei.

Der Mann blickte auf. Er sah in ein teilnehmendes Auge, das ihm wohl tat.

„Wie lange? Achtunddreißig Jahre!" lautete seine erschütternde Antwort. Länger als ein Menschenalter.

Da kam eine überraschende Frage, wie sie noch niemand an ihn gerichtet hatte: „Willst du gesund werden?"

Erstaunt sah der Mann den Frager an: „Herr, ich habe keinen Menschen, wenn das Wasser sich bewegt, der mich in den Teich lasse. Und wenn ich komme, so steigt ein anderer vor mir hinein."

Also gesund werden wollte er schon lange, sonst wäre er nicht hier am Teich. Aber der hilflose Kranke wurde von anderen weggedrängt, und wenn die Glücklicheren wieder heraufkamen, hatte das Wasser seine nach dem Volksglauben heilkräftige Wallung wieder verloren.

Da kommt aus dem Munde des teilnehmenden Unbekannten ein noch viel überraschenderes Wort. Mit glücklicher Gebärde und strahlendem Auge, weil er helfen kann und will, befiehlt er ihm: „Steh auf, nimm dein Bett und geh hin!"

Der Mann traute seinen Ohren kaum. Aber er hatte ein solches Vertrauen zu dem Unbekannten gefaßt, daß er den Befehl sofort auszuführen suchte. Und die so lange gelähmten Glieder gehorchten wirklich! Aufgesprungen, das Bett zusammengerollt und auf die Schulter gepackt! Und mit festen, frohen Schritten eilte er seit achtunddreißig Jahren zum erstenmal glückselig auf seinen eigenen Beinen durch die festliche Menge zwischen den hohen Säulen davon.

Aber wie rissen da die Leute die Augen auf! Was? Am Sabbat ein Bett, eine Last tragen? Das war ja ein Verbrechen, eine Sabbatschändung! Von allen Seiten schrien die frommen Leute entrüstet auf ihn ein: „Es ist heute Sabbat! Es ziemt dir nicht, das Bett zu tragen!" Er antwortete mit leuchtenden Augen: „Der mich gesund machte, der sprach zu mir: Nimm dein Bett und gehe hin!" Aber niemand wußte, wer ihn gesund gemacht hatte, denn Jesus war schnell fortgegangen. Im allgemeinen Gedränge hatte niemand etwas von dem Vorgang gemerkt.

Erst später sah der Geheilte auf den Vorhöfen des Tempels Jesus wieder und hörte wahrscheinlich seiner Rede zu. Auch Jesus sah ihn. Der große Menschenkenner trat noch einmal auf ihn zu und gab ihm das ernste Wort mit auf seinen ferneren Lebensweg: „Siehe zu, du bist gesund geworden. Sündige hinfort nicht mehr, daß dir nicht etwas Ärgeres widerfahre!" Ganz glücklich zeigte er nachher den Leuten den Herrn: „Jesus ist's, der mich geheilt hat!"

Aber ganz anders war die Wirkung dieser Entdeckung, wer der Sabbatschänder war, auf „die Juden", womit Johannes in seinem Evangelium immer die Feinde Jesu, die Herren der damaligen jüdischen Religion bezeichnet. Sie griffen ihn sofort heftig wegen dieses nach ihren Satzungen todeswürdigen Vergehens an, und ein Angriff von diesen hohen Herren war eine gefährliche Sache. Jedermann fürchtete ihre Feindschaft.

Aber Jesus ließ sich gar nicht von ihnen imponieren, sondern nahm den Fehdehandschuh ruhig auf. Er beantwortete ihren Angriff mit einer so kühnen Rechtfertigung seiner Heilung am Sabbat, daß ihnen die Haare zu Berge standen.

Er begründete die Rechtmäßigkeit seines Heilens am Sabbat einfach damit, daß sein Vater, der Weltregent, die Welt doch auch am Sabbat weiterregiere, folglich müsse er als sein Sohn selbstverständlich auch am Sabbat weiterwirken (Joh. 5, 17). Das war für sie eine so klare Gotteslästerung, daß sie jetzt zum erstenmal den Plan faßten: Er muß sterben! denn er hat sich Gott gleich gemacht.

Aber Jesus ließ sich ganz und gar nicht von ihnen einschüchtern. Vielmehr überschüttete er sie jetzt zum erstenmal mit einer Reihe von Selbstzeugnissen, die ihn in geradezu göttlicher Vollmacht vor sie hinstellte. Das Gericht über die ganze Menschheit habe ihm sein Vater übergeben, Er stehe also als ihr künftiger Richter vor ihnen (Joh. 5, 22). Darum gebühre Ihm dieselbe Ehre wie Gott, seinem Vater (Joh. 5, 23). Er werde alle Toten, die auf dem riesigen Kirchhof der Erde begraben liegen, aus ihren Gräbern auferwecken (Joh. 5, 21). Allen, die an ihn glauben, werde er das ewige Leben geben (Joh. 5, 24). Ihre ganze Bibel gebe von Ihm Zeugnis (Joh. 5, 39).

Das waren für sie so ungeheuerliche Aussagen, daß sie nur entweder sich vor Ihm beugen oder ihn als Gotteslästerer verfolgen mußten. Beugen wollten sie sich nicht vor ihm trotz seiner göttlichen Taten und Worte, folglich mußten sie ihn bekämpfen. Also mußte er sterben. Das war der verhängnisvolle Beschluß, den die Herren der jüdischen Religion an ihrem Purimfest faßten.

Von jetzt an nahmen die Dinge die Entwicklung, die sie folgerichtig nehmen mußten. Beim nächsten Besuch Jerusalems nach einem halben Jahr, beim Laubhüttenfest im Oktober, steigerte Jesus die Aussagen über seine Person bis zum Höhepunkt seiner Selbstzeugnisse, wonach ihm alle Gewalt gegeben war im Himmel und auf Erden. Aber auch seine Feinde, die entschlossen waren, ihn zu töten, steigerten ihre feindseligen Maßnahmen, machten zuerst einen vergeblichen Verhaftungsversuch (Joh. 7, 42. 44. 45), dann einen Mordversuch (Joh. 8, 59). Es stand also fortan für sie unabänderlich fest: Er mußte sterben! Das war die ungeheure Bedeutung jenes Purimfestes am 14. und 15. März des zweiten Jahrs in Jerusalem.

*

Kennt man den Teich Bethesda noch heute? In meiner Jugend suchte man ihn in dem verfallenen Teiche Birket Israiin am Stephanustor. Diese Annahme galt aber schon damals als sehr zweifelhaft. Inzwischen hat man den richtigen Teich nach jahrhundertelanger Vergessenheit aus dem Schutt des alten Jerusalem ausgegraben. Er liegt innerhalb des weiten Gebietes der den französischen Weißen Vätern gehörigen Annenkirche, nördlich vom Tempelplatz, in der Nähe des ehemaligen Schaftors. Dort liegen gewaltige Schuttmassen, die bei der Zerstörung Jerusalems das Tälchen, in dem der Teich zur Zeit Jesu war, ausfüllten. Dorthin ging ich eines Tages vor dem Ersten Weltkrieg. Ein Mönch mit einer Magnesiafackel führte mich. Hell beleuchtete sie einen Wasserspiegel, einen Teil des ehemaligen Teiches Bethesda, und die darüber errichteten hohen Steingewölbe. Es sah aus wie ein gewaltiger, von Wasser gefüllter Keller. Der Bruder versicherte, das Wasser stamme von einer Quelle, nicht von Regenansammlung. Die Grabungen hätten bewiesen, daß Bethesda ein Doppelteich von je fünfzig Metern im Geviert gewesen sei. Eine Abbildung, die er mir zum Andenken mitgab, veranschaulichte die Anlage: rings um den Doppelteich laufen vier hohe Säulenhallen, auf jeder Seite eine, während eine fünfte zwischen beiden Teichen durchlief. Es waren also, wie Johannes sagt, fünf Hallen. In einer Ecke führt eine schmale Steintreppe zum Wasserspiegel hinunter; auf ihr konnten die Kranken hinabsteigen, aber immer nur einer. Der vor uns liegende Teil des Teiches war aber nach Versicherung des Führers erst ein Viertel der ehemaligen Teichanlage, während der größte Teil sich noch weit unter die mächtige Schuttschicht erstreckte. Man kann gespannt sein, was die ununterbrochen fortgehenden Ausgrabungen noch weiter zutage fördern werden.

Es war mir eine wertvolle Viertelstunde, die ich da unter den Schuttmassen des alten Jerusalem zugebracht hatte. Droben besah ich mir noch einmal das jetzt ebene Schuttfeld, unter welchem Teich und Tälchen begraben liegen. Arabische Arbeiter waren damit beschäftigt, Schutt auf ihren Eseln wegzuschaffen, um den Teich ganz freizulegen. Die ausgegrabene Erde hatte graue Aschenfarbe, ein Beweis, daß es Schutt von der zerstörten Stadt ist. Das auszugrabende Trümmerfeld ist groß. Ich wunderte mich nicht mehr, daß nach Johannes 5, 3 so viele Menschen am Teich Bethesda Platz hatten.

Wie ehrwürdig und vertraut schien mir doch diese Stätte, auf der ich beim Lesen des Johannesevangeliums im Geiste schon so oft geweilt hatte! Jetzt stand ich selbst auf dem Platz, wo der Herr damals den Kranken geheilt hat. Es gibt in Jerusalem sehr wenige Plätze, von denen wir bestimmt wissen, daß der Herr dort gestanden hat. Eigentlich ist es nur der Tempelplatz, auf dem er zu lehren pflegte, und am Jaffator die Reste des herodianischen Königspalastes, vor dem ihn Pilatus zur Kreuzigung verurteilt hat. Hier ist ein dritter solcher Platz. Die Steine, die ich drunten gesehen hatte, haben schon damals hier gestanden, als Jesus nach dem Morgengottesdienst vom nahen Tempelplatz herüber kam.

26. 4.

Der Sünden vergebende Wanderer

Es ist schon eine ganz merkwürdige Sache: ein noch jugendlicher Mann, gefolgt von einer Anzahl von jungen Leuten, die sich ihm für Leben und Sterben verschrieben haben, zieht mehr als zwei Jahre lang durchs Land. Er wandert mit ihnen auf staubigen Landstraßen, über Gebirge und Seen, nur um den Menschen den Weg zu Gott und zum Frieden ihrer friedlosen Seelen zu zeigen. Und die Menschen sammeln sich zu Tausenden um ihn und folgen ihm oft Stunden und Tage lang auf seinen Reisen nach (Matth. 4, 25; 14, 13). So etwas hat es noch nie in irgend einem Lande der Welt gegeben. Ein vierfacher Bericht von seinen Worten und Taten geht noch heute nach neunzehnhundert Jahren in mehr als tausend Sprachen durch die Welt, und der Name Jesus wird von Millionen als der höchste Name gepriesen und angebetet.

Es war im zweiten Jahr nach seinem ersten Auftreten, daß Jesus als ein unermüdlicher Wanderer alle Städte und Ortschaften seiner Heimatprovinz Galiläa aufsuchte (Matth. 9, 35; Mark. 6, 56; Luk. 8, 1; 13, 22). Was er auf diesen Wanderungen in hohen und niederen Ständen sah und beobachtete, ergriff ihn tief. Matthäus faßte seine Eindrücke in den Worten zusammen: „Da er das Volk sah, ergriff ihn Erbarmen mit ihnen, denn sie waren abgekämpft und lagen am Boden wie Schafe, die keinen Hirten haben" (Matth. 9, 36).

Ein besonders lehrreiches Reiseerlebnis hat uns Lukas (7, 36—50) aufbewahrt. Es zeigt uns, daß Jesus außer seiner Lehrtätigkeit nicht etwa nur leiblich Kranke geheilt, sondern denen, die sich danach sehnten, auch den Frieden ihrer Seele durch Vergebung ihrer Sünden gegeben hat (Matth. 9, 5; Luk. 5, 23; 7, 48; Matth. 9, 6).

Auf einer dieser Reisen kam er nämlich einmal in eine ungenannte Stadt. Noch stand damals Galiläa unter dem frischen Eindruck seiner Erscheinung. Wenn er in eine Stadt kam, lief alles zusammen, manchmal Tausende (Matth. 14, 21; Luk. 7, 1; 8, 2; 12, 1). Selbst die unkirchlichsten Leute kamen und fühlten sich von ihm angezogen. Während diesen sonst die „ganz Frommen", die Pharisäer, bei jeder Gelegenheit ihre Verachtung zeigten, ja jede nähere Berührung mit ihnen wie die Berührung mit einem unreinen Tier vermieden, zeigte Er den Sündern bei aller Verurteilung der Sünde herzliche Teilnahme und Achtung ihrer zu Gott geschaffenen Seele. Ja, er setzte sich sogar oft ganz zutraulich mit ihnen zu Tisch (Matth. 9, 11; Luk. 15, 2). Überrascht sahen sie bei Ihm etwas, was sie bei den frommen Pharisäern noch nie gefunden hatten: Heiligkeit ohne Hochmut. Er verkehrte mit ihnen nicht von oben herab, sondern wie ein Bruder. Sie merkten, daß ihrem hohen Freund alles daran lag, sie von ihrer Sünde zu befreien, unter der sie sich selbst oft unglücklich fühlten. Nein, dieser merkwürdige Wanderer heilte nicht nur den Leib, die verrenkten, verkrüppelten und gelähmten Glieder, sondern auch die von Gott abgekommene, durch die Sünde verdorbene und verkrüppelte Seele. Wenn er den Ernst ihrer Umkehr zu Gott sah, vergab er ihnen ihre Sünden und gab ihnen den verlorenen Frieden ihrer Seele wieder. Das waren seine größten Wunder, viel größer, als wenn er nur die Lahmen und Gichtbrüchigen und Blinden heilte.

Nun war Er also auch in diese Stadt gekommen. Alles strömte zusammen, Vornehme und Geringe, hochkirchliche Pharisäer und entkirchlichte „Zöllner und Sünder". Unter den Zuhörern stand auch ein stadtbekannter Herr namens Simon. Er war Pharisäer. Er führte also einen ehrbaren sittlichen Wandel, befolgte mit peinlicher Genauigkeit alle Vorschriften der Synagoge, zahlte pünktlich seine Tempelsteuer, aß nie unkosheres Fleisch und übertrat nie die strengen Sabbatverbote. Aber dieser Jesus interessierte ihn. Seine Worte machten ihm Eindruck. Ja, er hielt es nicht einmal für ausgeschlossen, daß er ein Prophet sein könnte.

Nachdem Jesus geendet hatte, drängten sich wie gewöhnlich viele mit ihren Anliegen an ihn heran. Auch Simon hatte ein solches. Er hätte ihn gerne näher kennengelernt. Darum trat er auf ihn zu und lud ihn zum Essen ein. Jesus nahm die Einladung an. Simon lud auch einige pharisäische Freunde dazu ein, die vielleicht auch zugehört hatten (Luk. 7, 49).

Am Abend kamen die Gäste. Auch Jesus kam und wurde begrüßt.

Sonst, wenn Gäste einen weiten Weg gemacht hatten, auf dem ihre Füße staubig geworden waren, wurde ihnen Wasser aus einer Kanne über die von den Sandalen befreiten Füße gegossen und mit einem Handtuch abgetrocknet. In diesem Fall wurde das unterlassen, vielleicht weil sie ganz in der Nähe wohnten. Vertraute Freunde pflegte man, wie noch heute im Orient, mit einem Kuß zu begrüßen, nicht mit dem Lippenkuß der Frauen, sondern mit dem Männerkuß, wobei sich nur Backe an Backe legte. Diese vertraute Begrüßung hielt Simon bei dem ihm noch fremd gegenüberstehenden Jesus begreiflicherweise nicht für angebracht. Gäste, die man besonders ehren wollte, wurden manchmal mit fein duftenden Essenzen besprengt. Das kommt im Orient noch heute vor. In einem arabischen Haus in Bethlehem, wo ich eingeladen war, besprengte mir einmal die Hausfrau, die mir eine besondere Aufmerksamkeit erweisen wollte, Kopf, Brust und Schultern mit Rosenwasser. Zu einer solchen Ehrung Jesu sah Simon keinen Anlaß. Darin lag keineswegs, wie man es oft darstellt, eine Unfreundlichkeit, als ob er Jesus nur in böswilliger Absicht eingeladen hätte, um ihn zu belauern. Nicht alle Pharisäer waren Heuchler. Wir brauchen nur an Nikodemus oder Paulus zu denken.

Die Gäste waren also erschienen und hatten sich zu Tisch gelegt. Man saß damals nicht auf Stühlen um einen etwa achtzig Zentimeter hohen Tisch, sondern um einen nur zwei Handbreiten hohen Tisch lagen die Gäste auf Ruhepolstern. Auf den linken Ellbogen stützten sie sich, mit der Rechten griffen sie zu. Die Füße waren behaglich nach hinten ausgestreckt, so daß man sich ihnen „von hinten" nähern konnte (Luk. 7, 38).

Die Gäste hatten schon angefangen zu essen, da geschah etwas Unerwartetes, was Lukas nach seiner Gewohnheit mit einem „Und siehe" einleitet. Ein ganz und gar nicht eingeladener Gast erschien in der Tür und wurde von den pharisäischen Herren mit strengen Blicken gemessen. Lukas führt sie mit den Worten ein: „Und siehe, in der Stadt lebte eine Frau, die eine Sünderin war." Sie hatte einmal im Leben einer geschlechtlichen Versuchung nicht widerstanden und war dann allmählich auf die abschüssige Bahn des Lasters geraten. Seitdem ließen sie die frommen und wohlanständigen Kreise der Stadt bei jeder Begegnung auf der Straße ihre Verachtung fühlen. Daß das verlorene Kind auch eine unsterbliche Seele hatte, daran dachte niemand.

Und nun war Jesus in die Stadt gekommen. Alles lief, ihn zu sehen und zu hören. Den mußte sie auch kennenlernen. Sie kam vielleicht zunächst nur aus Neugierde, möglicherweise aber auch aus einer Regung der Sehnsucht nach Frieden mit Gott, die noch auf dem Grunde ihrer mißhandelten Seele schlummerte. Und jetzt sah sie ihn. Sie sah in ein Auge voll Güte und Erbarmen. Sie sah in ein Angesicht, in dessen Zügen der Adel einer unvergleichlichen Reinheit geschrieben stand. Noch nie hatte sie so etwas in den vielen Männergesichtern gesehen. Und nun fing er an zu reden. Sie hörte seine laute klare Stimme, die (wie in der Bergpredigt) auch die Fernsten verstehen konnten. Noch nie hatte eine Stimme sie so ergriffen. Er rief seine Zuhörer zur Umkehr, das heißt zur Rück- und Heimkehr zu Gott. Und gerade die Verlorensten und Verirrtesten forderte er dazu auf. Denn zu allererst für sie sei er gekommen, nicht für die „Gerechten". Das alles liegt in der Erzählung, die uns Lukas in vielsagender Kürze berichtet, und in dem, was uns die Evangelien über die Reden Jesu sagen.

Die Frau hörte und hörte. Ihr war zumute, als ob sie Heimatglocken hörte, als ob Gott selbst sie riefe, als ob dieser Jesus eigens für sie in die Stadt gekommen wäre, um sie zu retten. Wie noch nie fühlte sie ein Entsetzen vor sich selbst und vor ihrer Sünde. Ihr war, als hätte ein Blitz den dunklen Abgrund erhellt, an dem sie bisher hingewandelt war. Was sie bei diesen braven untadeligen Pharisäern, die sie so verachteten, nie gefühlt hatte, das fühlte sie jetzt angesichts dieses Heiligen in tiefster Seele: „Ich bin doch ein ganz gemeines, verkommenes Weib!"

Als Jesus geendet hatte, drängten sich wie gewöhnlich viele an ihn heran.

So kam auch dieses Weib. Das steht zwar nicht ausdrücklich bei Lukas. Aber aus dem Verlauf der Geschichte ergibt sich klar, daß Jesus schon vor ihrem Eintritt in das Haus Simons mit ihr gesprochen und ihr ihre Sünden vergeben hatte. Ob sie ihm mit Worten ihre Sünden gebeichtet, oder ob sie mit einem wortlosen Bekenntnis zu Füßen des Heiligen niedergesunken war, der auch ohne Worte wußte, was in dem Menschen war (Joh. 2, 25), genug, er hatte ihr ihre Sünden vergeben. Wie eine Zentnerslast war es von ihrem Herzen und Gewissen gefallen, und glücklich wie noch nie war sie nach Hause gegangen mit dem heiligen Entschluß, ein neues Leben anzufangen.

Aber daheim wachte in ihr ein sehnlicher Wunsch auf. Nur einmal, ein einzigesmal hätte sie ihm, der den lange erloschenen Gottesfunken in ihrer Seele wiedererweckt hatte, ihren überströmenden Dank aussprechen mögen. Also auf, noch einmal zu ihm! Er war ja noch in der Stadt. Sie fragte und erfuhr, daß er bei dem vornehmen Herrn zu Tisch eingeladen sei. Da mag sie zuerst erschrocken sein. Durfte sie es wagen, in das Haus des untadeligen Pharisäers einzudringen? Würde man sie nicht hinauswerfen? Zaghaft mag sie eine Zeitlang vor seiner Tür gezaudert haben.

Endlich wagt sie es. Sie geht durch die offene Haustür. Sie tritt in das Zimmer, wo die Herren zu Tische liegen. Der Mut will ihr entsinken, wie sie die strengen Blicke der Herren auf sich gerichtet sieht. Aber ihr Auge findet sofort den Platz, an dem Jesus liegt. Dorthin geht sie mit zaghaften Schritten. Von hinten naht sie sich ihm. Sie sagt kein Wort. Aber mit einem Strom von Tränen kniet sie nieder und küßt seine Füße. Ihre Tränen fallen auf seine Füße. Aber sie hat das Gefühl, daß die Tränen eines so sündigen Weibes die Füße des Heiligen nicht beflecken dürfen. Da löst sie ihre Haare auf und trocknet seine Füße damit wie mit einem lebendigen Handtuch ab. Dann zieht sie aus den Falten ihres Gewandes ein Fläschchen mit kostbar duftender Salbe hervor, wie sie solche bisher so oft im Dienste der Eitelkeit verwendet hatte. Jetzt will sie diese einmal in einen heiligen Dienst stellen. Schweigend salbt sie damit seine bloßen Füße, während ein heftiges Schluchzen ihren ganzen Körper erschüttert.

Das alles war das Werk weniger Minuten. Kein Wort hatte die auf dem Boden Kniende gesagt. Auch Jesus hatte geschwiegen und dem Tun der armen Person zugesehen. In seinem Blick lag ein tiefes Erbarmen und zugleich eine heilige Freude. Denn hier war er ja ganz in seinem Element. War er doch nach seinem eigenen Wort gekommen, die *Sünder* zur Umkehr zu rufen, nicht die Gerechten (Matth. 9, 13).

Auch die pharisäischen Herren hatten schweigend zugesehen, aber mit ganz anderen Gefühlen. Mit unverhohlener Verachtung sahen sie auf das kniende Weib. Und etwas von ihrer Verachtung übertrugen sie auch auf Jesus, der sich von einem so gemeinen Weibe berühren und liebkosen ließ. Bisher hatte es Simon noch für möglich gehalten, daß Jesus ein Prophet wäre. Aber jetzt sah er deutlich, daß davon nicht die Rede sein konnte. Jesus las in seinem Gesicht, was er dachte: „Wenn dieser ein Prophet wäre, so wüßte er, wer und welch ein Weib das ist, das ihn da berührt — eine Sünderin" (Luk. 7, 39). Jetzt brach Jesus das Schweigen.

Jesus: „Simon, Ich habe dir etwas zu sagen."

Simon: „Meister, sprich nur!"

Jesus: „Ein Geldverleiher hat zwei Schuldner. Einer war ihm hundert Taler schuldig, der andere zehn. Als sie nun außerstande waren, es ihm zurückzugeben, schenkte er es ihnen beiden. Nun sage, welcher von beiden wird ihn am meisten lieben?"

Simon: „Ich denke der, dem er am meisten geschenkt hat."

Jesus: „Richtig!" (Dann wandte er sein Gesicht dem knienden Weibe zu, sprach aber immer noch weiter zu Simon.) „Siehst du dieses Weib? Ich bin in dein Haus gekommen. Du hast mir nicht *Wasser* gegeben, meine Füße zu waschen — diese aber hat meine Füße mit *Tränen* genetzt und mit den Haaren ihres Hauptes getrocknet. Du hast mir keinen *Kuß* gegeben — diese aber, nachdem sie hereingekommen ist, hat nicht abgelassen, meine *Füße* zu küssen. Du hast mein *Haupt* nicht mit Oel gesalbt — sie aber hat meine *Füße* mit Salbe gesalbt." (Darin sollte gar kein Vorwurf liegen, sondern nur ein Vergleich mit der Frau.) „Darum sage ich dir: Ihr sind viele Sünden vergeben, das siehst du daran, daß sie mich so liebt. Wem aber wenig vergeben ist (wie dir), der liebt auch wenig."

Bis dahin hatte Jesus zu Simon gesprochen, aber dabei die weinende Frau angesehen. Jetzt richtete er aber auch sein *Wort* an sie. Mit weicher, linder Hand berührte er noch einmal ihre Wunde und heilte sie, indem er ihr das große Wort wiederholte, das er ihr schon draußen gesagt hatte, und sprach mit einer Stimme voll erbarmender Liebe: „Dir sind deine Sünden vergeben."

Ganz freundlich hatte Jesus mit Simon gesprochen. Es gab Pharisäer, denen er als ihr Richter mit rücksichtsloser Schärfe die Maske der Heuchelei vom Gesicht riß, wie wir es in Matth. 23 lesen. Aber diesen Simon, der ein redlicher Mann war, faßte er ganz anders an. Ihm hatte er mit unnachahmlicher Feinheit nur durch eine kleine Geschichte gesagt, was er ihm zu sagen hatte. Nichts sagte er ihm davon, daß auch er, der untadelige hochmütige Pharisäer mit seiner harten Lieblosigkeit im Grunde seiner Vergebung ebenso bedürftig war wie dieses bereuende Weib. Nur eine kleine Geschichte erzählte er ihm und überließ es dann der heimlichen Sprache seines Gewissens, die Nutzanwendung für sich selbst zu finden.

Freilich mit seinem letzten Wort hatte er bei den anwesenden Pharisäern ins Wespennest gestochen. „Was? Wer ist der, daß er auch Sünden vergibt, was doch nur Gott allein zusteht?"

Indessen Jesus ließ sich durch ihre entrüsteten Blicke gar nicht stören, sondern wandte sich noch einmal der Knienden zu und sagte mit mildem Ton: „Dein Glaube hat dir geholfen — gehe hin mit Frieden!"

Und sie stand auf und ging hin mit Frieden. Wie froh war sie jetzt, daß sie es doch gewagt hatte, in dies Haus einzutreten! Bis in ihre Todesstunde hat sie diesen Tag als den schönsten ihres Lebens angesehen und sich dankbar an diese kleine Geschichte von den beiden Schuldnern erinnert, in der er, als sie weinend zu seinen Füßen kniete, von ihr anerkannt hatte: „Sie hat viel geliebt."

Der Nerv dieser Erzählung, die uns wieder Lukas allein als ein Kleinod seines Evangeliums aufbewahrt hat, ist die Vergebung der Sünden. So wanderte Jesus damals durchs Land und vergab Sünden (Matth. 9, 2). Er hat gewiß in ungezählten Fällen, von denen keine Nachricht auf uns gekommen ist, Reuigen ihre Sünden vergeben, und das rührte viel tiefer an sein Herz, als wenn er den Bittenden nur ihre schmerzenden oder verrenkten Glieder heilte. Aber in dieser Erzählung des Lukas ist uns einmal ein einzelner Fall berichtet, an dem wir sehen, wie er damals durchs Land gewandert ist als der, welcher Sünden vergibt. Die Vergebung der Sünden bildete für die Pharisäer den Hauptanstoß.

Ob jener Tag auch im Leben des Gastgebers Simon der große Tag seines Lebens geworden ist? Wir wissen es nicht. Aber die freundliche Art, in der Jesus mit ihm geredet hat, könnte es als möglich erscheinen lassen.

Jh 26.4.

Die große Scheidung

Wieder einmal stand ich in Tell Huum, der Trümmerstätte des alten Kapernaum, in der teilweise aus den alten Steinen wieder aufgerichteten Synagoge.

Es war am Tage nach der Speisung der Fünftausend gewesen. Dort am Steilabfall des östlichen Felsengebirges sah ich einige Stunden entfernt die kleine Tiefebene, wo diese Speisung stattgefunden hat. Es war an einem besonders bewegten Tag im Leben des Herrn. Den ganzen Vormittag war er in Kapernaum dermaßen vom Volk umdrängt gewesen, daß er samt seinen Jüngern nicht einmal Zeit zum Essen finden konnte (Mark. 6, 31). Mitten in diesem Gedränge traf ihn wie ein Donnerschlag die Nachricht von der Ermordung Johannes des Täufers, die wie ein Lauffeuer durchs Land ging (Matth. 14, 13). Er war tief erschüttert. Er konnte jetzt nicht länger in dem großen Volksgedränge bleiben. Er sehnte sich nach Stille. In dieser Nachricht sah er auch einen Vorboten seines eigenen nahen Todes, der ihn genau ein Jahr später ereilen sollte.

Darum ließ er das Schiff, das Petrus und Johannes, die Schiffsbesitzer, immer für ihn bereit hielten, flott machen, um ans Ostufer hinüberzufahren. Dort, am einsamen Gestade, dazu in der heidnischen Dekápolis, war ein solches Volksgedränge nicht zu befürchten. Jesus und seine Apostel, alle dreizehn, stiegen ein, und fort flog das Schiff mit gespanntem Segel dem östlichen Gebirge zu.

Ganz enttäuscht sah ihm das Volk nach. Aber sie paßten gut auf, wohin die Fahrt ging. Ich selbst konnte ja von meinem Standort in der alten Synagoge ganz deutlich den Weg verfolgen, den das Schiff einschlug. Es fuhr auf die kleine Ebene etwa in der Mitte des östlichen Ufers zu, ziemlich genau der am westlichen Ufer schimmernden Stadt Tiberias gegenüber. Bei günstigem Wind konnte das Schiff in einer oder gar in einer halben Stunde dort sein. Und richtig, dort legte es an. Als das Volk das sah, hieß es in der ganzen Menge: „Auf, ihm nach!"

Und in der Tat, der ganze gewaltige Volkshaufe, nicht nur Leute aus der Stadt, sondern wahrscheinlich auch Pilgerkarawanen, die sich schon auf der Wallfahrt zum nahen Passahfest (Joh. 6, 4) nach Jerusalem befanden, machten sich auf, ihm zu folgen. Das war für sie keine Kleinigkeit. Für das Schiff waren ja die fünfzehn Kilometer keine große Entfernung. Aber Fußgänger mußten die ganze nördliche Kreislinie des Sees umgehen, ehe sie ans Ostufer gelangten. Da waren es sicher zwanzig Kilometer, ein Marsch von vier Stunden. Dazu kam, daß im April hier in dem eingeschlossenen Kessel, 208 Meter tiefer als das Weltmeer, schon eine indische Hitze herrschte. Aber die Menge ließ sich dadurch nicht abschrecken. Auf meist schattenlosem Wege wanderten sie zunächst östlich bis zu der Brücke, welche den jungen Jordan vor seinem Einlauf in den See überspannte, und dann im Schweiß ihres Angesichts über Bethsaida weiter nach Süden (Matth. 14, 13).

Jesus war nach seiner Landung auf eine nahe Anhöhe gestiegen, um dort nach der erschütternden Todesnachricht mit seinen Jüngern allein zu sein (Joh. 6, 3). Aber was sah er schon nach etwa drei Stunden dort im Norden? Eine gewaltige Volksmenge kam am Ufer auf seinen Halteplatz zu. Kein Zweifel, sie kamen seinetwegen. Es rührte ihn, daß sie den mühsamen Marsch in der Gluthitze auf sich genommen hatten. Da war auch bei ihm schnell alle Müdigkeit verflogen. Die stillen Stunden, nach denen er sich gesehnt hatte, opferte er ihnen. Markus sagt (6, 34): „Als er an Land stieg, sah er die große Menschenmenge, und es ergriff ihn Erbarmen mit ihnen, denn sie waren wie Schafe, die keinen Hirten haben, und er fing an, sie vieles zu lehren." Er muß im Bedarfsfall über eine weithin hallende Stimme verfügt haben, denn er konnte sich all den Tausenden verständlich machen.

Lukas sagt uns (9, 11), worüber er geredet hat: „Er sagte ihnen vom Reich Gottes." Es war sein großes Thema, das sein ganzes Herz erfüllte und von dem ihm seine Lippen übergingen. Er sagte ihnen, daß er im Namen Gottes zu ihnen gekommen sei. Es handle sich bei ihm nicht darum, sich bei ihrer jüdischen Disputiersucht mit ihnen in Wortgefechte einzulassen, sondern sie müßten es einmal ganz ehrlich mit ihm versuchen. Dann würden sie bald merken, daß seine Lehre nicht von Menschen, sondern von Gott sei. Von der Annahme seiner Gnadenbotschaft hänge für jeden von ihnen Leben und Seligkeit ab. Er bringe ihnen das Himmelreich, also nicht ein Erdenreich, das auf weltlicher Gewalt und Macht und Herrlichkeit aufgebaut sei, sondern ein geistiges Reich, nicht von dieser Welt, sondern vom Himmel. In diesem Reich verhieß er, alle zum Frieden mit Gott zu führen, alle Mühseligen und Beladenen von ihrer Last und Bürde zu befreien, allen, die an ihn glauben, das ewige Leben zu geben.

Es wurde Abend darüber. Die Jünger meinten, den Herrn mahnen zu müssen, aufzuhören. Denn in nächster Nähe war keine Ortschaft, wo sie sich ein Abendbrot verschaffen konnten. Sie mußten doch noch Zeit und Gelegenheit haben, sich in den entfernteren Dörfern in der Runde zu verköstigen. Aber der Herr machte selbst den milden Wirt und bereitete allen, den 5 000 Männern — Frauen und Kinder nicht mitgerechnet —, zusammen also vielleicht 10 000 Menschen, die bekannte wunderbare Speisung mit fünf Gerstenbroten und zwei Fischlein.

Das war gewiß Wunders genug. So etwas hatten sie noch nie erlebt. Jesus wollte der Menge, die ihm so lange willig zugehört hatte, durch dieses „Zeichen" nicht nur für den Augenblick helfen, sondern ihnen einen Eindruck davon geben, daß er im Namen Gottes vor ihnen stand. Sie sollten darin den fast handgreiflichen Beweis sehen, daß ihn der Vater gesandt habe.

Aber auf die Juden machte die wunderbare Speisung einen ganz anderen, ja ungeheuern Eindruck. Sie sahen jetzt endlich, daß Jesus doch, wovon er bisher so ganz geschwiegen hatte, ein Messias im Sinn der allgemeinen jüdischen Hoffnungen sein konnte.

Brot, Brot! Mühelos und kostenlos konnte er es einem so riesigen Volk durch seine Wundermacht schaffen! Das war ja großartig. So gefiel er ihnen. Das war ein Messias nach ihrem Herzen, der nicht nur immer vom ewigen Leben redete, sondern schon in *diesem* Leben auf unbegreifliche Weise Brot in Hülle und Fülle schaffen konnte. Wer Brot machen konnte, konnte vielleicht auch Gold machen und noch mehr. Der konnte auch ihren alten Messiastraum verwirklichen, Regimenter marschieren lassen, die Römer aus dem Lande jagen, sich eine Königskrone aufsetzen und das alte Judenreich in nie gekannter Macht und Herrlichkeit aufrichten. Durch die Menge ging ein Flüstern und Raunen: „Wahrhaftig, das ist der Prophet, der in die Welt kommen soll!" (Joh. 6, 14). Immer aufgeregter ging es durch die Reihen und Gruppen, bis endlich der Plan auftauchte, ihn selbst wider Willen aus seiner allzu bescheidenen Zurückhaltung herauszureißen, ihn mit Gewalt mit zum Passahfest nach Jerusalem zu nehmen und ihn dort zum irdischen König der Juden auszurufen (Joh. 6, 15).

Jesus war zutiefst erschrocken über diese unbeabsichtigte Wirkung seiner Tat. Diesen törichten Plänen mußte er so schnell wie möglich ein Ende machen. Es war eine gefährliche Lage. Selbst seine Apostel scheinen von dem allgemeinen Taumel ergriffen gewesen zu sein. Denn Matthäus (14, 22) fügt die bedeutsame Bemerkung hinzu, daß der Herr seine Jünger geradezu *zwingen* mußte, allein ohne ihn in ihr Schiff zu steigen und zurückzufahren, damit sie der ansteckenden Massenbegeisterung entzogen würden. Dann brachte er die aufgeregten Wogen im Volk durch unmißverständliche Ablehnung zur Ruhe, stieg allein wieder den Berg hinauf und fand endlich etwa acht Stunden lang Ruhe und auch die ersehnte Stille mit seinem Vater allein.

Die Volksmenge übernachtete in der warmen Sommernacht im Freien auf dem grünen Rasen (Joh. 6, 10). Aber am nächsten Morgen suchten alle Jesus. Wo war er nur hingekommen? Mit den Jüngern gestern abend war er nicht abgefahren, das hatten sie gesehen. Ein anderes Schiff war auch nicht dagewesen. Als sie ihn aber nirgends fanden, verließen sie die einsame Gegend, die sie nur seinetwillen aufgesucht hatten. Die Pilger setzten wohl ihre Reise zum Fest nach Jerusalem fort. Die Leute aus Kapernaum kehrten wieder in ihre Stadt zurück. Die Schiffer in dem auf der westlichen Seeseite gegenüberliegenden, zwölf Kilometer entfernten Tiberias mußten es wohl erfahren haben, daß es hier etwas zu verdienen gebe. Sie kamen in großer Zahl herüber und nahmen alle, welche zahlen konnten und sich einen Platz sicherten, mit in das nördliche Kapernaum. Das war natürlich nur ein kleiner Teil der ganzen Volksmenge. Denn am ganzen See gab es nach einer Nachricht des Josephus kaum 300 Schiffe. Und selbst wenn sie alle gekommen wären, so hätte sie eine so große Volksmenge nicht mitnehmen können.

Was jetzt weiter erzählt wird, handelt nicht mehr von den 5 000 Männern mit ihren Frauen und Kindern, sondern nur von den vielleicht 500 Leuten aus Kapernaum, von denen Johannes im zweiten Teil des sechsten Kapitels berichtet.

Diese Leute, die sich das Verschwinden Jesu nicht erklären konnten, scheinen sich in der Stadt nach ihm erkundigt zu haben. Endlich, als sie ihn sonst nirgends fanden, gingen sie in die Synagoge, da es ein Synagogentag war. Und richtig, da stand der Vermißte in derselben Synagoge, in deren Raum ich jetzt nach 1900 Jahren stand (Joh. 6, 59). Nun folgte mitten in der Synagoge, wo unter Umständen jeder Mann das Wort nehmen konnte, ein Gespräch, das die schwerwiegendsten Folgen haben sollte. Den Wortlaut muß der Leser im sechsten Kapitel des Evangeliums Johannis selbst nachlesen. Hier werde ich mit meinen eigenen Worten nur möglichst kurz ihren Inhalt zusammenfassen, um den Gedankengang klarzustellen.

Aus den Reden und dem ganzen Benehmen seiner Mitbürger sah Jesus deutlich, daß alles, was er ihnen gestern den ganzen Nachmittag über von seinem geistigen Gottesreich gesagt hatte, wieder ganz in den Wind geredet war. Nur das hatte ihnen Eindruck gemacht, daß sie wieder ein Wunder gesehen hatten, und daß er der ganzen Menge Brot gegeben hatte. Solche Sachen wollten sie noch mehr sehen, und nur deshalb hatten sie gestern den törichten Versuch gemacht, ihn zum irdischen König auszurufen. Seine Enttäuschung sprach er ihnen auch offen nicht ohne eine gewisse Bitterkeit aus. Er sah voraus, daß dies Volk, wenn er seine Erwartungen nicht erfüllte, ihn bald ebenso töten würde wie Johannes den Täufer, dessen Todesnachricht ihn gestern so tief erschüttert hatte. Darum sprach er es auch ganz unmißverständlich aus, daß er sterben, sein Fleisch und Blut für das

Leben der Welt hingeben müsse. Das Gespräch mitten in dieser Synagoge hatte ungefähr folgenden Verlauf:

Die Juden (ganz erstaunt): Rabbi, wann bist du hergekommen?

Jesus: Ach, ihr habt ja gar nicht begriffen, daß die gestrige Brotspeisung euch nur sinnfällig zeigen sollte, daß ich, der Gesandte des Vaters, euch ein Brot viel höherer Art bringe, das euch das *ewige* Leben gibt. Und nun lauft ihr mir nur deshalb nach, weil ihr irdisches Bäckerbrot haben wollt (Joh. 6, 26. 27)!

Die Juden: Ewiges Brot? So nenne uns doch das *Werk*, durch das wir es gewinnen können!

Jesus: Ihr werkgerechten Juden müßt immer nach Werken fragen! Es gibt nur ein einziges Werk, das euch dies ewige Brot verschaffen kann, das ist der *Glaube an Mich!*

Die Juden: Das müßtest du uns doch zuerst durch ein *Zeichen vom Himmel* beweisen, etwa wie Mose unseren Vätern in der Wüste Brot vom Himmel gab (6, 30. 31).

Jesus: Das Brot in der Wüste war kein Brot vom Himmel. Das rechte *Brot Gottes*, das der ganzen Welt das ewige Leben gibt, kann euch nur mein Vater geben (6, 32. 33).

Die Juden: O, dann gib uns nur dieses Brot, dann könnten wir uns nicht nur einmal, sondern alle Tage satt essen (6, 34).

Jesus: Ich selbst bin dies Brot des Lebens, das vom Himmel gekommen ist, und das allen Hunger und Durst der Menschenseele auf ewig stillt. Jeder, der vertrauensvoll zu mir kommt, empfängt es. Keinen werde ich zurückweisen, sondern ihn am jüngsten Tag zu neuem Leben auferwecken (6, 35—40).

Die Juden (aufgeregt zu einander): Was? Der will vom Himmel gekommen sein? Wir kennen doch seinen Vater und seine Mutter! Und nun will er vom Himmel gekommen sein! (6, 41).

Jesus: Euer Widerspruch führt euch nur immer weiter von mir weg. Es kann eben niemand zu mir kommen, es ziehe ihn denn der Vater, der mich gesandt hat. Aber ich bezeuge es noch einmal: Wahrlich, wahrlich, wer an mich glaubt, der *hat* das ewige Leben. Ihr wollt ein Zeichen *vom Himmel* haben? Wohlan, ich selbst in meiner Person bin dies Zeichen. Denn ich bin das ewiges Leben bringende Brot, das vom Himmel gekommen ist. Eure

Väter, die das Manna, das „Brot vom Himmel", gegessen haben, mußten dennoch sterben. Aber das Brot, das ihr essen müßt, um ewiges Leben zu haben, bin *Ich selbst.* Ja, ich sage sogar: Mein Fleisch müßt ihr essen, das ich für das Leben der ganzen Welt noch hingeben werde (Joh. 6, 43—50).

Die Juden (ganz empört): Was? Nun will er uns gar sein Fleisch zu essen geben?

Jesus: Jawohl, werdet ihr nicht das Fleisch des Menschensohns essen und sein Blut trinken, so habt ihr kein ewiges Leben in euch. Nicht das gestrige Brot drüben über dem See, womit ich euch gespeist habe, und nicht das Manna in der Wüste, sondern ich selbst als der vom Vater in die Welt Gesandte bin *das Brot Gottes* für die ganze Welt. Nur wer dieses Brot ißt, wird leben in Ewigkeit.

Das war das letzte Wort Jesu an die höchstens 500 bis 800 Versammelten. Mehr konnten in der Halle, in der ich stand, kaum Platz finden. Nach den eigenen Worten des Herrn waren sie am Tage vorher drüben jenseits des Sees bei der wunderbaren Speisung zugegen gewesen. Und dies letzte Wort war in der Tat ein Abschiedswort. Wir erfahren nirgends, daß Jesus noch einmal in dieser Synagoge das Wort genommen hat. Welch ein trauriger Ausgang seiner unermüdlichen Tätigkeit, die er vor einem Jahr unter der Begeisterung der ganzen Stadt begonnen hatte! Lange Zeit hatten sie hundertfach Gelegenheit gehabt, einen tiefen Eindruck davon zu bekommen, daß ihnen in Jesus Gott selbst nahegetreten war, daß Er in Person die höchste Offenbarung Gottes war. Wie hingerissen hatten sie ihm Zeugnis gegeben, als er die Bergpredigt dort auf dem nördlichen Höhenzug vor der Stadt gehalten hatte! Wie hatten sie ihm zugejubelt, wenn sie angesichts seiner Taten alle einstimmten: „Er hat alles wohlgemacht, die Tauben macht er hörend und die Sprachlosen redend". Und nun gaben sie ihm den Abschied, weil er ihre politischen Messiasträume verwarf und statt dessen nur sein geistiges Himmelreich aufrichten wollte. Die meisten verließen enttäuscht, ja zornig die Synagoge und wollten nichts mehr mit ihm zu tun haben.

Nur eine Minderheit blieb zurück. Das waren Jünger, die sich außer dem engsten Kreis der Apostel bisher zu ihm gehalten hatten. Aber auch in diesem Jüngerkreis vollzog sich an jenem Tage in diesem Raum eine Scheidung. Wohl blieb ein Teil von ihnen auch jetzt noch treu. Aber viele blieben nur murrend noch eine Weile zurück. Sonst hatten sie in solchen Fällen, wenn sie die Worte des Herrn nicht verstanden, ihn selbst um Aufschluß gebeten. Und dann hätte er ihnen gewiß gesagt, daß er natürlich nicht von einem leiblichen Essen seines Fleisches geredet hatte. Er hatte seine Person als das „Brot Gottes" für die *ganze Welt* bezeichnet. Aber diesmal waren sie so unzufrieden, daß sie ihn gar nicht mehr um Aufschluß baten, sondern laut durcheinander redeten: „Unerträglich ist diese Rede! Wer kann sie mit anhören!" Und wandten ihm den Rücken und kamen nie wieder.

Jesus, der mit dem Hingeben seines Fleisches und seines Blutes auf seinen gewaltsamen Tod hingedeutet hatte, den er genau ein Jahr später in Jerusalem erleiden sollte, und an den ihn die gestrige Nachricht von der Hinrichtung Johannes des Täufers lebhaft erinnert hatte, sagte ihnen: Das schon ist euch anstößig? Was ist erst, wenn ihr es erleben werdet, daß ich nach diesem meinem Tode auferstehen und zu meiner Herrlichkeit auffahren werde? Bleibt doch nicht bei dem äußerlichen Ausdruck von Fleisch und Blut hängen! *Der Geist ist's, der lebendig macht; das Fleisch nützt überhaupt nichts* (6, 63). Aber ich weiß, daß es unter euch bisherigen Jüngern solche gibt, die nicht an mich glauben (6, 64. 65).

Selbst dieses letzte Wort brachte die halbgläubigen Jünger nicht mehr zur Besinnung. Sie gaben ihm den Abschied. Johannes sagt: „Von da an zogen sich *viele* seiner Jünger zurück und gingen hinfort nicht mehr mit ihm".

Jesus sah sie gehen. Er sah: die von ihm längst erwartete Zeit der Scheidung und Entscheidung war gekommen. Da wandte er sich zu seinen zwölf Aposteln, unter denen er schon den Verräter wußte (Joh. 6, 70): „Und ihr, wollt ihr nicht auch weggehen?" Dieses Wort hat gar nicht den wehmütig enttäuschten Klang, den manche heraushören wollen. Er war gar nicht nur der sanfte, gefühlige Heiland, als den man ihn manchmal hinstellt. Er konnte auch schroff und scharfkantig sein. Angesichts der wetterwendischen Menge forderte er jetzt auch von ihnen eine klare Entscheidung geradezu heraus. Entweder sollten sie sich unter sein Wort beugen, selbst wenn sie es jetzt noch gar nicht verstanden, oder sie sollten ihm auch den Abschied geben. Er war ja seines Sieges sicher, daß sich ihm alle Knie im Himmel und auf Erden beugen würden (Phil. 2, 10). Seine Sache war Gottes Sache. Selbst wenn alle zwölf Apostel ihn verlassen hätten, würde er sein Ziel der Rettung der Welt doch erreichen, und zwar eben durch seinen vorhin angekündigten Tod. Seine Worte wollten also gar nicht jammernden Sinn haben: „Ach, jetzt gehen sie alle fort, wollt ihr mich auch verlassen?" sondern: „Nun, ihr Apostel, wollt ihr nicht auch weggehen? Der Weg steht euch offen!"

Aber da nahm Petrus für alle das Wort und sagte in tiefer Ergriffenheit: „Herr, wohin sollen wir denn gehen? Worte ewigen Lebens hast nur Du! Wir haben geglaubt und erkannt, daß du bist der Messias, der Sohn des lebendigen Gottes!" So blieben von der ganzen Menge nur noch ein Teil seiner Jünger und die zwölf Apostel bei ihm. Und durch diese Entscheidung waren sie fortan noch fester an ihn gebunden als vorher.

Das war der große Abfall in Galiläa. Von da an wurde es einsamer um Jesus auch in dieser nördlichen Provinz. Mit stürmischer Begeisterung hatten sie ihn im Jahr zuvor bei seinem ersten Erscheinen an diesem lieblichen See aufgenommen. Jetzt verließen ihn sogar viele von seinen Jüngern. Auch er zog sich mehr zurück und widmete sich fortan der wichtigen Aufgabe, seine Apostel in der Stille zu Lehrern der Welt heranzubilden. Das scheint auch der Zweck seiner drei Auslandsreisen gewesen zu sein, die er in diesem Sommer ganz allein mit ihnen unternahm, zuerst ans Mittelmeer bei Tyrus und Sidon (Matth. 15, 21), dann in die heidnische Dekápolis, das Gebiet der Zehn Städte (Mark. 7, 31), und zuletzt in das gleichfalls heidnische Gebiet von Cäsarea Philippi (Mark. 8, 27). Von da an wendete er sein Angesicht stracks gen Jerusalem (Luk. 9, 51). Es ging nach dem Abfall in Nord und Süd folgerichtig dem Tode zu.

Ich saß wohl ein Stündchen auf der in niedriger Höhe wieder aufgerichteten Synagogenmauer, las das sechste Kapitel des Johannes und dachte über diese traurigen Vorgänge nach, die sich einst genau in diesen Mauern abgespielt haben. Überdem kam ein Franziskanerbruder herein und grüßte mich freundlich. Aber leider konnten wir uns nicht verständigen, denn er sprach nur spanisch. Als ich ihn fragte, ob nicht einer der Klosterbrüder italienisch verstehe, nickte er und holte den Bruder Lukas aus dem nahen Kloster. Da kam er auch schon in seiner braunen Kutte und mit dem weißen Strick um den Leib. Ihm sagte ich die Gedanken, die mich während der letzten Stunde bewegt hatten.

Der Franziskaner: Ja, das war ein schwarzer Tag für dieses ganze galiläische Land, das, einst eines der blühendsten der ganzen Welt, nun trotz des lachenden Landschaftsbildes so traurig und menschenleer vor uns liegt. Das ist das Gericht Gottes, das der Heiland abschiednehmend diesen Städten umher, Bethsaida, Chorazin und hier unserem Kapernaum angekündigt hat. Und doch ist hier auch für die ganze christliche Kirche ein hochbedeutsamer Ort. Denn hier hat der göttliche Erlöser zum erstenmal vom Geheimnis des heiligen Altarsakraments gesprochen.

Ich: Sollten die Worte des Herrn wirklich eine Offenbarung über das heilige Abendmahl gewesen sein? Ganz im stillen hat er gewiß auch hieran gedacht, als er sagte, er werde sein Fleisch und sein Blut für das Leben der Welt hingeben. Aber vom Abendmahl konnte doch keiner seiner Zuhörer etwas verstehen, nicht einmal seine Apostel. Und er redete doch zum Volk, damit es ihn verstehen sollte. Das Hingeben von Fleisch und Blut für das Leben der Welt war einfach eine erste Andeutung seines baldigen Erlösertodes.

Der Franziskaner: Eine solche lag gewiß darin. Indessen nach den Lehren unserer heiligen Kirche war damit das Altarsakrament gemeint.

Aber sehen Sie doch diese wunderschöne Berg- und Seelandschaft um uns her! Ist ihre Todeseinsamkeit nicht ein ergreifendes Bild der Gerichte Gottes über jenes Geschlecht, das den Heiland einst hier in dieser Synagoge verworfen hat? Dort droben das verwüstete Kerasa, das ehemalige Chorazin, dort drüben am jungen Jordan, kaum ein Stündchen entfernt, Bethsaida, hier unter diesen schwarzen Basaltsteinen wie unter schwarzen Grabsteinen verschüttet Kapernaum, und all die einst berühmten Städte am See verschwunden und vergessen! Selbst Tiberias, damals mit seinen strahlenden Palästen und Theatern das Pompeji Palästinas, nur noch eine armselige Juden- und Muhammedanerstadt — welche ungeheure Umwälzung des ganzen damaligen Landes!

123

Ich: Sie sprechen ganz das aus, was mich schon eine Stunde lang auf diesen Ruinen bewegt hat. Aber wird es Ihnen nicht manchmal recht einsam in dieser ausgestorbenen Welt?

Der Franziskaner: O nein! Wir sind glücklich, daß gerade unser Orden den Vorzug hat, diese durch die Geschichte Jesu für immer geheiligte Stätte pflegen zu dürfen. Und ist es nicht ein Ruhmesblatt unseres Ordens, daß wir diese Jahrtausende lang unter Staub und Basalt bis zur Unkenntlichkeit verschüttete Synagoge, in der Jesus so oft geredet hat, wie aus einem Grabe wieder ans Licht bringen durften? Es ist vor allem das Verdienst unseres verstorbenen Ordensbruders Dr. Orfali, der nicht nur den Grundriß dieses ewig denkwürdigen Gebäudes freigelegt, sondern auch die alten Bausteine, Säulen, Knäufe, Säulenfüße, steinerne Trag- und Deckbalken mit unermüdlichem Fleiß und Kunstverständnis so lange aus dem Wirrwarr der Trümmer herausgesucht, immer wieder gemessen, endlich zusammengepaßt und wieder zusammengefügt hat, so daß wir heute den Raum, in dem Jesus stand, und jene vier Säulen, vor denen er zum Volke redete, wieder genau so vor uns haben, wie sie einst das Auge Jesu gesehen hat.

Ich: Aber manche Gelehrten behaupten, diese Steine und Säulen stünden zwar genau auf der Stelle, wo einst in Jesu Tagen die damalige Synagoge gestanden habe, aber sie stammten erst von einer jüngeren Synagoge, welche die Juden an derselben Stelle im zweiten Jahrhundert gebaut hätten.

Der Franziskaner: Ach, die Gelehrten reden viel. Wir haben in unserem Orden Gelehrte genug, die sich noch viel genauer mit der Sache befaßt haben, und ohne deren verdienstvolle Arbeit jene Vielwisser noch heute nicht wüßten, wo überhaupt Kapernaum gelegen hat. Sie können sich darauf verlassen: auf diesen Bodenplatten und vor diesen Säulen hat Jesus einst zu der Stadtgemeinde von Kapernaum geredet.

Damit verabschiedete sich der freundliche Bruder und ließ mich mit meinen Gedanken allein. Und Gedanken können einem schon kommen an dieser denkwürdigen Stätte, wo sich die widerspenstigen Juden an jenem verhängnisvollen Tage so töricht mit dem Herrn gestritten haben. Es war das tief tragische Geschick des jüdischen Volkes, daß es durch die Verwerfung seines Messias das Gericht auf sich herabgezogen hat. Nach kaum fünfzig Jahren kam das Gericht. Ganz Galiläa wurde grauenhaft verwüstet, Jerusalem dem Erdboden gleichgemacht.

Die ersten beiden Auslandsreisen Jesu

Das Ende der irdischen Laufbahn Jesu kam näher. Bei seinem Besuch in Jerusalem im März am Purimfest war schon zum erstenmal der Plan aufgetaucht, ihn zu töten (Joh. 5, 18). Im April (Joh. 6, 4) war nach der Speisung der Fünftausend und nach den Auseinandersetzungen in der Synagoge von Kapernaum der große Abfall auch in Galiläa gefolgt (Joh. 6, 66).

Es wurde fortan einsamer um Jesus. Auch er selbst widmete sich von nun an mehr als bisher der Aufgabe, seine Apostel für ihren Dienst vorzubereiten, den sie schon im nächsten Jahr antreten sollten, die Botschaft vom Reich Gottes in die weite Welt hinauszutragen. Damit muß es wohl zusammengehangen haben, daß er in jenem Sommer, zwischen Mai und September, drei Auslandsreisen mit ihnen antrat.

Die erste dieser Reisen ging nach *Tyrus und Sidon* an die Gestade des Mittelländischen Meers. Der Weg führte zunächst hoch ins Gebirge zu dem heutigen Saffad, das 1100 Meter höher liegt als Kapernaum. Von dort hat man eine wunderbare Aussicht über das ganze Palästina. Im Norden ragt der Hermon mit seinem gewaltigen Schneehaupt empor, auch ein Teil des Libanon ist zu sehen. Im Süden liegt der blaue See Genezareth tief drunten, rings umrahmt von schönen Gebirgen, und weiterhin das ganze Heilige Land bis zu dem in weiter Ferne verdämmernden Toten Meer. Von dieser Höhe geht's übers Gebirge in mehreren Tagereisen bis ans Meer zu den Städten Tyrus und Sidon.

Hier kamen die Apostel in eine ihnen ganz neue Welt. Die Pracht und der Luxus des damaligen römischen Reichs trat ihnen entgegen. Die wunderschönen Villen der reichen Handelsherren mit ihren kunstvollen Gartenanlagen gaben den einfachen Jüngern vom See Genezareth eine Vorstellung von der hochentwikkelten Zivilisation der damaligen römischen Welt. Ohne Zweifel hat ihnen Jesus angesichts dieser äußerlich so herrlichen, aber innerlich so sündig verdorbenen Welt ihren künftigen hohen Auftrag, auch diesen Heiden seine Gnadenbotschaft zu bringen, ans Herz gelegt.

Zwar wird er für gewöhnlich seine Wege nicht in diesen üppigen Quartieren gesucht haben, sondern in einsameren Gegenden. Von einem solchen einsamen Gang berichtet uns das Evangelium. Er ging eines Tages allein mit seinen Jüngern. Er wollte ungestört sein, und deshalb hatte er es wie immer darauf angelegt, in dieser Gegend unerkannt und verborgen zu bleiben. Deshalb hatte er auch in einem abseitigen Hause Wohnung genommen (Mark. 7, 24). Aber ganz verborgen zu bleiben war bei ihm, der meistbesprochenen Persönlichkeit des Nachbarlandes Palästina, doch nicht möglich. Schon vor der Bergpredigt hatte es ja geheißen: „Und die Kunde von ihm drang hinaus nach ganz Syrien" (Matth. 4, 24). So hatte eine griechische Frau aus diesem Syrophönizien (Mark. 7, 26) irgendwie gehört, daß er im Lande sei. Sie hatte eine schwerkranke, entweder geisteskranke oder epileptische Tochter. Für diese wollte sie ihn um Heilung anflehen. Als sie ihn herausgefunden hatte, lief sie ihm nach und bat ihn, „daß er den Dämon von ihrer Tochter austriebe". Diese Hilfe erbat sie von ihm ausdrücklich als von dem „Sohne Davids". Damit bekannte sie, daß sie an ihn als den verheißenen Messias glaube (Matth. 15, 22). Sie bat und bat. Aber Jesus tat, als hörte er nicht. Immer wieder flehte sie ihn um Hilfe an. Aber er antwortete kein Wort. Da mischten sich seine Jünger ein, nur um die Schreierin loszuwerden: „Laß sie doch von dir, sie schreit uns ja nach!" Jetzt sprach er wenigstens ein Wort. Aber was für ein hartes Wort! „Ich bin nicht gesandt, denn nur zu den verlorenen Schafen vom Hause Israel". Das war ja ganz im Sinne der Apostel, die noch ganz auf dem engherzigen jüdischen Standpunkte die Heiden wie unreine Tiere betrachteten, die ein frommer Jude nicht einmal anrühren dürfe.

Aber die arme Frau ließ nicht nach. Ja, endlich vertrat sie ihm sogar den Weg, fiel vor ihm auf die Knie und bat: „Herr, hilf mir!"

Jetzt antwortete er ihr endlich. Aber was für eine entmutigende Antwort war es! „Es ist nicht fein, daß man den Kindern das Brot nehme und werfe es vor die Hündlein!"

Das war wieder ganz im Sinn der Apostel gesprochen: Sie wollten sie nur los sein, die lästige Schreierin.

Aber nicht so die Frau. Sie hatte im Gesicht Jesu eine ganz andere Antwort gelesen. Immer noch kniend sah sie in seine Augen auf, entwand ihm kühn die Waffe, die er ihr mit seiner Antwort gereicht hatte, und sagte, voll Vertrauen zu ihm aufblickend: „Ja, Herr! Aber doch essen die Hündlein von den Brosamen, die von ihrer Herren Tische fallen."

Da ging ein Leuchten über das Angesicht Jesu, und voll Bewunderung ihres unbeirrbaren Glaubens rief er: „O Weib, dein Glaube ist groß! Dir geschehe, wie du willst." Der Evangelist setzt nur noch hinzu: Und ihre Tochter ward gesund zu derselbigen Stunde.

Dies kleine Erlebnis gewann seine besondere Bedeutung dadurch, daß es ungesucht ein Teil der Belehrung wurde, die der Herr seinen Aposteln durch diesen Ausflug ins Heidenland angedeihen ließ. Wer Jesus kennt, merkt beim Lesen dieser Geschichte gleich, daß das scheinbar hartherzige Schweigen Jesu nicht seine wahre Meinung gewesen ist. Er wollte nur seinen Aposteln eine wichtige Lehre geben und sie durch den Augenschein von dem engherzigen jüdischen Vorurteil gegen die Heiden befreien. Nur um ihretwillen stellte er die Frau, die ihn als den erwarteten Messias angerufen und anerkannt hatte und die so vertrauensvoll zu ihm aufschaute, auf eine so harte Probe. Dann aber, als sie die Probe so schön bestanden hatte, hob er vor den Augen seiner Apostel das Kleinod ihres Glaubens wie einen köstlichen Diamanten aus dem verachteten Staub der Heidenwelt empor und ließ ihn in der Sonne blitzen.

Und das geschah gerade am Ufer dieses Mittelländischen Meers, über das schon nach wenig mehr als einem Jahr eben diese Apostel hinausziehen und den großen Völkern am Mittelmeer seine Gnadenbotschaft bringen sollten.

Sehen wir denn nicht, wie nötig die Apostel es hatten, die Heiden mit anderen Augen anzusehen und als den Hauptteil der künftigen Gemeinde Jesu zu achten? Hat doch an eben dieser Mittelmeerküste, nur ein paar Tagereisen weiter im Süden, der Apostel Petrus in Joppe sich noch nach der Auferstehung Jesu anfangs beharrlich gesträubt, das Haus des heidnischen Hauptmanns Cornelius in Cäsarea zu betreten mit der Begründung: „O nein, Herr, denn ich habe noch nie etwas Gemeines oder Unreines gegessen!" (Ap. Gesch. 10, 14).

*

Die zweite Auslandsreise Jesu, die gleichfalls in jenen Sommer gefallen sein muß, führte in die Dekápolis, jenen Städtebund im Osten des Sees Genezareth, in welchem sich unter römischer Oberhoheit zehn, später sogar noch mehr republikanische Städte verbündet hatten, um sich gegen die räuberischen Überfälle der Beduinen gemeinsam zu wehren. Dorthin wandte sich Jesus vom Mittelmeer aus (Matth. 15, 29—38 und Mark. 7, 31—8, 9). Von dieser Auslandsreise ist uns in den beiden Evangelien nur die einfache Tatsache gemeldet.

Die dritte Auslandsreise

Im September des zweiten Jahrs seiner öffentlichen Tätigkeit machte Jesus mit seinen Aposteln eine dritte Auslandsreise. Es sollte natürlich ebensowenig wie die Reise nach Tyrus und Sidon nur ein interessanter Ausflug sein, sondern sie hatte einen sehr ernsten Zweck.

Sie führte in das kleine Reich des Herodes Philippus, des besten und anständigsten der Söhne des alten Herodes. Es lag einige Tagereisen nördlich vom See Genezareth am Fuße des Hermongebirges, das damals im September in seinen höchsten Lagen noch teilweise mit Schnee bedeckt war. Prächtig braust dort der junge Jordan aus den Felskammern und Felswänden des Hermon hervor.

Hier war heidnisches Gebiet. Hier wurde Jesus nicht wie in Galiläa von jüdischen Volksscharen umdrängt, sondern er war mit seinen Aposteln allein. Gerade diese einsame Stille suchte er, um mit ihnen, die nun fast zwei Jahre lang seinen Unterricht genossen hatten, eine Schlußprüfung anzustellen.

Es sollte sich dabei zeigen, ob sie ihn in diesen zwei Jahren als den von Gott seit Jahrhunderten verheißenen Messias erkannt hätten.

Bisher hatte er sich noch nie als den Messias bezeichnet, weder den Aposteln noch dem Volke gegenüber. Messias war damals der römischen Landesregierung gegenüber ein gefährlicher Name. Messias heißt ja der Gesalbte oder auf gut deutsch: König. Wer sich also als Messias bezeichnete, war ein Aufrührer gegen den römischen Kaiser. Deshalb hatte auch Johannes der Täufer bei der Ankündigung Jesu diesen nie Messias genannt, sondern ihn mit dem für die kaiserliche Regierung ganz harmlosen Namen „Lamm Gottes" bezeichnet. Und deshalb lautete später die richterliche Frage des Pilatus: „Bist du der Juden König?" Da aber Jesus nur im Reich der Wahrheit das Königtum beanspruchte, erklärte er Ihn für unschuldig. So hatte sich Jesus nie den Namen Messias beigelegt. Das hätte ihn der kaiserlichen Regierung gegenüber in Strafverfolgung gebracht. Deshalb verbot er auch sofort nach dem Petrusbekenntnis seinen Jüngern, irgendjemandem zu sagen, daß er der Messias wäre (Matth. 16, 20). Erst nach seiner Auferstehung wurde von Antiochia aus die griechische Übersetzung von Messias, „Christus", allgemein.

Wie hat er sich aber dann bezeichnet? Einfach so, wie er sich hier auch den Aposteln gegenüber nennt: „Des Menschen Sohn".

Aber ehe die irdische Tätigkeit Jesu zu Ende ging, mußten sich doch die Apostel darüber klar sein, daß er der von den Propheten verheißene Messias war.

So stand er eines Tages an den brausenden Quellen des Jordan, die Apostel um ihn her. Da fragte er sie: „Wer sagen die Leute, daß des Menschen Sohn sei?"

Sie antworteten anscheinend durcheinander: „Etliche sagen, du seiest Johannes der Täufer; die anderen, du seiest Elia; etliche, du seiest Jeremia oder der Propheten einer."

Er sprach zu ihnen: „Wer sagt denn *ihr*, daß ich sei?"

Da antwortete Petrus, immer der erste mit dem Wort: „Du bist der Messias, des lebendigen Gottes Sohn!"

Hocherfreut antwortete Jesus: „Selig bist du, Simon, Jonas Sohn; denn Fleisch und Blut hat dir das nicht offenbart, sondern mein Vater im Himmel. Und ich sage dir auch: Du bist Petrus, und auf diesen Felsen will ich bauen meine Gemeinde, und die Pforten der Hölle sollen sie nicht überwältigen."

Jesus war mit dem Ergebnis dieser Schlußprüfung zufrieden. Diese Antwort, die Petrus im Namen aller gab, zeigte, daß der Glaube an sein Messiastum in ihren Herzen festgeworden war.

Das war ihm aber auch ein Zeichen dafür, daß sich seine Erdenaufgabe ihrem Ende zuneigte, nachdem der Glaube an ihn bei den Aposteln festgegründet war. Die im März beim Purimfest beschlossenen Pläne der Hohenpriester, ihn zu töten, die Ermordung Johannes des Täufers vor einigen Monaten, die lauernden Gesichter der Spione des Hohenrats, die er in der letzten Zeit immer wieder unter seinen Zuhörern auftauchen sah, zeigten ihm, daß sein Weg nun bald mit einem gewaltsamen Tod in Jerusalem enden werde.

Dann war es aber auch hohe Zeit, die Apostel in diese bittere Notwendigkeit einzuweihen. Daher heißt es unmittelbar nach diesem Bekenntnis: Von der Zeit an begann Jesus seinen Jüngern anzuzeigen, daß er nach Jerusalem gehen und dort vieles erleiden und getötet und am dritten Tage auferweckt werden müsse (Matth. 16, 21).

Diese Eröffnung traf die Apostel wie ein Donnerschlag. Davon hatten sie sich bis jetzt nichts träumen lassen. Noch im April nach der Speisung der Fünftausend hatte ihm die begeisterte Menge die Königskrone angetragen, und sie, die Apostel, hatten sich anscheinend von dem törichten Plan mitreißen lassen — und nun sollte er eines gewaltsamen Todes sterben! Ein solcher Ausgang seines von ihnen und Tausenden begeistert begrüßten Lebens schien ihnen entsetzlich, schauerlich, sinnlos. Alle ihre Hoffnungen wurden dadurch vernichtet.

Da ergriff Petrus wieder für alle das Wort. Er nahm Jesus zu einem vertrauten Zwiegespräch beiseite und drang inständig in ihn: „Gnade dir Gott, Herr! Niemals darf dir so etwas geschehen!"

Aber da kam er schön an. Jesus fuhr dem ihm treuherzig zuredenden Jünger so scharf ins Gesicht wie noch nie:

„Heb dich weg von mir, du Satan! Du willst mich zu Fall bringen! Denn du meinst nicht, was göttlich, sondern was menschlich ist!"

Zu Tod erschrocken fuhr Petrus zurück.

Jetzt wagte auch keiner der anderen Apostel, weiter dagegen zu sprechen. Aber eine Woche dumpfer Niedergeschlagenheit und bitterer Enttäuschung folgte im Apostelkreis (Luk. 9, 28). Vielleicht gab diese Eröffnung bei Judas den Ausschlag, sein Schiff von dem seines Meisters zu trennen.

Es war eine noch nie dagewesene Lage im Apostelkreis. Es war wohl das erstemal, daß die Apostel mit Jesus nicht einverstanden waren.

Es mögen wohl schweigende acht Tage (Luk. 9, 28) gewesen sein, die nun folgten. Jeder mußte sich mit dem Entsetzlichen auseinandersetzen, das ihnen Jesus vorausgesagt hatte. Gott mußte schon etwas ganz Außerordentliches tun, um sie wieder zum zuversichtlichen Glauben zurückzuführen. Und dieses Außerordentliche war die Verklärung.

Die Verklärung

In den Darstellungen des Lebens Jesu bildet die Verklärung Jesu eine gewisse Schwierigkeit. Es ist aus ihnen nicht zu ersehen, weshalb sie gerade dort bei Cäsarea Philippi und zu welchem Zweck sie stattgefunden hat. Manche stellen es so dar, als hätte Jesus während seines Erdenlebens noch eine gewisse Entwicklung zur Höhe seiner göttlichen Vollendung durchzumachen gehabt. Diese sei bei der Verklärung in Erscheinung getreten. Das ist gewiß falsch. Eine Entwicklung hat er wohl während der dreißigjährigen Stille in Nazareth durchgemacht. Aber nachdem bei der Taufe im Jordan der Geist des allmächtigen Gottes sich „ohne Maß" mit ihm vereinigt hatte, gab es für ihn keine Entwicklung mehr. Den Zweck der Verklärung müssen wir in seiner damaligen Lage suchen.

Wie war denn damals die Lage? Er hatte seinen Aposteln erstmalig die Notwendigkeit seines gewaltsamen Todes angekündigt. Dagegen sträubten sie sich mit allen Kräften. Heißt es doch sogar noch ein halbes Jahr später bei der dritten Leidensverkündigung von ihnen: „Doch sie begriffen nichts von alledem; dieses Wort blieb ihnen verborgen, und sie konnten das Gesagte nicht verstehen" (Luk. 18, 34).

So mit zweifelnden und kämpfenden Gedanken gingen die Apostel acht Tage an den brausenden Jordanquellen bei Cäsarea Philippi dahin. Jesus wird die Zeit der Stille und Einsamkeit im Ausland wie sonst zur Unterrichtung seiner Apostel benützt haben, wozu er im galiläischen Inland bei dem Volksgedränge wenig Zeit fand. Auf die Notwendigkeit seines gewaltsamen Todes kam er dabei wohl manchmal zurück (Matth. 18, 21).

Wo hat die Verklärung stattgefunden? In erbaulichen Betrachtungen, Predigten, Gedichten heißt es gewöhnlich: auf dem Tabor. Davon kann aber nicht die Rede sein. Auf dem breiten Gipfel des Tabor stand zur Zeit Jesu eine Stadt und Festung, auf deren Trümmern ich manchmal gestanden habe. Schon aus diesem Grunde kann die Verklärung nicht da stattgefunden haben. Aber auch deshalb nicht, weil der Tabor vier oder fünf Tagereisen südlich von Cäsarea Philippi liegt, wo sich Jesus nach den bestimmten Angaben der Evangelien mit seinen Aposteln damals aufhielt. Aber dicht vor Cäsarea Philippi erhob sich der hohe Hermon, aus dessen Felsenkammern dort der Jordan als fertiger Strom brausend hervorspringt.

Also den hohen Hermon hatte Jesus in jenen Tagen beständig vor sich. Hohe Berge luden Jesus auch sonst zum Gebet ein. Das mag auch damals der Fall gewesen sein, wo er sich hier im Ausland einer in Galiläa mit seinem Volksgedränge seltenen Einsamkeit und Stille erfreute. Die gedrückte Stimmung im Apostelkreise wegen seiner ersten Leidens- und Todesankündigung mag ihn noch besonders dazu angetrieben haben. So entschloß er sich, dort hinaufzusteigen und nur seine drei vertrautesten Apostel mitzunehmen.

Nach Matthäus am siebenten, nach Lukas am achten Tage nach der Ankündigung seines gewaltsamen Todes hieß er also Petrus, Jakobus und Johannes sich zu einer Bergwanderung rüsten. Der Hermon ist ja nicht ein einzelner Berg, sondern ein Gebirge mit vielen Höhen und Gipfeln.

So wanderten also die vier Bergsteiger mit ihren Bergstöcken ins Gebirge hinauf. Am Abend machten sie an einer zum Übernachten geeigneten Stelle halt (Luk. 9, 37). Die Apostel, müde von dem anstrengenden Marsch, legten sich schlafen (Luk. 9, 22).

Nur Jesus wachte. Er betete. Die niedergeschlagene Stimmung seiner Apostel wird ihn dabei beschäftigt haben. Und sein Vater gab ihm eine majestätische Antwort. Sie bestand in der Verklärung. „Da wurde er vor ihren Augen verwandelt, und sein Angesicht strahlte so hell wie die Sonne, und seine Kleider wurden so blendend weiß wie daß Licht" (Matth. 17, 2). Staunend sahen die aufgewachten Apostel ihren Herrn verwandelt, als ob er nicht mehr der irdischen Niedrigkeit, sondern schon der himmlischen Herrlichkeit angehörte. Ein Schauer erfaßte sie vor der Größe dessen, mit dem sie Tag für Tag wie mit ihresgleichen umgegangen waren.

Aber noch mehr. Gestalten aus der unsichtbaren Welt erschienen: die beiden größten Propheten, Mose, der Stifter, und Elia, der Reformator des Alten Bundes. Auch sie hatten versucht, die Menschen von der Sünde freizumachen und zu Gott zurückzuführen, der eine durch die Strenge des Gesetzes, der andere durch richtenden Zorneseifer. Und was hatten sie erreicht? Nichts, gar nichts! Aber Jesus, der jetzt neben ihnen stand, schlug einen ganz neuen Weg ein, den Weg der Selbstaufopferung.

Und gerade über diesen neuen Weg, den gewaltsamen Tod Jesu in Jerusalem, über den sie sich drunten in Cäsarea Philippi so entsetzt hatten, hörten die Apostel die beiden Propheten mit Jesus reden. Nicht als ob diese dem Herrn diesen Tod als etwas Neues mitgeteilt hätten. Dieses Geheimnis des Lammes Gottes hatte er ja schon vor zwei Jahren Johannes dem Täufer eröffnet. Nein, die beiden Propheten redeten mit Jesus als seine Knechte anbetend von den Gottesgedanken, die schon im nächsten Jahr im Kreuz der Welt offenbar werden sollten.

Staunend erkannten die Apostel aus den Worten der Propheten, daß der gewaltsame Tod in Jerusalem, vor dem sie sich so entsetzt hatten, nicht eine schreckliche Sache sei, sondern der Gipfel der Friedensgedanken Gottes mit der Menschheit.

Petrus, ganz verwirrt (er wußte gar nicht, was er sagen sollte), sprach zu Jesus: „Herr, schön ist es, hier zu sein! Wenn du willst, mache ich hier drei Zelte, für dich eins, für Mose eins und für Elia eins."

Da er aber noch redete, schwebte eine Wolke über den Hermon herüber, überschattete sie, und eine Stimme aus ihr sagte zu den Aposteln: „Dies ist mein lieber Sohn, an dem Ich Wohlgefallen habe — hört auf Ihn!"

Da das die Jünger hörten, fielen sie auf ihr Angesicht und erschraken sehr.

Jesus aber trat zu ihnen, rührte sie an und sprach: „Stehet auf und fürchtet euch nicht!"

Da sie aber ihre Augen aufhoben, sahen sie niemand als Jesus allein.

Diese Verklärung ist wie eine erhabene Pforte, welche die Jünger in die bald beginnende Passionszeit einführte. Ein Schleier des Geheimnisses liegt darüber. Niemand durfte dabei sein als die drei Vertrauten. Und auch zu ihnen sagte Jesus beim Herabsteigen vom Berge: „Sagt niemandem etwas von dieser Erscheinung, bis der Menschensohn von den Toten auferstanden ist."

Also eine Erscheinung nennt es der Herr. Es war somit kein irdischer Vorgang, sondern eine Erscheinung aus der unsichtbaren Welt. Erklären können wir solche Geheimnisse Gottes nicht, sondern müssen sie als Geheimnisse Gottes stehen lassen.

Aber soviel ist sicher, daß die Verklärung ihre Bedeutung gehabt hat nicht für Jesus oder gar für seine Entwicklung, sondern für die Apostel, die an Jesus hatten zweifeln wollen, wie denn auch die Gottesstimme sich ausdrücklich an sie wendete: „Hört auf Ihn!"

Das Laubhüttenfest

Wer einmal die Herbstmonate in Palästina erlebt hat, kann es verstehen, daß das Laubhüttenfest einst für das Volk Israel das fröhlichste aller Feste gewesen ist. Noch heute feiert in Friedenszeiten das ganze Land im Herbst wochenlang sozusagen ein Laubhüttenfest, wenn es auch nicht mehr diesen Namen hat.

Wie oft habe ich das, als ich noch in Bethlehem wohnte, gesehen! Wenn irgend möglich, lebten die Bethlehemer in dieser Zeit nicht in der Stadt, sondern zogen hinaus in den Weinberg, der auf den Abhängen einer der umliegenden Höhen lag. Die ganze Familie wohnte dann draußen, sei es in dem aus losen Steinen gebauten Weinbergturm, sei es im Zelt oder in der Laubhütte. Hatte man auch nicht alle Sachen bei sich wie in der Stadt, um so lustiger wußte man sich mit dem wenigen Geschirr und den nötigsten Decken zu behelfen, und machte dabei die Erfahrung, daß man auch mit den einfachsten Mitteln ganz vergnügt leben kann. Regen brauchte man ja nicht zu befürchten, denn Tag für Tag herrschte das schönste Wetter, und der Himmel spannte sich in der Oktoberhitze täglich wie eine blaugoldene Glocke über Land, Städte und Seen aus.

Oft ging ich mit meiner Frau in eines der freundlichen Tälchen im Süden der Stadt. Und wenn wir an einem schönen Weinberg vorbeigingen, kam nicht selten der Besitzer heraus und lud uns, gleichviel ob bekannt oder unbekannt, mit der ausgesuchten Höflichkeit des Arabers gastlich ein, ihm die Ehre zu erweisen, hereinzukommen. Ein Teppich wurde auf der Erde ausgebreitet, und wir mußten uns darauf setzen. Dann wetteiferte die ganze Familie, uns mit den köstlichen Früchten des Gartens zu bewirten. Und wenn wir nach Dunkelwerden droben auf unserem ebenen Dach standen, sahen wir in den Weinbergen auf den südlichen Höhen überall die roten Freudenfeuer brennen, und die frohen Klänge des Herbstreigens klangen melodisch durch die stille Nacht.

Dazu kommt, daß gerade auch der Herbst in Palästina landschaftlich seine besondere Schönheit hat. Gewiß ist der mit der Regenzeit beginnende Blumenfrühling unbeschreiblich schön. Aber auch im Herbst ist die Natur, namentlich wenn der Frühregen naht, von großem Reiz. Die Farben der Landschaft treten mit den Brechungen des Sonnenlichts auf den Felsen der Berge in anziehendster Weise hervor. Und die ferne Bergkette des Moabiterlandes ist oft mit einer Glut von Farben übergossen, daß man das Auge kaum abwenden mag.

So sah es wohl auch an jenem Laubhüttenfeste, das Jesus nach Joh. 7 und 8 im zweiten Jahr seines öffentlichen Wirkens in Jerusalem mitmachte, im Lande aus. Laubhütten waren überall aufgeschlagen, nicht nur, weil man Herbst feierte, sondern auch, weil dies Fest zugleich der Erinnerung an jene ferne Zeit galt, wo das unter Mose durch die Wüste wandernde Volk vierzig Jahre lang in Zelten hatte wohnen müssen. Nun konnten natürlich nicht alle Jerusalemer die Stadt verlassen, schon weil nicht jeder einen eigenen Weinberg hatte. Aber man wußte sich zu helfen. Auf allen ebenen Dächern der Stadt wurden Laubhütten gebaut, wo man bei Tag und Nacht angenehmer wohnte als bei der Oktoberhitze in den dumpfen Stuben. Auch auf den freien Plätzen sah man während des achttägigen Festes Laubhütten aufgeschlagen. Ja, alle Höhen und Täler rings um die Stadt, das Kidrontal, der Oelberg, die westlichen und südlichen Schluchten und Abhänge waren mit Laubhütten bedeckt wie mit einer gewaltigen Zeltstadt. Denn natürlich konnte die große Menge der Festgäste aus dem ganzen Lande in der Stadt mit ihren engen Gassen nicht Platz finden.

Diese achttägigen Feste, das Passah- und das Laubhüttenfest, waren die großen Brennpunkte des nationalen Lebens. Wer es irgend machen konnte, ging wenigstens einmal im Jahr zu einem Fest nach Jerusalem (Luk. 2, 4). Man tat es nicht nur der religiösen Pflicht wegen, sondern um wieder einmal ein allgemeines Volksfest mitzumachen, auf das sich jedermann schon das ganze Jahr gefreut hatte. Nun konnte man doch wieder einmal die schönen Gottesdienste in dem weltberühmten Tempel miterleben. Man kam aus den engen Verhältnissen des abgelegenen Dorfes wieder in die Großstadt mit ihren Prachtbauten und dem Festgedränge, das alle Gassen füllte. Man hörte wieder einmal, was draußen in der Welt vorging. Man traf wieder alte Bekannte und hatte sich viel zu erzählen, oder es wurden auch interessante neue Bekanntschaften angeknüpft.

Aber diese Feste waren auch, wenn Jesus dabei erschien, die großen Brennpunkte der Entscheidung des Volkes für oder gegen ihn. Gerade deshalb zog er während seiner mehr als zweijährigen öffentlichen Wirksamkeit von seiner Heimatprovinz Galiläa fünfmal zu einem der Feste nach Jerusalem, jedesmal wie ein Feldherr zu einer Entscheidungsschlacht. Nur hier, wo die ganze Nation versammelt war, konnte die Entscheidung fallen.

In diesem zweiten Jahr war er schon einmal nach Jerusalem gekommen, nämlich im März zum Purimfest. Da hatte er zum erstenmal die öffentlichen Auseinandersetzungen über seine

Gottessohnschaft mit den Herren des Tempels begonnen, wovon er bisher in öffentlicher Rede geschwiegen hatte.

Und da sie ihm von vorneherein den Glauben verweigerten, war die natürliche Folge gewesen, daß sie schon damals in ihren Beratungen einig geworden waren, er müsse getötet werden. So war schon damals im März der Streit eröffnet worden, der jetzt am Laubhüttenfest im Oktober seine Fortsetzung finden und ein halbes Jahr später am Karfreitag sein vorläufiges Ende finden sollte.

Wie fing nun diesmal im Oktober der Streit an? In den ersten vier Tagen des achttägigen Festes war Jesus noch gar nicht in der Stadt. Seine Brüder, Jakobus an der Spitze, hatten ihn vor ihrer Abreise von Kapernaum aufgefordert, mit ihnen zum Feste zu reisen. Ihnen schien es unverständlich, daß er sich so lange in der abgelegenen Provinz aufhielt. Seine Brüder fanden das töricht. Er wollte doch eine öffentliche Rolle spielen. Dazu durfte er sich nicht draußen in der Provinz vergraben. Sie sagten ihm: „Keiner kann seine Dinge im Verborgenen betreiben und zugleich für seine Person öffentliches Ansehen erstreben. Wenn du Dinge wie diese tust, so zeige dich damit vor aller Welt!" (Joh. 7, 4). Dazu mußte er in die Hauptstadt nach Jerusalem gehen. Dort fand er das ganze Volk beisammen, dort allein konnte er sich durchsetzen. Darum forderten sie ihn auf, gleich mit ihnen und der großen Festkarawane dorthin abzureisen. Aber gerade einen solchen Aufsehen erregenden Einzug wollte er für jetzt noch vermeiden. Seine Stunde war noch nicht gekommen. Darum lehnte er es ab, mit ihnen zu gehen.

So begann denn das Fest ohne ihn. Die engen Gassen der Festung wimmelten von Festbesuchern. Am meisten drängte sich die Menge natürlich auf dem Tempelplatz, schon weil es sonst keinen anderen so großen Platz in der Stadt gab. Und hierher riefen ja auch jeden die großen Festgottesdienste. Den Tempel selbst, der mit seinem gewaltigen Hochbau in schneeweißem einheimischen „Marmor" die ganze Stadt turmgleich überragte, aber in seinem Inneren doch nicht größer war als eine gewöhnliche Dorfkirche, durfte ja außer den Priestern niemand betreten. Aber die weiten, kunstvoll gepflasterten Vorhöfe boten Raum genug für eine ungeheure Menge. Und in der Oktoberhitze konnten sich die Besucher unter den Dächern der gewaltigen, prächtigen Hallen aufhalten.

Bei den täglichen Festgottesdiensten stand die Menge vor dem im Westen hoch aufragenden Tempel. Vor ihm erhob sich zunächst der haushohe Aufbau des Brandopferaltars, der sich auf dem mächtigen ungefügen Felsen erhob, über dem heute die muhammedanische Felsenmoschee steht. Dort hoch oben wurde auf dem Altar, dessen Feuer nie verlöschen durfte, jeden Tag geopfert. Wenn dann über dem Tempel von dem drinnen dargebrachten Rauchopfer die Rauchsäule aufstieg, das Sinnbild himmelansteigenden Gebets, warf sich die Menge zu andächtigem Gebet nieder. Der Männerchor der Leviten stimmte unter Begleitung des Tempelorchesters die Stufenpsalmen, Psalm 120 bis 132, an. Zum Schluß traten zwei weißgekleidete Priester vor und erteilten von der hochgelegenen Terrasse vor dem Brandopferaltar dem Volk den Segen: „Der Herr segne dich und behüte dich".

Mehrere Gebräuche dieses Festes sollten an den Zug der Israeliten durch die Wüste erinnern. So wurde am Tage aus goldener Kanne ein Trankopfer mit Wasser von Siloah dargebracht. Es sollte an die wunderbare Tränkung des dürstenden Volkes auf der Wüstenwanderung erinnern. Und am Abend wurde in Erinnerung an die Feuersäule, die das Volk bei Nacht durch die dunkle Wüste leitete, der Tempel festlich beleuchtet. Fackeln und Lampen wurden namentlich im Frauenvorhof angezündet und beschienen mit ihrem roten Lichte die wundervollen Formen der Tempelgebäude. Diese abendliche Beleuchtung war ein wahres Volksfest. Beim Schall der Trompeten bewegte sich alt und jung mit großer, oft ausgelassener Freude in den weiten Vorhöfen, bis spät die Tempeltore geschlossen wurden und alles nach Hause ging. So war es alle Tage, und alles war froh und vergnügt.

Und doch gab es diesmal für alles Volk eine Enttäuschung. Wo war denn Jesus geblieben, die meistbesprochene Persönlichkeit des ganzen Landes? Warum kam er nicht auch aufs Fest? Aus allen Teilen des Landes wußten die Gäste von seinen Aufsehen erregenden Reden und Taten zu berichten. Aber er selbst kam nicht. Schon am letzten Passahfest war er nicht gekommen. Man wußte ja wohl, daß er es mit den regierenden Volkshäuptern gründlich verdorben hatte, ja, daß diese ihm schon vor einem

halben Jahr beim Purimfest im März nach dem Leben getrach-
tet hatten (Joh. 5, 18). Man wagte auch im Volke schon gar
nicht mehr, laut von ihm zu reden, um nicht den Zorn der hohen Herren zu reizen (Joh. 7, 18). Aber um so mehr war alles
gespannt, ob er sich diesmal dennoch mitten in die Löwenhöhle
hereinwagen würde. Je mehr man von ihm nur halblaut zu
flüstern wagte, desto mehr war alles auf ihn gespannt. Er bildete das allgemeine Tagesgespräch. Die Meinungen über ihn
waren freilich geteilt. Die einen sprachen sich für, die anderen
gegen ihn aus; die einen hielten ihn für einen frommen Menschen, die anderen für einen gefährlichen Aufrührer (Joh. 7, 12).
Und es war gewiß für viele eine rechte Enttäuschung, als sogar
seine eigenen Brüder kamen und erklärten, er komme nicht
aufs Fest, er habe ihnen das selbst gesagt (Joh. 7, 8).

Da ging es, als schon das halbe Fest vorüber war, plötzlich wie
ein Lauffeuer durch alle Vorhöfe: „Jesus ist da! Er lehrt im
Tempel!" (Joh. 7, 14). Sofort eilte alles hinüber in die große
Halle, wo sich schon eine ansehnliche Menschenmenge um ihn
gesammelt hatte. Denn bei der herrschenden Oktoberhitze hat
er seine Zuhörer sicher nicht draußen in der brennenden Sonne
stehen lassen, zumal da ihm ja in den mächtigen Hallen geeig-
netere Plätze genug zur Verfügung standen. Vielleicht war es in
der „Königlichen Halle", an deren Stelle heute die muhammedanische Aksamoschee steht. Und dieser ersten Rede folgten
in den noch übrigen drei Festtagen manche andere.

Natürlich hat er nicht beständig zum Volke geredet. Er war ja
selbst ein Festbesucher, der die alten Gebräuche mitmachte. Er
stand mitten unter der feiernden Gemeinde, wenn droben von
der Terrasse vor dem Brandopferaltar die Stufenpsalmen, seine
geliebten Psalmen, vom Männerchor unter Begleitung des Or-
chesters erklangen. Er teilte ihre Andacht, wenn die zwei weiß
gekleideten Priester den aaronitischen Segen auf das Volk legten. Er sah vielleicht auch einmal mit der Gemeinde zu dem
Hohenpriester Kaiphas auf, der in seinen prächtigen Amtsge-
wändern droben erschien.

Aber in den Zeiten, wo keine allgemeinen Feiern stattfanden,
sammelte er jeden Tag das Volk um sich. Große Massen konnte
er mit seiner vollen, klaren Stimme erreichen. Das wissen wir
ja von Galiläa her, wo er sich in der Bergpredigt und bei der
Speisung der Fünftausend mühelos allen verständlich machen

konnte. Und seine Worte waren diesmal so gewaltig, so jeden zur Entscheidung zwingend wie nie zuvor. Er hatte ja nur noch ein halbes Jahr vor sich, bis sein Karfreitag kam. Er redete über das eine Thema, das Geheimnis seiner Person, des von Gott Gesandten, an dem sich das Schicksal jedes einzelnen entscheiden würde. In diesen Reden am Laubhüttenfest sind Worte gefallen, die seither wie wahre Sonnen über die Welt leuchten (Joh. 8, 12). Wenn er von Gott redete, nannte er ihn immer seinen Vater. Und schon bei seinem letzten Festbesuch in Jerusalem im März hatten die Juden daraus ganz den richtigen Schluß gezogen, als sie ihm vorwarfen, er mache sich damit selbst Gott gleich (Joh. 5, 18). Er vermied es zwar, sich ausdrücklich „Messias" zu nennen, um seinen Feinden nicht vorzeitig eine Handhabe zu bieten, ihn als politischen Aufrührer gegen den Kaiser dem Pilatus zu überliefern. Aber was er von sich aussagte, ging weit über das hinaus, was die alten Propheten vom Messias gesagt hatten.

Er scheint dabei zuweilen an die Bräuche des Laubhüttenfestes angeknüpft zu haben. Einmal, als das Trankopfer mit dem Wasser von Siloah in goldener Kanne dargebracht war, rief er: „Wen da dürstet, der komme zu *mir!* Wer an mich glaubt, aus dessen Herzen werden Ströme lebendigen Wassers fließen" (Joh. 7, 38). Ein andermal, als die abendliche Beleuchtung des Tempels aufglühte, rief er: „*Ich selbst* bin das Licht der Welt! Wer *mir* nachfolgt, der wird nicht wandeln in Finsternis, sondern wird das Licht des Lebens haben" (Joh. 8, 12). Er war also für die geistige Welt dasselbe, was die Sonne am Himmel für die äußere Welt ist. Das konnte jeder begreifen, daß so etwas von einem bloßen Menschen nicht gesagt werden konnte. Diese Reden am Laubhüttenfest bildeten hinsichtlich seiner Person geradezu den *Höhepunkt seiner ganzen bisherigen Lehrtätigkeit.* Hier gab es nur noch ein Entweder-Oder. Jeder war damit zur Entscheidung für oder gegen ihn aufgerufen.

Der Eindruck dieser Reden war ungeheuer. Bei den einen war es zunächst nur das Erstaunen darüber, wie dieser unstudierte Mann so reden konnte (Joh. 7, 15). Bei anderen die Bewunderung seiner Kühnheit, offen mitten im Lager seiner Feinde zu erscheinen: „Ist das nicht der, den sie zu töten suchten? Doch schau, er redet in aller Öffentlichkeit, und keiner erhebt Einspruch! Erkennen unsere Obersten jetzt selbst, daß er der

Messias ist?" (Joh. 7, 25). Die Gegner erklärten seine Erfolge damit, daß er mit dem Teufel im Bunde stehe (Joh. 7, 20). Fanatische Gegner wollten gar handgreiflich werden und ihn gewaltsam den Hohenpriestern überliefern (Joh. 7, 30). Aber im großen und ganzen herrschte doch der Eindruck vor, er müsse wohl der verheißene Messias sein. Man wagte das freilich nicht mehr offen auszusprechen (Joh. 7, 32). Aber halblaut sagte man es auf allen Vorhöfen. Man hörte die Leute sagen: „Der Messias, wenn er kommt — wird er mehr Zeichen tun können, als dieser Mann getan hat?" (Joh. 7, 31).

Diese freundliche Wendung der Volksstimmung wurde auch den Hohenpriestern und Pharisäern hinterbracht, die von ihren Rathausfenstern heruntersahen. Da vergaßen sie alle Mäßigung und beschlossen, ihn mitten aus seinem Zuhörerkreis heraus kurzerhand verhaften zu lassen. Die Tempelpolizei wurde gerufen und eine Abteilung mit dem gemessenen Befehl hinuntergeschickt, ihn zu verhaften. Die Bewaffneten gingen auch und stellten sich unter die Menge. Jesus sah sie wohl. Aber er ließ sich in seiner Rede nicht stören. Und die Schutzleute wurden von seinen Worten so hingerissen, daß sie ganz vergaßen, wozu sie gesandt waren. Unverrichteterdinge kamen sie mit leuchtenden Augen wieder ins Rathaus hinauf.

Der Hohepriester (sie anherrschend): „Warum habt ihr ihn nicht mitgebracht?"

Die Tempelwache (in ehrlicher Begeisterung): „Noch nie hat ein Mensch so geredet wie dieser Mann!"

Der Hohepriester (zornig): „Habt auch ihr euch verführen lassen? Hat denn auch nur einer von den Führern ihm Glauben geschenkt oder von den Pharisäern?" (Joh. 7, 48).

Aus der Verhaftung wurde also nichts, um so weniger, als jetzt sogar einer der versammelten Ratsherren, Nikodemus, für ihn eintrat. So wogte der Streit für und wider auf und ab, bis am vierten Tag der Anwesenheit Jesu die auswärtigen Gäste die Hauptstadt wieder verließen und in ihre Heimat zurückkehrten.

Jesus selbst aber reiste noch nicht ab. Er blieb auch nach dem Fest in der Stadt, vielleicht noch einige Wochen. Denn alles, was uns Johannes bis Kap. 10, 21 weiter erzählt, ist noch in Jerusalem im Anschluß an dieses Fest geschehen. Und gerade in dieser Zeit nach dem Fest kam es noch zu den schärfsten Zusammenstößen. Jesus ging jetzt selbst zum Angriff über. Er sagte ihnen mit Bezug auf ihre Mordpläne das Wort, das sie ihm gewiß nie vergessen haben: „Ihr stammt vom Teufel, der ist euer Vater; und wonach es ihm gelüstet, das seid ihr entschlossen zu tun. Der war ein Mörder von Anfang an und hat seinen Stand nicht in der Wahrheit. Weil ich dagegen die Wahrheit sage, glaubet ihr mir nicht. Wer von euch kann mich einer Sünde überführen?" (Joh. 8, 44—46).

Die Gegner: Nicht wir, du, du bist vom Teufel besessen! (Joh. 8, 48).

Jesus: Wahrlich, wahrlich, ich sage euch: So jemand mein Wort bewahrt, wird er den Tod nicht sehen ewiglich.

Die Gegner: Jetzt hast du dich verraten, daß du vom Teufel besessen bist. Abraham ist doch gestorben, und du sagst: Wer mein Wort bewahrt, der wird den Tod nicht sehen ewiglich — bist du etwa mehr als unser Vater Abraham?

Jesus: Abraham sah meinem Tag mit Jauchzen entgegen; und er hat ihn zu sehen bekommen und freute sich.

Die Gegner: Du bist noch keine fünfzig Jahre alt und willst Abraham gesehen haben?

Jesus: Wahrlich, wahrlich, ich sage euch: Bevor Abraham geboren wurde, bin Ich.

Das war zu viel. Wütend hoben sie aus einem daliegenden Haufen von Werkstücken Steine auf, stürzten sich auf ihn und wollten ihn steinigen. Nur durch schleunigsten Rückzug konnte er es verhindern, daß sie ihm nicht schon heute sein Golgatha bereiteten. Er verließ die Stadt und ging hinaus an den außerhalb gelegenen Ort, wo er das ganze Fest über wohnte. Denn seit dem ersten Auftreten der Mordpläne im März (Joh. 5, 18) war keine Rede mehr davon, daß er in der Stadt übernachten konnte, so wenig wie nach einem halben Jahr in der Karwoche.

Wo war denn dieser sichere Zufluchtsort, der ihn jeden Abend aufnahm? Das war entweder eine Laubhütte oder schon damals die eine kleine Stunde entfernte friedliche Gegend von Bethanien und Gethsemane. Beide Orte müssen nahe beieinander gelegen haben.

Der Blindgeborene

Seinen dritten Besuch in Jerusalem zum Laubhüttenfest im Oktober des zweiten Jahrs scheint Jesus auf mehrere Wochen ausgedehnt zu haben, obgleich in der Festwoche seine mächtigen Feinde einen Haft- und einen Mordversuch unternommen hatten. Das ist uns bekannt durch die Erzählung von der Heilung des Blindgeborenen (Joh. 9).

Um mir die Örtlichkeit von Siloah mit Bezug auf diese Geschichte recht klar zu machen, besuchte ich bei meinem letzten Aufenthalt in Jerusalem wieder einmal das mir so wohlbekannte Siloah, indem ich möglichst denselben Weg ging, den damals der Blindgeborene eingeschlagen haben muß.

Von der Südseite des Tempelplatzes stieg ich über den Berg Ophel, der einst die Königsburg der israelitischen Könige trug, nach Siloah hinunter. Mein Weg in der Richtung des alten Käsemachertals lag ganz außerhalb der jetzigen Stadt, während diese ganze Gegend zur Zeit Jesu zur alten Stadt Jerusalem gehörte. Meine Füße schritten zwischen spärlichen Ölbäumen über Berge von Schutt, der sich seit der alten Jebusiterzeit vor 4 000 Jahren in den mehr als dreißig Belagerungen und Zerstörungen Jerusalems hier aufgehäuft hat. Es wollte mir wie ein Traum vorkommen, daß häuser-, ja kirchturmtief unter der jetzigen Oberfläche dichtbevölkerte Straßen mit Häusern, Palästen und öffentlichen Gebäuden gestanden haben, von Tausenden von Menschen in Glück und Leid bewohnt, ein Stadtteil, der in seinem stufenmäßigen Aufbau auf dem ziemlich steilen Berghang vom Kidrontal aus prächtig ausgesehen haben muß. Mit solchen Gedanken stieg ich über das Riesengrab längst vermoderter Geschlechter in etwa zwanzig Minuten ins Tal hinunter.

Auf meinem ganzen Wege hatte ich drunten das Dorf Siloah vor Augen. Es ist nebst dem auf dem Ölberg liegenden Tuur das der heutigen Stadt am nächsten liegende Dorf, nicht viel mehr als zwanzig Minuten davon entfernt. Daher spielt es eine Rolle im Leben der Stadt. Die „Siluääner" sind überall bekannt. Im Sommer, wenn das Wasser in den Zisternen knapp wird, verkaufen sie Wasser, das sie in Schläuchen von ihrer Quelle heraufbringen; und im Frühjahr führen sie auf ihren Eseln ganze Lasten von riesigen Blumenkohl- und Krautköpfen, Ra-

diesschen und Salat, die sie in ihren immer bewässerten „Königsgärten" ziehen, auf den Markt von Jerusalem.

Siluään, wie der Name jetzt ausgesprochen wird, ist ein uraltes
Dorf. Schon Jesaja hat es vor 2 600 Jahren erwähnt. Ein merk-
würdiges Felsennest, das, auf den dort mauersteil abfallenden
Felsen des südlichen Berghangs des Ölbergs angeklebt, auf die
enge Kidronschlucht herunterschaut. Häuser und Felsen schim-
mern um die Mittagszeit, wenn das brennende Sonnenlicht
darauf liegt, in blendenden Sepiatönen, als ob die Häuser aus
dem Felsberge herausgewachsen wären. Zur Zeit Jesu erstreckte
sich über den Felsgrund des heutigen Dorfes ein Teil der Toten-
stadt Jerusalems mit weiträumigen, in den Fels gehauenen Felsgräbern. Jetzt, wo die Toten von vor 2 000 Jahren ihre Felskammern nicht mehr brauchen, haben sich die Lebenden darin
eingenistet. Sehr viele von den etwa achtzig Häusern von
Siloah sind so an diese angebaut, daß die alten Felsgräber ihnen
als Vorratskammern und Ställe dienen. Auf demselben Berg-
abhang, gerade mir gegenüber, sah ich Tausende von Juden-
gräbern, die aber nicht mehr in den Felsen eingehauen sind,
sondern wie unsere Gräber in der Erde liegen und mit ihren
den ganzen Abhang bedeckenden zahllosen weißen Grabsteinen
dem ganzen Berge sein Gepräge geben. Geradeaus sah ich in das
untere Kidrontal hinunter, das bald eine Wendung nach Osten
in der Richtung des Klosters Mar Saaba nimmt.

Jetzt stand ich am Siloahteich. Er ist ungefähr dreißig Schritte
lang und sechs Schritte breit. Man steigt auf achtzehn Stufen
hinunter, bis man am Wasserspiegel steht. Das Wasser ist klar,
aber zum Trinken nicht schmackhaft. Die den Teich einfassen-
den Mauern sind verfallen, der Zugang mit Geröll überschüttet
wie der Boden eines Steinbruchs. Frauen in langen blauen Ge-
wändern und mit dem Madonnenschleier auf dem Kopf hock-
ten auf dem Boden und wuschen ihre sehr schmutzige Wäsche,
indem sie die immer wieder mit Wasser überströmten Sachen
auf die nassen Steine legten und mit glatten Steinen klopften,
so daß der trübe Saft in den Teich floß. Andere kamen mit
ihren Schläuchen, die sie auf dem Rücken oder mit ihren großen schwarzen Tonkrügen, die sie mit Wasser gefüllt auf dem
Kopf oder auf der Schulter in schöner aufrechter Haltung und
mit großer Sicherheit und Gewandtheit forttrugen. Der Wasserspiegel im Teich hebt und senkt sich ruckweise, je nachdem die

höher gelegene Marienquelle mit Unterbrechungen ihr Wasser durch den uralten Felskanal heruntersendet. Die Säulenstümpfe und Knäufe, welche überall herumliegen, stammen von der Kirche, welche der sehr baulustige oströmische Kaiser Justinian im fünften Jahrhundert hier errichten ließ. Das Wasser des Teichs fließt durch eine in den Felsen gehauene Rinne hinunter in die „Königsgärten" im Kidrontal, wo die Siluääner ihre erstaunlich großen und üppigen Artischoken und ihren berühmten Blumenkohl ziehen.

Ich setzte mich oberhalb des Teichs auf einen Felsen, der mir über die ganze Umgebung bis zur Stadt hinauf eine Übersicht gestattete, um mir hier an Ort und Stelle die Geschichte des Blindgeborenen zu vergegenwärtigen, die dem Evangelisten Johannes so bedeutsam erschien, daß er ihr unter seinen zwanzig Kapiteln das ganze neunte gewidmet hat. Ich schlug mein Neues Testament auf und las. Wie war doch die Sache?

Es war in der Zeit unmittelbar nach dem Laubhüttenfest. Die Volksmassen, die zum Fest in die Hauptstadt gekommen waren, hatten sie wieder verlassen. Aber Jesus war noch in der Stadt. In dieser Zeit war es an einem Sabbattage. In ganz Jerusalem ruhte jede Arbeit. In Feierkleidern sah man die Leute überall auf den Straßen sich ergehen. Mit den Scharen der Kirchgänger war auch Jesus nach seiner Gewohnheit in den Tempel gegangen. Der Hauptgottesdienst war vorüber, und die Leute gingen wieder nachhause. Auch Jesus ging mit seinen Jüngern durch die Stadt.

In einer der Straßen, durch die er kam, saß ein blinder Bettler. Blindenheime gab es damals nicht, darum waren vermögenslose Blinde darauf angewiesen, sich bettelnd durchs Leben zu bringen. Noch heute sieht man die Blinden Jerusalems so an den Straßen sitzen. So wartete auch dieser Blinde darauf, daß ihm die Kirchgänger eine Gabe in sein Becken würfen. Jetzt hörte er, wie eine Gruppe von Menschen seinem Platze näher kam. Er erhob seine Stimme, um eine Gabe zu erbitten. Jesus hörte seine Stimme. Er hatte ein feines Ohr für Menschenstimmen. Zugleich erhielt er von seinem Vater den Auftrag, hier zu helfen. So etwas müssen wir annehmen, wenn wir bedenken, daß von allen Blinden Jerusalems gerade dieser ausersehen wurde, der Hilfe Jesu teilhaftig zu werden und mit dem Johannesevangelium in der ganzen Welt bekannt zu werden.

Also der Blinde, der sich im glühend heißen Oktober jedenfalls ein schattiges Plätzchen an einem Tor oder in einer überwölbten Straße ausgesucht hatte, hörte Schritte nahen und merkte, daß eine Gruppe von Menschen vor ihm stehen blieb. Zuerst wird ihm wohl Judas, der noch den Armenvater spielte und die gemeinsame Kasse verwaltete, eine Gabe gereicht haben. Aber der arme Mann schien die besondere Teilnahme der Dastehenden erweckt zu haben. Denn sie gingen nicht weiter, sondern erkundigten sich darnach, wie lange er schon blind sei. „Von meiner Geburt an", lautete seine traurige Antwort. Dieses dunkle Geschick erhöhte die Teilnahme der Frager. Nach ihrer jüdischen Lehre war jede Krankheit eine Strafe Gottes für besondere Sünden. Aber diese Erklärung schien hier nicht auszureichen. Denn vor seiner Geburt konnte doch der arme Mensch nicht gesündigt haben. Darum wandten sie sich an einen unter ihnen, den sie Meister nannten, mit der Frage: „Meister, wer hat gesündigt, dieser oder seine Eltern, daß er blind geboren ist?"

Jetzt hörte der Blinde eine andere Stimme, die bisher geschwiegen hatte. Eine seelenvolle Stimme kann uns oft wunderbar berühren. Wie viel mehr einen Blinden, der ein so feines Gehör hat! Schon diese männliche, klare Stimme, die im Ton eines Meisters zu den anderen redete, muß dem Blinden Eindruck gemacht haben. Und noch mehr der Inhalt dessen, was er sagte. Ganz entschieden wies er jene falsche jüdische Auffassung zurück und sagte: „Es hat weder dieser gesündigt noch seine Eltern, sondern" mit dem Unglück dieses Menschen ist es darauf abgesehen, „daß die Werke Gottes offenbar würden". Hoch horchte der Blinde auf! Das war ja die Frage, die ihn schon sein ganzes Leben lang beschäftigt hatte! Und das war eine ganz neue Auffassung seines Unglücks, an die er noch nie auch nur im Traum gedacht hatte.

Aber noch weitere, noch seltsamere Worte sprach die herzgewinnende männliche Stimme: „Ich *muß* wirken die Werke dessen, der mich gesandt hat, solange es Tag ist. Es kommt die Nacht, da niemand wirken kann. Solange ich in der Welt bin, bin ich das Licht der Welt". Die Werke dessen, der ihn gesandt hat? Wer hatte ihn denn gesandt? Was für Werke waren das? Wie konnte er sich die ungeheuerliche Bezeichnung „Licht der Welt" zulegen? Hatte das eine Beziehung auf ihn, der in ewiger Finsternis saß und noch nie ein Licht gesehen hatte?

Aber nun merkte er, wie der Unbekannte näher auf ihn zutrat. Er hörte mit dem scharfen Gehör des Blinden, daß sich der Mann zur Erde herabbückte und ausspuckte. Mit seinem Speichel und ein wenig Erde machte Jesus eine Salbe, trat dicht zu dem wohl noch auf der Erde Sitzenden und bestrich ihm beide Augen mit der Salbe. Der Blinde merkte wohl, daß es damit auf die Heilung seiner Augen abgesehen war. Er ließ sich die Augen schweigend bestreichen. Er wußte nicht, wie ihm geschah. Der Mann mit der einzigartigen Stimme hatte ihm ein solches Vertrauen eingeflößt, daß wohl eine leise Hoffnung in ihm aufstieg, während der Unbekannte, der sich das Licht der Welt nannte, seine Augen behandelte. Als daher dieser ihm befahl: „Geh hin zum Teich Siloah und wasche dich!", besann er sich keinen Augenblick, sondern machte sich sofort auf den Weg. Er war zwar blind, aber den Weg nach Siloah kannte er gut. Und wenn der Unbekannte ihm befohlen hätte, bis ans Ende der Welt zu gehen, er hätte es getan. Solches Zutrauen hatte er zu Ihm gefaßt.

Er ging am Stab ungefähr denselben Weg ins Tal hinunter, auf dem ich vorhin heruntergekommen bin. Nur ging er nicht wie ich über Berge von Schutt, sondern durch dicht bevölkerte Gassen. Es war der „Untere Markt", durch den er ging, eine lange Gasse, an der wie noch heute am „Ssuuk" oder Basaar Jerusalems rechts und links offene Kaufläden, Buden und Stände waren, in welchen Lebensmittel, Früchte, Gemüse und allerhand Waren des täglichen Bedarfs feilgebotene wurden, auch kleine Handwerker ihre Werkstatt hatten. Aber heute am Sabbat waren alle Läden und Werkstätten geschlossen, man sah nur in dem dicht bevölkerten südlichen Stadtteil zahlreiche Menschen in feiertäglichen Kleidern lustwandeln. Aber der Blinde kümmerte sich nicht um sie. Ihm kam es nur darauf an, bald an den Teich von Siloah zu kommen. Mit der dick über seine Augen gestrichenen Salbe tappte er an seinem Stabe auf wohlbekanntem Wege bergab, bis er am Teich stand. Er ging die Treppe hinunter, wo ich vorhin auch hinuntergestiegen bin. Jetzt bückte er sich, schöpfte Wasser in seine Hände und wusch damit seine Augen, um zu erfahren, wie „die Werke Gottes an ihm offenbar werden" sollten.

Dann trocknete er seine Augen. Und wer beschreibt sein Entzücken? Die Blindheit war weg! Die goldenen Quellen des

Lichts, die von der himmlischen Sonne seit Jahrtausenden auf die Erde herniederströmen, spiegelten sich zum ersten Mal in seinen bisher erstorbenen Augensternen! Eine schöne, bisher unbekannte Welt von Farben und Gestalten erschloß sich seinen Blicken. Ihm war, als sähe er in eine ganz neue Welt hinein. Wie ein Träumender sah er um sich, sah zum ersten Mal den blanken Wasserspiegel im Teich, sah das auf die Felswände hinaufgeklebte Dorf Siloah, sah rechts den Ölberg und geradeaus die zahllosen Häuser und ebenen Dächer der Stadt bis hinauf zum strahlenden Tempel, der von der Höhe zu ihm herniederschaute.

Aber der Evangelist hält sich keinen Augenblick bei diesen unbeschreiblichen Erlebnissen des Blindgewesenen auf. Er sagt nur: „Er wusch sich und kam sehend wieder". Nur eines hebt er hervor: „Die Nachbarn und die ihn zuvor gesehen hatten, sprachen: Ist das nicht der, welcher dasaß und bettelte?" Allen war der blinde Bettler seit Jahren bekannt. Es schien unglaublich, daß es derselbe war, der nun sehend vor ihnen stand. Es erhob sich geradezu ein Streit unter ihnen, ob er es wirklich sein könnte. Die einen sagten: „Er ist's!" Die anderen aber lachten über einen so unmöglichen Gedanken und sagten: „Er ist ihm nur ähnlich."

Aber er selbst blickte ihnen mit seinen strahlenden Augen in ihre Gesichter, die er zum ersten Mal sah, und rief: „Ich bin's, ich bin's!"

Nun wurde er mit Fragen bestürmt, wie das zugegangen wäre. Er antwortete: „Der Mensch, der Jesus heißt, machte eine Salbe, bestrich damit meine Augen und sprach: Gehe hin zum Teich Siloah und wasche dich! Ich ging hin, wusch mich und wurde sehend".

Die anderen fragten: „Wo ist der Mensch?"

Er antwortete: „Ich weiß nicht".

Überdem hatte sich natürlich angesichts des unbegreiflichen Ereignisses ein großer Menschenhaufe gebildet. Der ganze Stadtteil kam in Bewegung.

Die Sache hatte ja auch einen bedenklichen Haken: es war Sabbat! Jesus hatte wieder wie im März am Teiche Bethesda durch eine Krankenheilung den Sabbat gebrochen und entheiligt! Das war in Judenaugen das größte Verbrechen. Wie um bedenkliche Gemüter von vorneherein zu beruhigen, hatte er gleich am Anfang gesagt: „Ich *muß* (trotz des Sabbats) wirken die Werke dessen, der mich gesandt hat, solange es Tag ist". Aber nach Judenbegriffen war das ein Frevel, der sofort angezeigt werden mußte. Deshalb führten sie den Geheilten zum nahen Tempel oder Rathaus, wo sie die Häupter der Pharisäer trafen, und meldeten die Sache.

Die Herren machten sehr bedenkliche Gesichter. Sofort stellten sie ein strenges Verhör mit dem Manne an.

Die Pharisäer: Wie bist du sehend geworden?

Der Blindgewesene (offenbar schon ärgerlich über diese fast lächerlichen Anstalten über eine Sache, die doch ganz klar war): Eine Salbe legte er mir auf die Augen, ich wusch mich und wurde sehend.

Die Pharisäer (im Tone überlegener Belehrung): Der Mensch ist nicht von Gott. Er hält ja den Sabbat nicht!

Die Menge (von der Tat Jesu begeistert): Wie kann ein sündiger Mensch solche Zeichen tun?

Die Pharisäer (zum Blindgewesenen): Was sagst *du* von ihm, daß er dir deine Augen aufgetan hat?

Der Blindgewesene (beigeister): Er ist ein Prophet!

Jetzt erklärten die Herren auf einmal, sie glaubten gar nicht, daß er blind gewesen sei. Sie ließen daher seine Eltern rufen, um den Tatbestand festzustellen.

Die Eltern kamen. Die hatten sich wohl unendlich gefreut, als vor einigen Stunden ihr Sohn gekommen war und sie zum ersten Mal mit klaren hellen Augen angeschaut hatte. Aber vor den Pharisäern hieß es sich in acht nehmen. Bekannten sie sich zu Jesus, dann konnte es ihnen schlimm gehen. Daher nur ja kein unbedachtes Wort! Die Herren hatten ja nach Joh. 9, 22 jeden, der es mit Jesus hielt, schon mit dem Kirchenbann bedroht. Jetzt begann das Verhör der Eltern.

Die Pharisäer: Ist das euer Sohn, von dem ihr sagt, er sei blind geboren? Wie kommt's, daß er nun sehend ist?

Die Eltern: Wir wissen, daß das unser Sohn ist und daß er blind geboren ist. Wie er aber nun sehend geworden ist, wissen wir nicht. Oder wer ihm seine Augen sehend aufgetan hat, wissen wir auch nicht. Er ist alt genug: fragt ihn, laßt ihn für sich selbst reden!

Die Pharisäer (wieder zum Blindgewesenen im Tone väterlicher Ermahnung): Gib Gott die Ehre! Wir wissen, daß dieser Mensch ein Sünder ist!

Der Blindgewesene (gereizt): Ich habe es euch doch gesagt, habt ihr's nicht gehört! Warum wollt ihr's noch einmal hören? Wollt ihr etwa auch seine Jünger werden?

Die Pharisäer (zornig): Du, du bist sein Jünger. Wir aber sind Jünger des Mose. Wir wissen, daß Gott mit Mose geredet hat. Von woher aber dieser ist, wissen wir nicht.

Der Blindgewesene (jetzt ganz entschlossen, sich zu Jesus zu bekennen): Das ist ja eine wunderliche Geschichte, daß ihr nicht wißt, von woher er ist. Und er hat mir doch meine Augen aufgetan! Das ist aber sicher, daß Gott Sünder nicht erhört. Wer aber Gott fürchtet und seinen Willen tut, den erhört er. Seitdem die Welt besteht, hat man noch nicht vernommen, daß jemand einem geborenen Blinden die Augen aufgetan habe. Wäre dieser nicht von Gott, er könnte nichts derartiges tun.

Die Pharisäer (wütend): Du bist, wie deine Geburt als Blinder beweist, ganz in Sünden geboren und willst uns belehren?

Zornsprühend verhängten sie über ihn die Strafe des großen Kirchenbanns, mit dem er aus der religiösen Gemeinschaft der Juden ausgestoßen und in die Reihe der Gottlosen verbannt wurde, die mit Gott keine Gemeinschaft mehr haben (Vers 34).

Als ein aus den Reihen der Frommen mit Schimpf und Schande Ausgeschlossener verließ der Blindgewesene, der in wenigen Stunden so viel erlebt hatte, die Versammlung der hohen Herren. Er wird sich wohl nicht allzusehr darüber gegrämt haben. Er hatte ja sein Augenlicht, hatte Jesus kennen gelernt, der sich das Licht der Welt nannte, und von ihm das ahnungsvolle Wort vernommen, daß *an ihm* die Werke Gottes offenbar werden sollten. Da konnte ihm diese Pharisäergesellschaft, vor der er alle Achtung verloren hatte, sicher die Gemeinschaft mit Gott nicht nehmen, und wenn sie tausendmal ihren großen Kirchenbann über ihn verhängten.

Dieser Ausgang der Sache kam aber auch Jesus zu Ohren, der noch nicht nach Galiläa abgereist war. Mit Wohlgefallen hörte er von dem tapferen Bekenntnis des Blindgewesenen, und wie es ihm die Pharisäer gelohnt hatten. Einen solchen Mann, der ihm vom ersten Augenblick an vertrauenden Glauben entgegengebracht hatte und dessen Glaube so schnell zu kühnem Bekennen und furchtlosem Schmacherdulden um Seinetwillen gereift war, konnte Er schon innerlich zu seiner Gemeinde, zu seinen Jüngern rechnen. Es steht nicht gerade da, daß Er ihn gesucht habe. Aber in dem Ausdruck „Da Er ihn fand" (Vers 35) liegt doch, daß er darauf gewartet hatte, ihm zu begegnen, um ihm auch innerlich die Glaubensaugen aufzutun.

Er fand ihn auch wirklich an einem der nächsten Tage. Wer will die Freude des Mannes beschreiben, als er nun wieder vor seinem Retter stand und Ihm zum ersten Mal ins Auge blickte! Es entspann sich zwischen beiden ein nur kurzes, aber folgenreiches Gespräch:

Jesus: Glaubst du an den *Sohn Gottes?*

Der Blindgewesene (eifrig): Herr, welcher ist's, auf daß ich an ihn glaube?

Jesus: Du hast ihn gesehen, und der mit dir redet, der ist's!

Der Blindgewesene: Herr, ich glaube!

Mit diesen Worten fiel er Ihm begeistert zu Füßen und betete Ihn an als den Sohn Gottes. Jesus war selbst von dieser aus einem Herzen voll tiefster Dankbarkeit und Hingebung kommenden Huldigung bewegt. Das Erschütternde und Traurige seiner ganzen Sendung kam ihm zum Bewußtsein angesichts dieses glücklichen Menschen und der gegen ihn wütenden Pharisäer. Er war gekommen, um als das Licht der Welt allen, auch den Pharisäern, die Augen zu öffnen für die in Ihm erschienenen Gnadengedanken Gottes. Aber wie hatte sich der Erfolg bei so vielen ins Gegenteil verkehrt! Die gelehrten Herren an der Spitze des Volkes, die sich für die Sehenden und das Licht der Blinden hielten, wurden gerade durch seine Erscheinung vollends ganz blind, und dieser arme Mensch, sich bisher äußerlich und innerlich blind wissend, wurde durch ihn sehend. Tiefernst, fast schwermütig klang es, als Jesus die Unterschrift unter diese ganze Geschichte setzte mit den Worten: „Zum Gericht bin Ich auf diese Welt gekommen, auf daß, die da nicht sehen, sehend werden, und die da sehen, blind werden".

Blitzartig hatte diese Geschichte vom Blindgeborenen zugleich seine gefährliche Lage beleuchtet. Vor wenigen Tagen hatten sie den ersten Mordversuch gemacht. Jetzt wurde schon jeder, der sich noch zu ihm zu bekennen wagte, mit dem Kirchenbann belegt und aus der Gemeinde ausgestoßen. Man brauchte kein Prophet zu sein, um vorauszusehen, wohin diese immer heftiger werdende Feindschaft führen mußte. Und ein halbes Jahr später kam in eben dieser Stadt das Ende. Es war die Kreuzigung.

Die letzte große Überlandreise

Das Leben Jesu ist, rein menschlich angesehen, eine ungeheure Tragödie. Er ist gekommen, um das jüdische Volk, dem er durch seine irdische Geburt angehörte, vom Untergang zu retten, und hat dafür all seine Zeit und Kraft geopfert. Und dafür hat ihn eben dieses Volk aufs grausamste ums Leben gebracht. In diesem Kapitel soll aber nicht von einem einzelnen Ereignis in diesem Leben die Rede sein, sondern ein Überblick über die letzten fünf Monate seines öffentlichen Wirkens gegeben werden, welche jenem tragischen Ende vorhergegangen sind. In einer großen Überlandreise besuchte er vor seinem Tode noch einmal alle drei jüdischen Provinzen: Galiäa, Peräa und Judäa.

Ehe er diese lange Reise antrat, hatte er im Spätsommer, wie wir hörten, in der einsamen Zurückgezogenheit von Cäsarea Philippi seinen Aposteln zu ihrem Entsetzen eröffnet, daß ihn die bevorstehende Reise zu einem schmachvollen Tode führen werde. Dann schickte er sich an, für immer von seiner heimatlichen Provinz Galiäa Abschied zu nehmen. Diese Abreise bildete einen großen Einschnitt in seinem Leben. Darum leitet Lukas den Bericht über sie ganz feierlich mit den Worten ein: „Als sich die Tage erfüllten, da er in den Himmel erhoben werden sollte, richtete er seinen Blick auf Jerusalem als Ziel seines Weges" (Luk. 9, 51).

Alles, was zwischen Luk. 9, 51 und 19,28 steht, hat sich auf dieser letzten Überlandreise begeben. Lukas hat also von seinen 24 Kapiteln mehr als zehn dieser Reise gewidmet. Man hat zwar schon gemeint, er habe in diesen zehn Kapiteln auch Ereignisse und Aussprüche Jesu eingefügt, die nicht gerade in die Zeit dieser Reise fallen. Aber das ist ein Irrtum. Schon von vornherein ist darauf hinzuweisen, daß von den ersten drei Evangelisten Lukas der einzige ist, der nach dem Urtext (Luk. 1, 3) durchaus den Anspruch erhebt, die Ereignisse im Leben Jesu in der richtigen Zeitfolge dargestellt zu haben. Aber er erinnert auch seine Leser während dieses ganzen Reiseberichts immer wieder daran, daß sie sich hier auf der letzten großen Überlandreise nach Jerusalem befinden (10, 38; 13, 22; 17, 11; 19, 11; 19, 28). Wir müssen also daran festhalten, daß wir in dem Abschnitt Luk. 9, 51 bis 19, 28 einen zusammenhängenden Bericht über diese große Reise besitzen.

Zu welcher Zeit hat dieser denkwürdige Abschied von Galiläa stattgefunden? Dafür besitzen wir eine ganz bestimmte Zeitangabe. Nach Joh. 7 bis 10 hat Jesus im zweiten Jahr seines messianischen Wirkens am Laubhüttenfest in Jerusalem teilgenommen und sich dabei offenbar mehrere Wochen dort aufgehalten. Das Laubhüttenfest fand bekanntlich im Oktober statt.

Von Jerusalem mußte er noch einmal nach Galiläa zurückkehren, um Abschied zu nehmen. Wir können also mit Sicherheit annehmen, daß dieser Abschied im November stattgefunden hat. Der Ausgangspunkt wird Kapernaum gewesen sein.

Von hier aus durchzog er nun, nachdem der galiläische Sommer vorbei war und die kühlere Jahreszeit nahte, zunächst Galiläa noch einmal in langsamem Zuge Stadt für Stadt und Dorf für Dorf (Luk. 13, 22). Das ganze Land erschien ihm noch einmal wie ein großes Erntefeld Gottes. Es genügte ihm nicht mehr, daß er nur selber kam. Er hätte sich verzehnfachen mögen. Es mußten Boten hinausgehen, um das ganze Volk auf die große Tatsache vorzubereiten, daß Jesus noch einmal, zum letztenmal, zu ihnen kam. Deshalb sagte er gerade damals zu seinen Jüngern: „Die Ernte ist groß, aber es gibt zu wenig Arbeiter. So bittet den Herrn der Ernte, daß er Arbeiter aussende in seine Ernte" (Luk. 10, 2).

Darum sonderte er außer seinen zwölf Aposteln aus der großen Zahl seiner Jünger noch *siebzig andere* aus, die als seine Vorboten das ganze Land darauf aufmerksam machen sollten, daß er im Begriffe stand, noch einmal selbst zu kommen. So schwärmten also damals fünfunddreißig Paare von Boten nach allen Himmelsrichtungen in die Provinz hinaus. Und überall, wo sie hinkamen, hieß es in der ganzen Stadt bei Freund und Feind: *Jesus kommt!* Erst neulich hatte es sich ja beim Laubhüttenfest in Jerusalem wieder gezeigt, daß er im ganzen Lande die meistbesprochene Persönlichkeit war, daß jedermann für oder wider ihn Partei nahm (Joh. 7, 11—13). Die Ankunft der Boten war also für die betreffenden Städte jedesmal ein Ereignis.

Nach Luk. 10, 5 ff. können wir uns vorstellen, wie es bei Ankunft der Boten ging. Sie kamen in die Stadt. Sie fanden Häuser, wo man sie gastlich aufnahm, weil sie von Jesus kamen. Sie traten ein mit dem Gruß: „Friede sei in diesem Hause!" Man trug ihnen auf, was das Haus bieten konnte. Als es bekannt wurde, daß bevollmächtigte Boten Jesu da waren, brachten die Leute ihre Kranken, und diese heilten sie kraft der besonderen Vollmacht, die ihnen Jesus erteilt hatte (Luk. 9, 2). Und jeder geheilte Kranke war in der Stadt ein Bote, der bekannt machte: Jesus kommt!

Nicht als ob sich in der Bevölkerung nicht auch Widerspruch und Feindschaft erhoben hätte. Wir dürfen nicht vergessen, daß Lukas seinen Bericht damit eingeleitet hat, daß sich Jesus jetzt auf seinem Todesweg befand (Luk. 9, 51). Zu mächtig hatten die Wühlereien des Hohenrats in Jerusalem im ganzen Lande gewirkt. Dieser hatte eine Abordnung von gelehrten Herren nach Galiläa geschickt, die eigens den Auftrag hatten, Jesus auf jede Weise zu bekämpfen und das Volk gegen ihn aufzuhetzen (Luk. 5, 17). Jesus machte daher seine Boten darauf gefaßt, daß sie keineswegs überall freundlich aufgenommen werden würden. Er hatte ihnen aber auch gesagt, wie außerordentlich wichtig ihr Auftrag sei, daß für diese Städte Leben und Seligkeit davon abhänge, wie sie ihre Botschaft aufnehmen würden: „Wenn ihr aber in eine Stadt kommt, wo sie euch nicht aufnehmen, so gehet aus auf ihre Gassen und sprecht: Auch den Staub, der sich an uns gehängt hat von der Stadt, schlagen wir ab auf euch. Doch sollt ihr wissen, daß euch das Reich Gottes nahe gewesen ist. Ich sage euch, es wird Sodom erträglicher gehen an jenem Tage denn solcher Stadt" (Luk. 10, 10—12). *) So ging damals, noch ehe Jesus selbst kam, durch die siebzig Boten eine mächtige Bewegung für und wider ihn durchs Land.

Ihren Höhepunkt erreichte die allgemeine Spannung, wenn Jesus selbst kam. Um den so wirksam öffentlich Angekündig-

---

*) Tatsächlich wurden nach 30 bis 40 Jahren die galiläischen Städte mit ganz Palästina vollständig zerstört.

ten sammelte sich bald alles Volk, gewöhnlich wohl unter freiem Himmel, aber an den Synagogentagen, d. h. am Sabbat, Montag und Donnerstag, in der Synagoge (Luk. 13, 10).

Was tat denn nun Jesus, wenn er angekommen war? Die Evangelien sagen ganz einfach: Er lehrte das Volk (Luk. 13, 10. 22). Dieses Lehren war, wie uns der ganze Reisebericht des Lukas zeigt, von der größten Mannigfaltigkeit. Aber immer gründete sich sein den Glauben fordernder Anspruch auf das Zeugnis, mit dem er schon seine siebzig Boten vorausgesandt hatte, daß in seiner Person das Reich Gottes zu ihnen gekommen sei (Luk. 10, 9. 11). Was heißt das? Das hieß, wie es schon zwei Jahre vorher der allgemein als Prophet anerkannte Johannes der Täufer dem ganzen Land in größter Öffentlichkeit bezeugt hatte, daß in ihm der seit Jahrhunderten verheißene Messias gekommen sei.

Im übrigen bestand sein Lehren immer darin, daß er das Volk auf jede Weise ermahnte, den Willen Gottes zu tun (Matth. 7, 20; 12, 30; Mark. 3, 25). Und was der Wille Gottes sei, das sagte er ihnen in allen seinen Reden sehr deutlich.

Seine Worte machten überall auch auf dieser Reise den größten Eindruck. Ganze Scharen folgten ihm nach (Luk. 14, 25). Junge Männer boten sich ihm an, ihm für immer nachzufolgen (Luk. 9, 57—62). Einmal erhob aus der Menge der Zuhörer eine Frau, hingerissen von seiner Rede, ihre Stimme und rief unter dem Beifall des Volkes: „Selig ist der Leib, der dich getragen hat, und die Brüste, die du gesogen hast!" (Luk. 11, 27). Und einmal, als die zurückgekehrten siebzig Boten ganz glücklich von ihren Erfolgen berichtet hatten, pries er selbst sie selig und sagte: „Selig sind die Augen, die da sehen, was ihr seht! Denn ich sage euch, viele Könige und Propheten wollten sehen, was ihr seht, und haben's nicht gesehen, und hören, was ihr hört, und haben's nicht gehört" (Luk. 10, 24).

Aber so war es nicht, daß sich das ganze Volk auf seine Seite gestellt hätte. Zu fest hielten die herrschenden Kreise das Volk an ihrem Gängelband.

Lukas sagt, seine Gegner waren sehr aufgebracht gegen ihn und fingen an, ihm immer mehr auf den Mund zu schauen, und legten sich auf die Lauer, um ihn bei irgendeiner verfänglichen Äußerung zu ertappen (Luk. 11, 53). Auf jede Weise suchten sie mit ihm anzubinden, um seinen Einfluß beim Volk zu untergraben. Wohl wies das Volk auf seine Krankenheilungen hin, die seine göttliche Sendung zu beglaubigen schienen. Aber diesen Einwurf zu widerlegen, machten sich jene sehr leicht. Sie erklärten als die anerkannten Lehrer des Volkes einfach, daß er das nur mit schwarzer Kunst zuwegebringe, da er mit dem Teufel selbst im Bunde stehe (Luk. 11, 15).

Aber Jesus wich ihnen gar nicht aus, sondern nahm den hingeworfenen Fehdehandschuh offen auf. Mit seinen überlegenen Gründen wußte Er sie so zu schlagen, daß sie ganz beschämt als die Überwundenen vor dem Volke dastanden (Luk. 13, 17). Da gab es oft scharfe Redekämpfe. Und kam es einmal zu einem solchen Rededuell, so strömte das Volk schon aus Neugier in Massen herzu. Bei einer derartigen Gelegenheit hielt er ihnen mit Weherufen eine seiner allerschärfsten Strafreden, die sie ihm nie vergessen konnten. Er riß den Heuchlern, die immer so taten, als ob sie die Ehre Gottes suchten, aber tatsächlich nur ihren eigenen Vorteil im Auge hatten, die Maske vom Gesicht und stellte sie vor allem Volk in ihrer Erbärmlichkeit bloß (Luk. 11, 37—53).

Was war denn nun der Erfolg dieser langen Reise, wenn das Volk in seiner Mehrzahl doch nicht an ihn glaubte? War sie ein Fehlschlag? Ganz und gar nicht. Was Jesus damit beabsichtigte, wurde erreicht: daß noch einmal das ganze Volk den Aufruf erhielt, seinem Heiland zu folgen. Erreicht wurde, daß sich die Geister schieden. Erreicht wurde, daß das ganze Land reif gemacht wurde für die bevorstehende letzte Entscheidung. Erreicht wurde, daß das ganze, bald aus allen Landesteilen zum Passahfest zusammenströmende Volk wissen mußte, was es tat, als es dem Pilatus tausendstimmig zurief: „Kreuzige, kreuzige ihn!"

Lange aufhalten konnte sich Jesus in den einzelnen Städten nicht. Er zog immer bald weiter. Er hatte nicht mehr viel Zeit vor sich. Den Anfang machte er mit der Provinz Galiläa. Deshalb verklagten ihn auch die Hohenpriester vor Pilatus: „Er hat das Volk aufgewiegelt, indem er überall in Judäa lehrte, angefangen von Galiläa bis hierher!" (Luk. 23, 5). Das war in der Tat, wie die Hohenpriester sagten, eine Erregung des ganzen Volkes. Das sah man schon an dem großen Gefolge, das mit Jesus zog. Es muß oft eine ganze Karawane gewesen sein.

Daneben war aber auch wie immer bei Aufsehen erregenden Gelegenheiten eine Menge von Mitläufern, die ohne tiefere

Überzeugung mitmachen und, wenn dann ein anderer Wind wehte, schnell wieder abfielen. Diese wetterwendischen Mitläufer hatte er vor allem im Auge, wenn er ihnen mit fast erschreckendem Ernst vorhielt, um was für einen entsagungsvollen Entschluß es bei der Nachfolge ginge: „So jemand zu mir kommt und haßt nicht seinen Vater, Mutter, Weib, Kinder, Brüder, Schwestern, auch dazu sein eigen Leben, der kann nicht mein Jünger sein. Und wer nicht sein Kreuz trägt und mir nachfolgt, der kann nicht mein Jünger sein." Wenn er ihnen wohl auch gesagt haben wird, daß mit diesem Hassen nicht das gemeint sei, was man sonst unter hassen versteht, so werden diese Worte mit ihrem schneidenden Ernst wohl manchen Mitläufer abgeschreckt haben, der sich schon überlegte, ob er ihm nicht nachfolgen wollte. Er ließ sie also nicht darüber im Zweifel, daß seine Nachfolge eine Sache sei, die sie sich gründlich überlegen müßten. Als ihm einmal aus einer Stadt ein ganzer Haufen von solchen Mitläufern nachfolgte, wandte er sich noch einmal zu ihnen um und rief ihnen zu, wer von ihnen nicht entschlossen sei, Haß, Feindschaft, Familienzwist, Verfolgung, ja selbst den Tod auf sich zu nehmen, der könne sein Diener nicht sein (Luk. 14, 26). Er selbst befand sich ja schon auf seinem Todeswege, und für seine Jünger fingen bald nach seiner Kreuzigung, also schon ein halbes Jahr später, die Verfolgungen an. Stephanus wurde gesteinigt, Jakobus wurde hingerichtet, Paulus wütete mit Schnauben und Morden gegen die Jesusgemeinde und befleckte seine Hände mit Christenblut (Ap. Gesch. 7 und 8 sowie 9, 1). Es galt eben schon damals, und damals noch buchstäblicher als heute, was unser vielgesungenes Lied sagt:

> Du gingst, o Jesu, unser Haupt,
> Durch Leiden uns voran,
> Und führest jeden, der da glaubt,
> Mit dir die gleiche Bahn.
> Wohlan, so führ uns allzugleich
> Zum Teil am Leiden und am Reich,
> Führ uns durch deines Todes Tor
> Samt deiner Sach zum Licht empor!

Welches war nun der Weg, den er auf dieser Überlandreise verfolgt hat? Darüber hat uns Lukas keine genauen Nachrichten gegeben. Wir wissen nur, daß er sich am Anfang nach dem der Provinz Samaria benachbarten Südgaliläa gewandt hat, das er bisher vielleicht weniger besucht hatte, weil es von Kapernaum am weitesten entfernt war. Darauf deuten die Geschichten von dem ihn abweisenden Markte der Samariter (Luk. 9, 52) und von den zehn Aussätzigen. Die Reise durch Galiläa hat sechs bis sieben Wochen gedauert. Im November hatte sie begonnen, und am 25. Dezember finden wir Jesus schon in der Südprovinz in Jerusalem, von wo er nicht wieder nach Galiläa zurückgekehrt ist. Diese Unterbrechung der Überlandreise durch einen Besuch in Jerusalem erfolgte, weil es ihn zu mächtig in diese Stadt zog, die ihm so am Herzen lag, daß er bei seinem Einzug im April Tränen über die unselige, ihrem Verderben entgegenrennende Stadt vergoß.

Dieser Besuch in Jerusalem fand am Tempelweihfest statt, also am 25. Dezember. Das ist eine der wenigen Zeitbestimmungen im Leben Jesu, die ganz sicher feststehen. Aber Jesus konnte sich kaum eine Stunde in der Hauptstadt aufhalten, wir wir später noch hören werden. Aber er kehrte nicht noch einmal nach Galiläa zurück, sondern wandte sich der dritten jüdischen Provinz Peräa jenseits des Jordans zu (Joh. 10, 40).

Der Aufenthalt in der östlichen Landschaft Peräa wird von den drei anderen Evangelisten nur ganz kurz behandelt. Matthäus und Markus berichten nur das, was Jesus über Ehescheidung gesagt hat, das Segnen der Kinder, die Geschichte vom reichen Jüngling, die Bitte der Salome für ihre beiden Söhne. Auch Johannes faßt sich kurz, gibt uns aber die wichtige Nachricht, daß Jesus in Peräa viele Gläubige gefunden hat, daß er also in dieser Provinz eine letzte, friedliche Tätigkeit entfalten konnte.

Nur Lukas hat dieser Überlandreise einschließlich Peräa mehr als ein volles Drittel seines Evangeliums gewidmet. Wahre Perlen sind durch seinen Sammlerfleiß der Christenheit erhalten worden, die ohne ihn der Vergessenheit anheimgefallen wären. Ich nenne nur die Geschichte von Martha und Maria (Luk. 10), die Gleichnisse vom reichen Kornbauern (Luk. 12), vom verlorenen Sohn (Luk. 15), vom ungerechten Haushalter (Luk. 16), von der bittenden Witwe (Luk. 18).

Die Tätigkeit Jesu in Peräa hat etwa acht Wochen gedauert. Angefangen hat sie ungefähr um unsere heutige Neujahrszeit, denn am 26. Dezember ist er von Bethanien dorthin aufgebrochen, und bei der Nachricht von der Erkrankung des Lazarus ist er von dort für immer abgereist (Joh. 11). Da eilte er in einem Eilmarsch von zwei Tagen vom ostjordanischen Gebirge hinunter, durchquerte das dort 30 Kilometer breite Jordantal, erstieg das westjordanische Gebirge bis zu dem nahe vor den Toren Jerusalems gelegenen Bethanien und weckte den schon vier Tage vorher begrabenen Lazarus vom Tode auf. Aber schon war die Lage in der Hauptstadt für ihn so gefährlich, daß er es nicht mehr wagen konnte, sich in einem Außenort wie Bethanien aufzuhalten, wenn er nicht verhaftet werden wollte. Ohne das Dorf auch nur zu betreten, reiste er vom offenen Grabe weg sofort ab — niemand wußte, wohin.

Der Hoherat in Jerusalem hielt ja schon damals im März Sitzung über Sitzung, um darüber zu beraten, wie man Jesus am besten töten könnte (Joh. 11, 53). Er erließ sogar, wie man heute sagen würde, einen Steckbrief gegen ihn, wodurch jedermann, der seinen Aufenthaltsort kannte, verpflichtet wurde, ihn zu melden (Joh. 11, 57).

Aber wo war er denn geblieben? Nach Ephrem war er mit seinen Jüngern gegangen (Joh. 11, 54), worauf wir noch zurückkommen werden.

Erst als im April das Passahfest vor der Tür stand und die Pilgerscharen aus dem ganzen Land anfingen, nach Jerusalem zu reisen, verließ auch er sein einsames Ephrem, ging hinunter ins Jordantal nach Jericho (Luk. 19) und zog hinauf nach Jerusalem, um jetzt feierlich und öffentlich in die Hauptstadt, mitten ins Lager seiner Feinde, einzuziehen. Das war das Ende der fünfmonatigen Reise. Denn nun war, womit Lukas seinen langen Reisebericht angefangen hatte, die Zeit gekommen, da Jesus in den Himmel erhoben werden sollte (Luk. 9, 51).

Eine abgelehnte Berufung

Beinahe zwei Jahre lang hatte Jesus die beiden wichtigsten Provinzen des Landes zum Schauplatz seiner Tätigkeit gemacht, die Südprovinz Judäa mit der Hauptstadt Jerusalem und die Nordprovinz Galiläa mit dem Mittelpunkt Kapernaum. Jetzt im letzten Vierteljahr war er auch in die dritte und letzte Provinz gekommen, Peräa im Osten des Jordans. Damit hatte er dann dem ganzen Volk in allei drei Provinzen Gelegenheit gegeben, ihn persönlich kennen zu lernen, ehe es am Karfreitag zur letzten Entscheidung für oder wider ihn aufgerufen wurde.

Peräa war die kleinste von den drei Provinzen. Wir haben nur spärliche Nachrichten über die dortige Tätigkeit Jesu, Johannes gibt davon einen kurz zusammenfassenden Bericht (Joh. 10, 40—42), und die drei anderen Evangelisten verzeichnen außer einigen wichtigen Lehrreden von einzelnen Begebenheiten nur das Segnen der Kinder, die Bitte der Salome und am ausführlichsten die Geschichte vom „reichen Jüngling" — das ist alles.

Wie war denn damals die Lage? Nur noch etwa acht Wochen trennten Jesus von seinem Tode, dem er entschlossen entgegenging. Dann war sein Lebenswerk auf Erden zu Ende. Aber dieses Lebenswerk mußte nach seinem Tode in erhöhtem Maße fortgesetzt werden. Wer von den Menschen sollte es fortführen? Dazu hatte er schon vor mehr als einem Jahr die zwölf Männer bestimmt, welche er Apostel nannte. Für diese gewaltige Aufgabe, Lehrer der Welt zu sein, hatte er sie seither beständig vorbereitet. Sie waren unstudierte Leute und hatten sich bis vor kurzem einem bescheidenen kleinbürgerlichen Beruf gewidmet. Aber dieses Zusammensein mit ihm, auch das Zusammenwandern und Zusammenwohnen in den nächtlichen Herbergen, war ihre Hochschule, dergleichen sie in der ganzen Welt nicht hätten haben können. Dadurch wurden sie erzogen, veredelt, geheiligt, jesusähnlich gemacht. Durch diese Ausrüstung wurden sie befähigt, nach seinem Tode und seiner Auferstehung den Kampf mit einer gottfeindlichen Welt aufzunehmen.

Auch die Apostel werden sich über ihren künftigen Auftrag ihre Gedanken gemacht haben. Einmal wird von ihnen sogar berichtet, daß sie es auch in einer ganz verkehrten Richtung taten, indem sie sich darüber unterhielten, wer von ihnen einmal im Reiche Jesu der erste sein, ihm am nächsten stehen werde (Mark. 9, 33; Luk. 9, 46). Es „menschelte" eben auch noch bei ihnen. Damit hing auch die in jene Zeit fallende Bitte der Salome zusammen (Matth. 19, 21). Als es sich einmal so günstig traf, daß sie samt ihren Söhnen mit Jesus allein war, tat sie einen Fußfall vor ihm und bat, daß diese ihre beiden Söhne einmal die ersten Stellen in seinem Reiche bekommen möchten. Und die beiden jungen Männer standen mit hinter diesem Herzenswunsch ihrer Mutter.

Jesus erkannte wohl auch die Liebe, die in dieser Bitte zum Ausdruck kam. Es handelte sich ja auch um den „Jünger, den Jesus lieb hatte". Aber er antwortete ihnen: „Ihr wisset nicht, was ihr bittet!" Nein, sie wußten es wirklich nicht. Wußten sie, daß die Verkündigung seines Reiches noch jahrtausendelang durch die Welt gehen würde? Wußten sie, daß noch ganz andere Leute als sie als Botschafter Jesu vor die Welt treten würden, Paulus, Augustin, Franziskus, Martin Luther, lauter Männer, deren Bedeutung die der meisten Apostel, von denen wir oft nur die Namen kennen, weit überstrahlen sollte?

Auch Jesus selbst hat sich in jener Zeit in Peräa, so nahe vor seinem Abschied aus der sichtbaren Welt, selbstverständlich mit dem Gedanken beschäftigt, wer in Zukunft sein Werk auf Erden fortsetzen würde. Gewiß, er hatte seine Apostel. Aber ob er nicht auch manchmal unter den wechselnden Scharen seiner Zuhörer Ausschau gehalten hat, ob nicht unter ihnen Männer sein möchten, die ihnen dabei helfen könnten? Darauf könnte uns gerade jene Geschichte aus der Zeit in Peräa bringen, die man gewöhnlich die Geschichte „vom reichen Jüngling" nennt, die ich aber lieber in der Überschrift „Eine abgelehnte Berufung" genannt habe, weil darin ihr wahrer Sinn viel richtiger zum Ausdruck kommt.

Es war ja möglich, daß sich unter seinen Zuhörern solche fanden, welche für diese hohe Aufgabe geeignet und bereit sein konnten. Aber freilich, wer jetzt noch, wo der Schatten des Kreuzes immer näher auf seinen Weg fiel, ihm nachfolgen wollte, der mußte bereit sein, alle irdischen Güter um Jesu willen aufzugeben. Das war ja so unerhört nicht. Von Jesus selbst zu schweigen, der natürlich Heimat, Vermögen, ruhiges Leben um seiner Berufung willen aufgegeben hatte; das hatten auch alle seine Apostel getan, von denen Petrus am Schluß dieser Geschichte sagte: „Siehe, wir *haben* alles verlassen und sind dir nachgefolgt" (Matth. 19, 27). War das schon vor ein bis zwei Jahren für die Apostel nötig gewesen, wie viel mehr jetzt, wo er drüben jenseits des Jordantals in blauer Ferne die Berge von Jerusalem sah, auf denen schon so bald sein Kreuz stehen sollte!

So lagen die Dinge, als Jesus eines Tages in einer ungenannten Stadt in Peräa zum Volke geredet hatte. Unter den Zuhörern stand auch ein junger Synagogenvorsteher, den die Persönlichkeit Jesu und seine Worte gewaltig angezogen hatten. Er war reich, hatte studiert und war in der Stadt hoch angesehen; sonst hätte man ihn nicht schon in jungen Jahren an die Spitze der Gemeinde gestellt. Von allen, die Jesus gehört hatten, war er der aufmerksamste und ergriffenste. So etwas hatte er in seinem ganzen Leben noch nicht gehört. Diese Worte klangen ihm wie aus einer höheren Welt.

Als Jesus seine Rede beendet hatte, zog er mit seinen Jüngern weiter in eine andere Stadt. Der junge Herr ließ ihn zunächst ruhig weiterziehen. Aber dann packte es ihn wieder. Nein, so konnte er ihn doch nicht fortziehen lassen. Unter seinen Worten hatte er es gefühlt wie noch nie, daß ihm noch etwas fehle, vielleicht das Allerbeste. Eine Frage war in seinem Herzen aufgestiegen, die mußte er ihm noch vorlegen. Also auf und ihm nach!

Auf der Landstraße holte er ihn ein. Er vertrat ihm den Weg, fiel vor ihm auf die Knie fast wie vor Gott und sagte, zu ihm aufschauend, in tiefer Herzensbewegung: „Guter Meister! Du bist gut. Du kannst mir gewiß etwas sagen, was ich mit brennendem Verlangen wissen möchte. Nenne mir eine gute und große Tat, mit der ich mir das ewige Leben, von dem du geredet hast, erringen kann!"

Freundlich sah Jesus dem jungen Herrn ins Auge, der in heller Begeisterung zu ihm aufblickte. Wohl war es ihm schon öfter vorgekommen, daß Menschen vor ihm knieten, so gerade seitens des Jairus, des Vorstehers der Synagoge in Kapernaum. Aber das waren immer Bedrängte, Hilfesuchende, die etwas von ihm haben wollten. Indessen dieser hier war gesund, reich, glücklich. Er wollte gar nichts von ihm haben. Er kam nur aus den reinsten und edelsten Beweggründen.

Jesus war gerne bereit, seine Bitte zu erfüllen. Nur etwas mußte er zuvor berichtigen. Der Mann hatte ihn mit „Guter Meister" angeredet. Aber für diesen war er ja nur ein durchreisender Rabbi. Wer Jesus wirklich war, davon hatte er noch keine Ahnung. Darum sagte er ihm nach Markus, der uns diese Geschichte in seinem zehnten Kapitel am ausführlichsten erzählt: „Was heißest du mich gut? Niemand ist gut denn der einzige Gott. Willst du aber zum Leben eingehen, so halte seine Gebote."

„Welche Gebote?" fragte der junge Herr gespannt.

Jesus nennt ihm aus den Zehn Geboten die Gebote der Nächstenliebe.

Der junge Mann überlegt einen Augenblick. Die Ehe gebrochen? Gestohlen? Falsches Zeugnis abgelegt? Die Eltern unehrerbietig behandelt? Nein, das hatte er nie getan. Und mit einem ehrlichen Aufleuchten seiner Augen sagte er: „Das habe ich alles gehalten von Jugend auf! Was fehlt mir noch?" (Matth. 19, 20). Also nach seiner Anschauung von den Zehn Geboten fehlte ihm nichts. Jesus sollte ihm nur noch eine besonders edle Tat nennen, die ihn des ewigen Lebens würdig machen würde.

Ein Strahl der Liebe traf ihn aus den Augen Jesu. Markus sagt (Mark. 10, 21): „Jesus sah ihn an und gewann ihn lieb". Er sah hinein in ein edles und reines Jugendleben. Ein Gedanke blitzte durch seine Seele: Der gäbe vielleicht einen Apostel! Er könnte wie Petrus und Johannes das Evangelium in die Welt hinaustragen. Eine große Zukunft hätte sich damit für ihn aufgetan. Der begeisterte, gelehrte und redegewandte Mann, dessen Name heute vergessen ist, und von dem man im Evangelium nur noch mit Bedauern liest, hätte wie der des Petrus oder Paulus in der ganzen Christenheit bekannt werden können. Aber jetzt, wo Jesus schon bald ans Kreuz geschlagen, seine Apostel in den Bann getan, ins Gefängnis gelegt, ja teilweise getötet werden sollten, war das nur möglich unter derselben Bedingung wie bei den anderen Aposteln: Verzicht auf Geld und Gut, auf gesicherte und angesehene Stellung, Entschlossenheit, stets sein Leben für Jesus einzusetzen. Darum antwortete ihm Jesus:

(Du fragst, was dir noch fehle? Wohlan, ich will es dir sagen:) „Eines fehlt dir noch. Gehe hin, verkaufe alles, was du hast, und gib's den Armen, so wirst du einen Schatz im Himmel haben, und *komm, folge mir nach und nimm dein Kreuz auf dich!*"

Man darf, um die Antwort Jesu recht zu verstehen, nicht, wie es gewöhnlich geschieht, den Hauptnachdruck auf das Verlassen und Verkaufen der irdischen Güter legen. Das war nur die unter den jetzigen Umständen unerläßliche Vorbedingung für die Hauptsache. Und was war die Hauptsache? Es war die Aufforderung, die Jesus fast in letzter Stunde an ihn richtete, in seine Nachfolge zu treten. Er sagte ihm damit: „Komm, komm herüber zu uns! Verlaß deine bisherige Welt und tritt in meinen Dienst! Das ist die große Tat, die dir noch fehlt, und die allein dir zum ewigen Leben helfen kann."

Tiefer, als der junge Mann ahnte, hatte Jesus in seiner Seele gelesen. Der große Menschenkenner sah die Kette, die ihn noch festhielt, und die er notwendig zerreißen mußte, wenn er für die Nachfolge Jesu frei werden sollte. Alles andere war bei ihm echt, seine bisherige edle Gesinnung, seine jetzige Begeisterung für Jesus. Aber sein Reichtum war das Kräutlein „Rührmichnicht-an", an das auch Jesus nicht rühren sollte. Diese Wahl zwischen ihm und dem Reichtum konnte er ihm, nachdem er kniefällig etwas Besseres verlangt hatte als nur das Halten der Zehn Gebote, nicht ersparen. Eine solche Forderung hatte er unter den Tausenden seiner Zuhörer an niemand anders gestellt als nur an seine Apostel, die auch alles hatten verlassen müssen. An andere wohlhabende Jünger wie die Geschwister in Bethanien, Josef von Arimathia, Nikodemus, hat er sie nicht gestellt.

Vor dieses größte Entweder-Oder seines Lebens sieht sich der junge Mann gestellt. Nachdenklich steht er vor dem Herrn und überlegt. Ein schwerer innerer Kampf spiegelt sich in seinen Zügen.

Eine lange Pause.

Der Mann überlegt. Seine Mienen verändern sich. Sein Auge, das vorhin so leuchtend auf Jesus gerichtet war, senkt sich zur Erde. Ganz bestürzt ist er über die ungeheure Forderung. Wie der Blitz in der Nacht einen Abgrund beleuchtet, an dem man hinwandelt, hat ihm die Forderung Jesu gezeigt, was ihm, der so selbstsicher gefragt hatte: „Was fehlt mir noch?", tatsächlich fehlte, um das ewige Leben zu erlangen.

Endlich ist der Kampf entschieden. Nun ist sie dahin, die schöne Begeisterung. Er kann nicht. Das Opfer ist ihm zu groß. Seine Güter sind ihm doch lieber als Jesus. Langsam dreht er sich um und geht in die Stadt zurück — traurig, wie der Evangelist teilnehmend bemerkt (Matth. 19, 21), unzufrieden mit der Antwort Jesu, und noch unzufriedener mit sich selbst. Denn er hatte die goldenen Kette gespürt, an der er festlag. Die wunderbare Melodie der Jesusliebe, die immer der innerste Herzschlag des christlichen Glaubens ist, hatte sein Herz berührt gehabt, aber die Kraft und der Ernst hatte ihm gefehlt, sie festzuhalten.

Jesus sagte kein hartes Wort, das den jungen Herrn verurteilte. Er tat ihm selbst leid. Er hatte ihn ja liebgewonnen. Er hätte ihn gerne in den Kreis seiner Apostel aufgenommen. Aber er sah, wie schwer es einem werden kann, der es in seinen äußeren Verhältnissen so gut hat. Wir hören seine eigene Ergriffenheit aus dem Worte heraus, das er zu seinen Jüngern, die diesen Auftritt bewegt miterlebt hatten, sagte, während er dem betrübt Davongehenden nachsah: „Wie schwer werden die Reichen in das Reich Gottes kommen!"

Entsetzt sahen ihn die Jünger, deren keiner so reich war, an. Darum wiederholte er: „Liebe Kinder, wie schwer ist's, daß die, so ihr *Vertrauen* auf Reichtum setzen, ins Reich Gottes kommen! Es ist leichter, daß ein Kamel durch ein Nadelöhr gehe, denn daß ein Reicher ins Reich Gottes komme." Und als sich die Jünger noch viel mehr entsetzten und zu einander sagten: „Ja, wer kann dann überhaupt selig werden?" sah er sie ernst an und sagte: „Bei den Menschen ist's unmöglich, aber nicht bei Gott. Denn bei Gott sind alle Dinge möglich" (Mark. 10, 24—27). Er kann nämlich dem, der den ernsten Willen zur Nachfolge Jesu hat, ein neues Herz geben.

Das Tempelweihfest

Ob sich wohl viele Leser über die Bedeutung des Tempelweihfestes klar sind, an dem Jesus nach Joh. 10, 22 teilgenommen hat, und das jedes Jahr vom 25. Dezember an in Jerusalem gefeiert wurde? Und ob ihnen schon zum Bewußtsein gekommen ist, was für ein entscheidungsvoller Tag das im Leben des Herrn gewesen ist? Ich möchte es fast bezweifeln. Schon durch die äußere Anordnung des Berichtes wird das Verständnis für den gewöhnlichen Bibelleser erschwert. Zwischen dem, was in Vers 21 und 22 berichtet ist, liegt ein Zeitraum von zwei Monaten. Nach der unverständigen Kapiteleinteilung unseres Neuen Testaments aber, welche erst i. J. 1551 der Pariser Buchdrucker Stephanus auf eigene Faust vorgenommen hat, und die leider auf die ganze Welt übergegangen ist, muß es scheinen, als schlösse sich das Vers 22 Gesagte ohne Unterbrechung an das Vorhergehende an. Sinngemäß müßte mit Vers 22 ein ganz neues Kapitel anfangen. Auch muß man, um diesen Bericht recht zu verstehen, Palästina und seine Witterungsverhältnisse kennen. Darum will ich im Nachfolgenden versuchen, die Bedeutung dieses Festes den Lesern ins rechte Licht zu stellen.

Das Tempelweihfest wurde in Jerusalem seit dem Jahr 145 v. Chr. gefeiert. Judas Makkabäus hat es eingesetzt, nachdem er das Land vom Joch der Syrer befreit, den entweihten Tempel gereinigt und mit herrlichen goldenen Geräten neu ausgestattet hatte. Auch das ewige Licht auf dem siebenarmigen Leuchter im Heiligtum wurde wieder angezündet, weshalb das Fest auch Lichterfest genannt und durch festliche Beleuchtung der Stadt verherrlicht wurde. Der 25. Dezember, an dem das achttägige Fest begann, fiel mitten in die winterliche Regenzeit. Da konnten gerade schwere Regengüsse aufs Gebirge niedergehen, und die Wege waren dann so aufgeweicht, daß von auswärts nur wenige Gäste zum Fest nach Jerusalem kamen. Es war daher mehr ein Fest für die Stadtbewohner.

Aber in der Stadt wurde um so fröhlicher gefeiert. Im Tempel wurde bei den Festgottesdiensten in Erinnerung an die Errettung des Volkes aus schmachvoller Knechtschaft der 30. Psalm, dazu auch wie bei den drei Hauptfesten das sogenannte Hallel, das heißt die Psalmen 113 bis 118 angestimmt. Acht Tage lang ging es in den Häusern und Gassen Jerusalems sehr lustig zu. Umzüge wurden veranstaltet, die bewegten sich mit frohen Rufen durch die engen und steilen Gassen vom tiefen Kidrontal bei Siloah bis hinauf zum Tempel und zum herodianischen Königspalast. Und wenn die Sonne hinter den westlichen Schloßtürmen untergegangen war, wurde in Erinnerung an die Erneuerung des ewigen Lichts die ganze Stadt festlich beleuchtet. Das hohe Tempelgebäude, die Vorhöfe und die Säulenhallen erstrahlten in festlichem Glanz. In den Gassen und auf den Dächern brannte ein Lichtermeer, in den Häusern fanden Gastmähler bei fröhlichem Lichterschein statt.

Solch ein Tag war's, von dem Johannes (10, 22) erzählt. Der Festgottesdienst war vorüber. Es regnete. Denn wenn Johannes nach der lutherschen Übersetzung sagt „Es war Winter", so will er seine Leser nicht darauf aufmerksam machen, daß es im Dezember Winter war, das wußte ja jedes Kind, sondern wir müssen übersetzen „Es regnete". Noch heute hat man in Palästina für Regen und Winter ein und dasselbe Wort „schitta". Und wenn in Palästina der Winterregen einmal richtig einsetzt, dann schüttet es oft Tag und Nacht wie mit Kübeln vom Himmel herunter, und alles Volk jubelt über solches Festwetter. Denn nichts Köstlicheres kann sich der Bewohner Palästinas wünschen als einen reichlichen Winterregen für seine Zisternen und Felder.

Und ein Sturm weht dabei, als wollte er die schweren Steinhäuser mitnehmen.

So war es auch an jenem Tage. Der Weststurm brauste vom Königspalast über die Stadt zum Ölberg hinüber. An den marmorweißen Wänden und den massiven Goldplatten des Tempels rann das Wasser hinunter und strömte rauschend in die zahlreichen mächtigen Zisternen, mit denen die weiten Vorhöfe unterhöhlt waren. Bei solchem Wetter konnte man sich natürlich nicht wie sonst in den freien, mit Steinplatten und Mosaik gepflasterten Vorhöfen aufhalten. Die Besucher des Tempels gingen daher in die weiten, durch Dächer geschützten Säulenhallen, welche den heiligen Tempelbezirk auf allen Seiten umgaben und eine große Menschenmenge aufnehmen konnten. Schauplatz unserer Geschichte war die Halle Salomos, welche im Osten hoch über dem Kidrontal aufstieg. Diese Doppelhalle stand auf riesigen Untermauern, welche nach Josephus 400 Ellen (200 Meter) das Kidrontal in schwindelnder Höhe überragten. Marmorweiße, je aus einem Stück gehauene, dreizehn Meter hohe Säulen trugen das Zederngebälk des Daches. Die 15,6 Meter breite Halle lief die ganze Ostseite des mächtigen Platzes entlang und konnte schon eine ganz gehörige Volksmenge fassen.

Durch diese Salomonische Halle wogte an jenem Dezembertage die städtische Bevölkerung auf und ab, als plötzlich zu aller Erstaunen Jesus in ihrer Mitte erschien. Kein Mensch hätte ihn diesmal erwartet. Zu diesem Fest kamen ja überhaupt nur wenige Gäste von auswärts. Zudem hatte es zwei Monate vorher beim Laubhüttenfest (Joh. 7 und 8) zwischen ihm und den Jerusalemer Herren einen so scharfen Zusammenstoß gegeben, daß schon damals ein Mordversuch gegen ihn gemacht worden war. Man hätte annehmen müssen, daß er sich hüten werde, so bald wiederzukommen.

Umsomehr war jedermann überrascht, ihn hier zu sehen. Zu allererst mögen sich seine Anhänger aus der Hauptstadt und ihrer Umgegend hocherfreut um ihn gesammelt haben, etwa Markus und seine Mutter Maria, in deren Haus vermutlich ein Vierteljahr später das Abendmahl eingesetzt wurde, die drei Geschwister aus Bethanien, die Emmausjünger und andere, deren Namen uns nicht aufbewahrt sind, während sich seine Freunde aus den höchsten Kreisen, Nikodemus und Joseph von Arimathia, wenn sie da waren, aus Furcht vor ihren Amtsgenossen zurückhielten.

Johannes sagt von diesem Auftreten Jesu auf griechisch „peri-epàtei", er wandelte umher. Wenn dieser Ausdruck ebenso verstanden werden darf wie bei Plato und den Philosophen seiner Schule, den „Peripatetikern", so bedeutet er, daß Jesus in der Salomonischen Halle umherwandelnd, seine Jünger unterwies. Für sie war das unerwartete Erscheinen Jesu zum Lichterfest das Erscheinen des wahren Lichts ihres Lebens und der Welt, wie er selbst acht Wochen vorher auf diesem Platze gesagt hatte: „Ich bin das Licht der Welt."

Was für ein Lichtfest hätte es werden können, wenn die Juden ihn diesmal aufgenommen hätten! Aber genau das Gegenteil geschah. Auch seine Feinde hatten sein Kommen in der Salomonischen Halle bemerkt. Seine Erscheinung schlug bei ihnen ein wie ein Blitz. Sofort stürzten sie auf ihn zu. Sie umringten ihn, so daß er von einem Kreis wütender Gesichter völlig eingeschlossen war. Noch vom Oktober her kochte der Zorn in ihnen, weil er damals zum zweitenmal mitten in ihrer heiligen Stadt den Frevel begangen hatte, einen Kranken am Sabbat zu heilen, und weil er sich nicht nur den Sohn des Vaters und das Licht der Welt genannt, sondern auch behauptet hatte, er habe schon vor ihrem Vater Abraham gelebt.

Für seinen nächsten Besuch hatten sie sich offenbar schon einen schlauen Plan ersonnen, um ihn in seinen eigenen Worten zu fangen. Er hatte ja schon oft Dinge von sich ausgesagt, die für ihre Ohren Gotteslästerung waren. Aber eines hatte er bisher sorgfältig vermieden. Er hatte sich nie als den Messias bezeichnet. Aber gerade das wollten sie von ihm hören. Messias hieß ja auf römisch Rex. Damit hätten sie ihm vor dem Statthalter des römischen Kaisers ohne weiteres als einem Aufrührer den Prozeß machen können, wie sie es ja auch wirklich ein Vierteljahr später taten.

Mit diesem Plan stürmten sie auf ihn ein, um ihm in der Überraschung das Wort „Messias" zu entlocken, während seine Jünger verschüchtert zurückgestoßen wurden und die Menge sich schnell um die Gruppe sammelte.

„Wie lange hältst du unsere Seelen auf", riefen sie. „Bist du der Messias, so sage es uns endlich frei heraus!"

Aber Jesus tat ihnen den Gefallen nicht. Er durchschaute sie. Ganz ruhig erwiderte er: „Ich habe es euch längst gesagt, und ihr glaubet doch nicht. Außerdem reden ja meine Taten, die ich im Namen des Vaters tue, deutlich genug, um euch zu sagen, wer ich bin. Ihr habt euch nun einmal gegen mich entschieden und wollt nicht zu der Herde gehören, als deren Hirte ich mich im Oktober bezeichnet habe".

Sein Blick fiel auf die kleine Schar seiner Jerusalemer Anhänger, welche in den Hintergrund geschoben waren und mit den Zeichen größter Bestürzung ihren geliebten Herrn von seinen grimmigen Feinden umringt sahen. Was sollte aus ihnen werden, wenn diese mächtigen Herren diesmal ernst machten und ihren Herrn töteten oder ins Gefängnis schleppten? An sie, nicht an die erzürnten Ratsherren und Pharisäer wandte er sich mit den folgenden Worten. Wenn er auch scheinbar ohnmächtig seinen mächtigen Feinden gegenüberstand, sie sollten wissen, daß er mächtig genug sei, sie vor der ganzen Welt zu schützen. Darum sagte er zu ihnen: „Meine Schafe hören meine Stimme. Ich kenne sie, und sie folgten mir. Ich gebe ihnen das ewige Leben. Sie werden in Ewigkeit nicht umkommen, und niemand wird sie mir aus meiner Hand reißen. Der Vater, der sie mir gegeben hat, ist größer als alles. Aus seiner Hand kann sie niemand reißen. Die Allmacht Gottes ist aber zugleich meine eigene Allmacht. Denn ich und der Vater sind eins. Wir beiden bilden eine untrennbare Einheit".

Dieses Schutz- und Trutzwort an seine verschüchterten Jünger stand in seltsamem Gegensatz zu seiner scheinbaren Wehrlosigkeit. Den Gegnern aber klang es wie eine verruchte Gotteslästerung. Wie? Hier, mitten in ihrem Tempel wagte er zu sagen, er und Gott seien eins? Draußen auf dem Vorhof lag ein Haufen Bausteine. Dorthin stürzten die Wütenden und schleppten Steine herbei, um ihn zu steinigen.

Furchtlos blieb Jesus stehen und sah ihnen ruhig ins Gesicht.

Jesus: „Viele gute Werke habe ich unter euch getan. Wegen welches von ihnen wollt ihr mich steinigen?"

Die Juden: „Nicht wegen eines guten Werkes, sondern wegen deiner Gotteslästerung! Du bist doch nur ein bloßer Mensch und machst dich selbst zu Gott!"

Jesus: „In eurem heiligen Buch werden Psalm 82, 6 bloße Menschen Götter genannt, nur weil sie gewürdigt waren, den Menschen Gottes Wort zu sagen. Bei mir aber, der euch nicht nur Gottes Wort sagt, sondern den der Vater aus seiner ewigen Gemeinschaft in die Welt gesandt und durch offensichtlich göttliche Werke beglaubigt hat, sagt ihr, ich lästere Gott, wenn ich mich Gottes Sohn nenne? Es ist also Gott selbst, dem ihr den Glauben verweigert."

Auf diese schlagende Erwiderung wußten sie nichts zu sagen, denn alles Volk, welches herumstand, kannte die Taten Jesu, von denen das ganze Land widerhallte. Sie sahen sich insoweit entwaffnet, daß sie wenigstens das Steinigen für jetzt aufgaben. Das Volk hätte sich sonst vielleicht gegen sie selbst gewandt. Aber wenn sie ihn auch nicht töten konnten, so beschlossen sie doch, ihn wenigstens zu verhaften, was sie schon im Oktober vergeblich versucht hatten (Joh. 7, 44—46).

Es schien höchste Gefahr für ihn zu sein. Aber es gelang ihnen auch diesmal noch nicht. Johannes sagt nur kurz: „Er entkam aus ihren Händen". Wie er entkommen ist, sagt er nicht. Ob beim Handanlegen an seine hoheitsvolle Person selbst den Dreistesten der Mut versagte, oder ob sie ihm, als er mitten durch sie hindurch zum Tempel hinausging, unwillkürlich Platz machten und ihn verblüfft entkommen ließen, wissen wir nicht. Unangefochten ging er zum östlichen Tor des Tempels hinaus, welches zum Kidrontal hinunterführte, nachdem er sich vielleicht kaum eine halbe Stunde in der Stadt aufgehalten hatte.

„Es regnete". Der Regen goß in Strömen, als Jesus mit seinem Johannes, dem einzigen Apostel, der ihn begleitet hatte, beide fest in ihre Mäntel gehüllt, ins Kidrontal hinabsieg, um nach Peräa jenseits des Jordans zurückzukehren (Joh. 10, 40). Er überschritt den sonst trockenen Kidron, der aber unter dem Regen zu einem reißenden Bergbach angeschwollen war, und ging über den Ölberg.

Es ist an sich schon wahrscheinlich, daß er an Bethanien, durch welches sein Weg notwendig führte, nicht ohne einen Besuch bei den befreundeten drei Geschwistern vorübergegangen ist. Diese Wahrscheinlichkeit wird fast zur Gewißheit erhoben durch den Bericht des Lukas (Luk. 10, 38), der aus dieser Zeit nach dem Abschied von Galiläa (Luk. 9, 51) von jenem Abend erzählt, an dem Jesus das bekannte Wort zu Martha sagte: „Eins aber ist not". Am nächsten Morgen werden die beiden Wanderer durch die Wüste Juda, wo es fast immer trocken bleibt, selbst wenn es in Jerusalem noch so sehr regnet, nach Jericho und weiter über den Jordan nach Peräa gezogen sein.

Lazarus

Während Jesus in Peräa wirkte, war doch sein Herz zugleich in Jerusalem geblieben, der Stadt, die er schon so oft seinen Ruf hatte hören lassen, und die ihn doch während seiner beiden letzten Festbesuche beinahe gesteinigt hätte. Weit jenseits des Jordantales sah er täglich drüben das westliche Gebirge mit dem Ölberg, hinter dem die Stadt verborgen war, an die er immer denken mußte. Dorthin zog es ihn mächtig. O wenn er ihr noch hätte helfen können! Keine Gefahr hätte ihn hindern können, noch einmal hinüberzueilen. Aber er wollte die gefährliche Reise nicht eigenmächtig unternehmen. Er wartete, ob ihm nicht der Vater einen deutlichen Ruf zukommen ließe, um noch ein letztes Mal dieser Stadt ein Zeugnis zu geben, das jedem, der noch sehen wollte, die Augen darüber öffnen mußte, was für ein Gast in Jesus vor ihren Toren erschienen sei. Und er sollte nicht umsonst auf einen solchen Wink seines Vaters warten.

Januar und Februar, wohl auch ein Teil des März waren seit dem kurzen Besuch Jesu in Jerusalem und Bethanien verflossen, als in dem gastfreundlichen Hause der Geschwister bange Sorge einkehrte. Lazarus, den der Herr wohl und gesund verlassen hatte, wurde schwer krank. Seine beiden Schwestern taten gewiß alles, was sie konnten, um ihren einzigen Bruder, ihren Halt, ihre Stütze und ihren männlichen Helfer zu pflegen. Aber er wurde immer schwächer und schwächer, immer heißer das Fieber, immer matter das Gesicht mit den fieberglänzenden Augen. Wie oft mögen Martha und Maria vom Dorfe hinübergesehen haben nach Peräa, wo Jesus weilte. Deutlich kann man ja von den höheren Stellen der Ortschaft aus die blauen Berge Peräas herüberschimmern sehen. O wenn sie dem dort weilenden Jesus hätten durch die Luft Botschaft senden können! Immer wieder sagten sie sich: „Wenn nur Jesus da wäre, dann würde unser Bruder nicht sterben."

Aber Jesus war zwei bis drei Tagereisen entfernt. Dort war er sicher, denn dorthin reichte die Macht der Hohenpriester nicht, während er hier, ganz nahe vor den Toren Jerusalems, jeden Augenblick in Todesgefahr schwebte. Durften sie es wagen, ihn hierherzurufen und ihn neuer Lebensgefahr auszusetzen? Nein, das wollten sie nicht, wenn es auch von Stunde zu Stunde mit ihrem Bruder schlimmer wurde.

Aber eines durften sie doch tun, ihn wenigstens davon benachrichtigen, in welcher Angst und Sorge sie schwebten. Darum fertigten sie einen Eilboten ab, einen zuverlässigen Mann aus ihrem Dorf, nannten ihm die Stadt, wo er Jesus in dem weiten Peräa treffen würde, und gaben ihm nur die bescheidene und rührende Botschaft mit: „Herr, siehe, den du lieb hast, der liegt krank."

Der Bote eilte auf demselben Wege wie neulich Jesus nach Jericho und ins Jordantal hinab, und jenseits des Jordans das peräische Gebirge hinauf, bis er vor Jesus stand und seine Botschaft ausrichtete. Ohne Zweifel erzählte er auf die Fragen Jesu noch weiter, wie schlimm der Zustand des Kranken war.

Ganz erschrocken hörten die Jünger die Unglücksbotschaft. Ihnen ahnte nichts Gutes. Sie wußten, wie lieb Jesus die drei Geschwister hatte. Sie wußten, daß er keine Gefahr scheute, wenn man ihn rief. Sie fürchteten, daß ihn nichts abhalten könnte, nach Bethanien zu reisen.

Indessen Jesus selbst blieb ganz ruhig. Er sagte nur: „Die Krankheit ist nicht zum Tode, sondern zur Ehre Gottes, daß der Sohn Gottes dadurch geehrt werde" (Joh. 11, 4). Was er damit meinte, verstanden sie nicht. Nur mag sie dies Wort an jene Antwort erinnert haben, die er im Oktober bei jenem Blindgeborenen gegeben hatte (Joh. 9, 3). Aber die Hauptsache war für sie, daß er nun gewiß die lebensgefährliche Reise nicht machen würde. Er blieb auch ganz ruhig noch zwei Tage in jener Stadt und ließ sich in seinem Lehren des Volkes nicht stören. Nur mögen ihre und seine Blicke sich in diesen zwei Tagen oft besorgt nach Westen gerichtet haben, wo sich am fernen Gesichtskreis der breite Rücken des Ölbergs vom morgenländischen Himmel abzeichnete. Denn dort in einer Seitenschlucht lag ja Bethanien.

Während sie so ruhig in Peräa blieben, starb dort drüben Lazarus. Jesus wußte es. Sein Vater hatte es ihm geoffenbart, und zugleich, daß durch dieses Sterben der Sohn Gottes geehrt werden, in seiner Herrlichkeit noch einmal vor dem nahen Jerusalem als der Gesandte Gottes beglaubigt werden sollte. Darum sagte er seinen Jüngern am Schluß des zweiten Tages ganz unvermittelt: „Laßt uns wieder nach Judäa ziehen!" (Joh. 11, 7).

Wie ein Blitz traf die Jünger diese Ankündigung. Das hieß ja geraden Weges in den Rachen des Todes ziehen! „Meister", wagten sie einzuwenden, „vor einigen Monaten wollten dich die Juden dort steinigen — und du willst wieder dahin ziehen?!"

Aber ruhig erwiderte er, daß die Reise für sie keine Gefahr habe. Ein Wanderer brauche sich ja am hellen Tage nicht zu fürchten, daß er strauchle und verunglücke. So habe auch ihm sein Vater einen Lebenstag von zwölf Stunden zugemessen. Daher werde er bis zur zwölften Stunde bei ihnen sein und sie beschützen.

Dann aber sagte er: „Lazarus, unser Freund schläft. Aber ich gehe hin, daß ich ihn aufwecke".

Die Jünger verstanden nicht oder wollten nicht verstehen. „Herr", sagten sie, „schläft er, so wird's besser mit ihm".

Da sagte er ihnen frei heraus: „Lazarus ist gestorben. Und ich bin froh um euretwillen, daß ich nicht dagewesen bin, auf daß ihr glaubet. Aber laßt uns zu ihm ziehen!"

Entsetzt sahen ihn die Jünger an. Sie wußten, wenn der Herr entschlossen war, half kein Widerspruch. Keiner wagte etwas dagegen zu sagen. Nur Thomas, der Schwarzseher, sagte laut, was alle im Herzen dachten: „Dann laßt uns mit ihm ziehen, daß wir mit ihm sterben!" Denn daß es diesmal in den Tod ginge, daran zweifelte keiner.

So war es gewiß eine ernste Wanderung, die sie jetzt antraten. Für gewöhnlich dauerte die Reise von den Höhen von Peräa wohl drei Tage, je nach Lage des Ortes, an dem sie sich befanden. Wenn Lazarus schon an dem Tage gestorben war, an dem der Bote die Nachricht brachte, dann waren seither zwei Tage vergangen; und wenn Jesus mit seinen Jüngern die große Strecke in Eilmärschen zurücklegte, so müßte er am vierten Tage nach dem Tode eingetroffen sein. Das würde mit den vier Tagen übereinstimmen, von denen nachher Martha am Grabe redete (Joh. 11, 39).

Die dreizehn Reisenden (Judas gehörte noch zu den Zwölfen) reisten also auf dem nächsten Wege von den Gebirgshöhen Peräas ins Jordantal hinab, immer im fernen Westen auf dem jenseitigen Gebirge den Ölberg vor sich. Dann durchquerten sie die dreißig Kilometer breite Jordanebene, wanderten durch Jericho und stiegen auf der anderen Seite wieder fast zwölfhundert Meter auf das westliche Gebirge hinauf.

Das war für zwei Tage keine geringe Marschleistung. Im Jahre 1898 stand ich mit dem Deutschen Kaiser auf dem Ölberg nahe bei Bethanien. Ich zeigte ihm den Weg, den Jesus damals genommen hat. Deutlich sahen wir drunten in der Wüste Juda die letzte Strecke seiner Wanderung vor uns. Aber noch viel weiter reichte unser Blick. Die weit ausgebreitete, über zwei Gebirge und das dazwischen liegende Meer sichtbare Landschaft Palästinas lag gleich einer körperlichen Landkarte vor uns. Die Hügel von Bethanien, die schluchtenreiche Wüste Juda, die tiefe Erdsenke des Jordantals und des Toten Meers und in weiter Ferne die blauen Berge von Peräa lagen vor uns. Da sagte der Kaiser mit Recht: „Unser Herr muß doch ein ganz hervorragender Fußgänger gewesen sein. Was für eine Marschleistung bedeutete das doch, in zwei Tagen diese gewaltige Strecke von Gebirge zu Gebirge zurückzulegen! Das könnte ich vom Durchschnitt meiner Soldaten kaum verlangen".

Von Jericho, der von Palmen umwogten Marmorstadt, damals im März im wundervollen Blumenflor Palästinas prangend, gingen die Dreizehn auf steilen Wegen durch die Wüste Juda bergauf. Jetzt standen sie wieder an der heute sogenannten „Apostelquelle", wo vom letzten Wüstentale Uädi Hood der steile Aufstieg zu der Höhe von Äbu Diis und Bethanien beginnt. Die letzte Steigung wurde in einer halben Stunde überwunden, und nun hatten sie nur noch eine Viertelstunde bis Bethanien zu gehen. Die Straße, die sich über das Gelände am Ostabfall des Ölbergs hinzog, bog in die Schlucht ein, wo auf halber Bergeshöhe Bethanien von zwei Bergvorsprüngen eingeschlossen lag. Bis zu den ersten Häusern ging Jesus. Aber ins Dorf selbst ging er nicht. Er blieb mit seinen Begleitern an dessen Ostende stehen. Wir können noch heute fast genau feststellen, wo er haltgemacht haben muß. Von hier schickte er einen Boten, der den beiden Schwestern seine Ankunft melden sollte.

Drinnen im Trauerhaus, in dem Zimmer, in dem Jesus noch etwa zehn Wochen vorher als Gast geweilt hatte, saß eine Menge von Beileidsbesuchern, die namentlich aus der nahen Hauptstadt gekommen waren, um nach morgenländischer Sitte zu trösten. Die trauernde Familie muß angesehen gewesen sein. Sie hatte in der Stadt viele Freunde. Der Bote traf zunächst nur Martha, die anscheinend gerade außerhalb des Wohnzimmers oder Hauses beschäftigt war. Sie sieht, daß ein Bote durchs Dorf gelaufen kommt, gerade auf ihr Haus zu. Er kommt und bringt ihr die fast unglaubliche Nachricht von der Ankunft Jesu. Von freudigem Schrecken ergriffen läßt sie alles stehen und liegen und eilt auf der im Bogen um die Schlucht herum gewundenen Dorfstraße hinaus. Schon von weitem sieht sie dort vor den letzten Häusern die wohlbekannte Gestalt Jesu mit seinen Jüngern.

Endlich steht sie vor ihm und sagt mit zuckenden Lippen: „Herr, wärest du hier gewesen, mein Bruder wäre nicht gestorben! Aber ich weiß auch jetzt noch, daß, was du bittest von Gott, das wird er dir geben". Das war ein tapferes Wort. Jesus belohnte es sofort mit der alle Erwartungen übersteigenden Verheißung: „Dein Bruder soll auferstehen".

Martha glaubte nicht recht gehört zu haben. Fragend blickte sie den Herrn an: „Am jüngsten Tage? Ich weiß, da wird er auferstehen".

Aber er, der Herr der künftigen allgemeinen Auferstehung, hebt sie hoch über diese ihre Gedanken hinaus: *Ich* bin die Auferstehung und das Leben! Wer an mich glaubt, wird leben, auch wenn er sterben muß. Und der da lebt und glaubt an mich, der wird auf ewig nicht sterben. Glaubst du das?"

Jetzt geht ihr eine Ahnung von der ganzen Größe seines Versprechens auf. Eine nie für möglich gehaltene Hoffnung durchzuckt ihr Herz, und mit strahlenden Augen ruft sie ihm ihr Bekenntnis zu: „Herr, ja! Ich glaube, daß du der Messias bist, der Sohn Gottes, der in die Welt gekommen ist!"

Auf einen Wink des Herrn eilt sie ins Dorf zurück, um ihre Schwester zu rufen. Maria saß noch betrübt im Kreise der Trauerbesuche. Da kommt Martha eilig gelaufen, ruft sie heraus und flüstert ihr zu: „Der Meister ist da und ruft dich!"

Da springt Maria auf und eilt auf demselben Wege zum Dorf hinaus. Es war die Richtung zum Grabe ihres Bruders. Darum meinten die Gäste, sie wolle in aufwallendem Schmerz zum Grabe gehen, um sich auszuweinen, und alle folgten ihr nach.

Jesus hatte alles getan, um in aller Stille nur die beiden Schwestern allein zu sprechen. Er hatte deshalb nicht einmal das Dorf selbst betreten. Wenn die Herren in Jerusalem von seiner Ankunft gehört hätten, so wäre die von den Jüngern befürchtete Gefahr schon heute eingetreten. Aber ganz unerwartet sah er hinter Maria auf der kreisrund gebogenen Dorfstraße eine ganze Schar von Menschen daherkommen. Darin erkannte er eine Fügung seines Vaters, der ihm diese Gemeinde zuführte, welche Zeuge dessen sein sollte, was er vorhatte.

Jetzt hatte Maria den Herrn erreicht. Sie sank zu seinen Füßen und schluchzte: „Herr, wärest du hier gewesen, mein Bruder wäre nicht gestorben!"

Aber gleich hinter ihr her kam die ganze Gesellschaft und, von ihrem herzbrechenden Schluchzen ergriffen, weinten alle mit.

„Wo habt ihr ihn hingelegt?" fragte Jesus.

Sie antworteten: „Herr, komm und sieh es".

Das Grab war, wie sich aus dem Vorigen ergibt, nicht weit. Einige gingen voraus, um den Weg zu zeigen. Jesus, die Jünger, die ganze Trauergesellschaft folgten. Alle weinten. Auch Jesus konnte sich der Tränen nicht enthalten. Bald aber zeigte sein Angesicht wieder Ruhe, Sicherheit, Entschlossenheit. Nun stand er ruhig und hoheitsvoll vor dem in eine Felsenwand gehauenen und mit einer Steintür verschlossenen Grabe mitten unter den Weinenden. Jetzt erhob er seine Stimme.

„Hebet den Stein ab!" befahl er.

Die Leute trauten ihren Ohren kaum. Was? Den Stein abheben? Die Grabesruhe des Toten stören? Selbst Martha, die vorhin einen so tapferen Glauben gezeigt hatte, ließ sich wieder von einer Glaubensschwäche anwandeln und erlaubte sich, gegen die Aufdeckung der vermodernden Leiche Einspruch zu erheben: „Herr, er stinkt schon, denn er liegt vier Tage!"

Aber Jesus wandte sich zu ihr: „Habe ich dir nicht gesagt, so du glauben würdest, du solltest die Herrlichkeit Gottes sehen?"

Da Jesus auf seinem Befehl beharrte, legten jetzt einige Männer Hand an, um das Grab zu öffnen. Jedem anderen hätten sie es verweigert. Aber diesem so hoheitsvoll vor der Felsenwand Stehenden *mußte* man gehorchen. Sie entfernten den Mörtel, mit dem die mächtige Steinplatte in der Türöffnung befestigt war, und bald fiel sie donnernd auf den Felsboden. Mit Grausen sahen alle auf die schwarze Öffnung, die ihnen aus der Felswand entgegengähnte.

Jesus aber hub seine Augen empor und betete. Es war wie beim hohepriesterlichen Gebet (Joh. 17) ein Gebet, das auch die Menschen hören sollten, um zu sehen, wie Jesus zu seinem himmlischen Vater stand: „Vater, ich danke dir, daß du mich erhört hast. Ich wußte zwar, daß du mich allezeit hörst. Aber um des Volkes willen, das umher steht, sage ich's, daß sie glauben, du habest mich gesandt".

Dann rief er, zum Grabe gewendet, mit lauter Stimme: „Lazarus! Hierher! Heraus!"

Und sieh, und sieh! In der schwarzen Felsenöffnung bewegten sich weiße Grabgewänder! Tastend trat der Tote heraus, an Händen und Füßen noch mit Grabtüchern umwickelt, auch Gesicht und Haupt mit dem Kopftuch umhüllt. So kam er heraus aus der Grabesnacht ins helle Tageslicht, wie eine Leiche eingepackt, aber doch wie ein Lebendiger sich bewegend.

Mit maßlosem Erstaunen sah die Menge auf den wandelnden Toten. Zuerst mag es ihnen gegraust haben, als sie das Unglaubliche mit eigenen Augen sahen. Jedes Wort auf ihren Lippen erstarb. Dann aber löste sich die Spannung, als, wie wir es uns gar nicht anders vorstellen können, die Schwestern jubelnd ihren wiedergeschenkten Bruder begrüßten. Mit anbetender Bewunderung blickte die ganze Versammlung fast scheu auf den, der selbst dem Tode gebieten konnte.

Jesus aber befahl jetzt den Nächststehenden: „Bindet ihn los, und laßt ihn gehen!" Er wollte den Lazarus wohl auch möglichst bald aus der peinlichen Lage befreien, wie ein „Wundertier" von allen angestaunt und angegafft zu werden. Dem sollte er nach so ungeheurem Erleben so bald als möglich entzogen und in der Stille seines Hauses geborgen werden. Auf seinen Befehl griffen die Männer zu. Die Binden und Tücher wurden abgelöst, und Lazarus ging mit seinen Schwestern auf der Dorfstraße in sein Haus zurück, aus dem man ihn vier Tage vorher auf der Totenbahre hinausgetragen hatte. (Die Toten in Palästina wurden und werden noch heute gleich an ihrem Todestage begraben.)

Und Jesus? Blieb er noch länger, wie die Schwestern so sehnlich wünschten, als Gast in ihrem Hause? Mit nichten! Keinen Fuß setzte er ins Dorf. Drüben hinter dem Ölberg lauerte ja der Tod auf ihn. Dem wollte er sich auch keineswegs entziehen. Aber seine Stunde war noch nicht gekommen. Mit den Jüngern entzog er sich in auffallender Eile allen Dankesbezeugungen und allen Kundgebungen begeisterter Verehrung und wandte sich mit unbekanntem Ziel nach Norden (Joh. 11, 54).

Die Nachricht von der Auferweckung in Bethanien erfüllte bald ganz Jerusalem. Wie ein Posaunenstoß wirkte die erstaunliche Tat. Das war ja auch der göttliche Zweck, dem diese Tat hatte dienen sollen. Schon in Peräa hatte der Herr seinen Jüngern gesagt, daß die Krankheit des Lazarus dazu dienen sollte, ihren

Glauben zu stärken, damit er standhalte in den bevorstehenden schrecklichen Erlebnissen des nahen Karfreitag (Joh. 11, 4. 15). Und in seinem Gebet am offenen Grabe hatte er es vor aller Ohren ausgesprochen, daß dies Zeichen dem ganzen Volke, das ihn bald kreuzigen sollte, ein letztes gewaltiges Zeugnis dafür sein sollte, daß er von Gott gesandt sei (Joh. 11, 42).

Aber so groß war die Verblendung dieses Volkes und seiner Oberen, daß sie selbst diese deutlichste Sprache Gottes nicht mehr verstanden. Ausdrücklich wegen dieser Auferweckung wurde wohl schon am folgenden Tage drüben in der Stadt hinter dem Ölberg eine dringliche Sitzung des Hohenrats anberaumt. Aufgeregt berieten die Herren, was zu tun sei, um dem gefährlich wachsenden Ansehen Jesu die Spitze zu bieten. Wie sie sich die unleugbare Auferweckung zurechtlegten, um dem Eindruck einer göttlichen Tat zu entgehen, wird uns nicht berichtet. Wahrscheinlich führten sie diese auf die schwarze Kunst, einen Bund mit dem Teufel zurück, wie sie es ja auch sonst ihm gegenüber getan hatten (Matth. 12, 24; Luk. 11, 15. 18). In diesem Falle mußte ihr Vorgehen gegen ihn erst recht als ein gottwohlgefälliges Werk ersscheinen. Jedenfalls stimmten alle, welche erschienen waren, dem entschlossenen Urteil des Vorsitzenden, ihres Hohenpriesters, zu: Er muß sterben! (Joh. 11, 46—53). So wurde die Tat in Bethanien anstatt eines letzten gewaltigen Rufs zum Glauben der unmittelbare Anlaß zum Tode Jesu am Karfreitag. Drei oder vier Wochen später hing Jesus am Kreuz auf Golgatha.

Der tatkräftige Kaiphas ergriff sofort seine Maßregeln. Es war auch nötig. In Jerusalem wallfahrteten die Leute geradezu nach dem nahen Bethanien wie zu einem Heiligtum, um das Grab und den Auferweckten zu sehen. Die Hohenpriester dachten sogar daran, Lazarus umzubringen (Joh. 12, 9—11). Aber zunächst erließen sie in größter Öffentlichkeit einen obrigkeitlichen Befehl, daß jeder, der den Aufenthaltsort Jesu wisse, es bei Strafe des Kirchenbanns zu melden habe, damit sie ihn verhaften könnten (Joh. 11, 57). So war Jesus öffentlich schon fast für vogelfrei erklärt.

Aber wohin war er denn verschwunden? Er hatte sich von Bethanien gleich nach der Auferweckung in aller Stille in das abgelegene Dorf Ephrem zurückgezogen, wahrscheinlich das alttestamentliche Ophra, die Heimat des aus der Richterzeit bekannten

Richters und Helden Gideon. Es lag abseits von der von Jerusalem nach Norden führenden großen Heerstraße, in der Luftlinie zweiundzwanzig Kilometer von der Hauptstadt und Bethanien entfernt. Diese weite, durch das Gebiet der Stämme Benjamin und Ephraim führende Strecke, die er nach dem langen Marsch vom Jordantal natürlich nicht mehr an demselben Tage ganz bewältigen konnte, war über Berg und Tal in etwa fünf Stunden zurückzulegen. Er wird wohl unterwegs irgendwo übernachtet haben. Dieses Ephrem, sehr wahrscheinlich das heutige Teijibe, das auf einem weithin ragenden Bergkegel 869 Meter hoch liegt, habe ich schon in meiner Jugend vom Syrischen Waisenhause aus mit seinen auf dem Gipfel weiß schimmernden Häusern täglich vor Augen gehabt.

Von Bethanien aus konnte der Herr mit seinen Jüngern auf einsamen Fußpfaden, die ihn vor den Späheraugen in der Stadt verbargen, östlich hinter dem Ölberg herum, nahe an dem heutigen still im Tal versteckten Isauije (d. h. Jesusdorf) vorbei dorthin gelangen. Die große Masse der Passahfestpilger aus dem Norden benutzte die weiter westlich gelegene gute Straße und berührte daher das hochgelegene stille Ephrem nicht.

Jesus hatte damit für seine beabsichtigte Verborgenheit einen der höchsten Berge Palästinas gewählt. Mit seinem hohen Gipfel wird er nur von dem höchsten Berge des Landes, Baal Hazor, um 141 Meter überragt, den Jesus dort täglich nordwestlich von Ephrem ganz nahe vor sich hatte. Er hat ja die Berge immer besonders geliebt. Auf dieser stolzen und doch abgelegenen Höhe hat er die drei Wochen vor seinem letzten Gang zugebracht.

Der Abschied Jesu vom Tempel

Wer jemals von einem Ort, an dem er herzbewegliche, tief in sein Leben eingreifende Dinge erlebt hat, für immer Abschied genommen hat, der weiß, wie es einem da zumute ist. Die Erinnerungen an eine schöne oder eine schwere Vergangenheit wachen auf, wollen das Herz übermannen, und die Augen werden einem dabei wohl feucht. So war die Stimmung Jesu in den Tagen, wo er zum letztenmal den Tempel in Jerusalem besuchte und für immer von ihm Abschied nahm. Er war aufs tiefste bewegt.

Am Freitag vor seinem Tode war er, von Ephrem kommend, nach Jericho gezogen, dann dort bei Zachäus eingekehrt und, da man am Sabbat nicht reisen durfte, einen Tag bei ihm geblieben. Am Sonntagmorgen brach er auf und konnte nach einem siebenstündigen Marsch durch die Wüste am frühen Nachmittag in Bethanien eintreffen. Es war, wie Johannes sagt (Joh. 12, 1), „sechs Tage vor dem Passahfest", den ersten der sechs Tage nach damaligem Brauch mitgerechnet. Etwa drei Wochen vorher hatte er hier in Bethanien seinen Freund Lazarus aus dem Grabe auferweckt. Er war damals so schnell abgereist, daß man sich kaum recht hatte bedanken können. Jetzt war er wieder da, und jetzt konnte man ihm endlich danken. Es entstand vielleicht ein kleiner Wettstreit, wer ihn zu einem festlichen Abendessen einladen durfte. Es könnte uns auffallen, daß diese Ehre nicht den drei Geschwistern selbst zufiel, sondern einem gewissen Simon mit dem Beinamen „der Aussätzige", der vielleicht ein Verwandter oder naher Freund war. Er lud alle ein, den Herrn, seine zwölf Jünger, natürlich auch die drei Geschwister, möglicherweise auch einige andere aus dem Dorf. Es war jedenfalls eine stattliche Abendgesellschaft.

Erst am folgenden Tage, also am Montag — nicht am Palmsonntag, wie wir zu sagen gewöhnt sind, — ging er, nach Markus 11, 11 anscheinend erst am Nachmittag, in die etwa ein Stündchen entfernte Hauptstadt. Als er, auf einem Esel reitend, den Ölberg herunterkam, begrüßte ihn die Menge seiner zum Fest von auswärts nach Jerusalem gekommenen Anhänger mit stürmischen Huldigungen. Sie stimmten den Königsgesang an, bedeckten die Einzugsstraße mit ihren Mänteln wie mit Teppichen, streuten ihm Maien auf den Weg und geleiteten ihn wie im Triumph in den Tempel.

Aber wie weit war Jesus selbst von dieser jubelnden Stimmung entfernt! Ein tiefes Erbarmen mit diesem Jerusalem ergriff ihn. Mitten in den jauchzenden Scharen brach er in Tränen aus, und mit einer von Schluchzen fast gebrochenen Stimme rief er zu der jenseits des Kidrontals im Sonnenglanz des Glücks strahlenden Hauptstadt hinüber: „Wenn doch auch du (nicht nur diese meine Anhänger aus Galiläa) erkenntest zu dieser deiner Zeit, was zu deinem Frieden dient! Denn es wird die Zeit über dich kommen, daß deine Feinde um dich und deine Kinder eine Wagenburg schlagen, dich belagern und an allen Orten ängsten und dich schleifen und keinen Stein auf dem anderen lassen werden, weil du nicht erkannt hast die Zeit, darin du heimgesucht bist" (Luk. 19, 41). Die anderen, die um ihn her jubelten, sahen nur die in blendender Pracht schimmernde Stadt — er sah infolge der Dinge, die sich in den nächsten Tagen zutragen sollten, im Geiste schon den ungeheuren rauchenden Trümmerhaufen des zerstörten Jerusalem. Mit dieser Gerichtsankündigung zog er in Jerusalem ein.

Die drei ersten Evangelisten, die sich bisher nur auf die Ereignisse in Galiläa und Peräa beschränkt und von den Ereignissen in der Hauptstadt ganz geschwiegen haben, holen an dieser Stelle den Bericht über die Tempelreinigung nach. Wir wissen aber aus Joh. 2, daß diese schon zwei Jahre vorher stattgefunden hat. Es ist — entgegen meiner früheren Auffassung — nicht anzunehmen, daß die Tempelreinigung sich am Anfang der Passionswoche noch einmal genau in derselben Weise wiederholt hat.

Es war nur ein stiller Besuch, den Jesus dem Tempel an diesem Montag machte. Mark. 11, 11 sagt: „So zog er hinein nach Jerusalem in den Tempel. Und als er ringsum alles angeschaut hatte, ging er, da es schon später Abend war, mit den Zwölfen wieder nach Bethanien hinaus." Dieses „er besah alles" ist bedeutungsvoll. Er besah alle Plätze, auf denen er seit zwei Jahren so oft gestanden hatte, als ein Abschiednehmender. Er dachte an die vielen Tage, wo er, umgeben von einer dicht gedrängten Menge, mit gotterfüllten und ergreifenden Worten um die Herzen dieses Volkes geworben hatte. Und nun am Schluß mußte er sich sagen: Es ist alles umsonst gewesen. Ja, er besah alles, aber es waren schwermütige Gedanken, die dabei durch seine Seele zogen. Als sich drüben im Westen hinter dem Palaste des Pilatus die Sonne schon bald zum Untergang neigte, ging er mit seinen Jüngern tief bewegt durchs Kidrontal und über den Ölberg nach Bethanien zurück.

Vor ihm lagen nur noch zwei Tage, an denen er wie früher in den Tempel gehen konnte, Dienstag und Mittwoch. Am Donnerstag blieb er vormittags in Gethsemane oder dem benachbarten Bethanien. Und am Freitag abend lag er schon im Grabe.

An diesem Dienstag und Mittwoch handelte es sich für ihn nicht mehr darum, wie in früheren Zeiten das Volk ruhig zu lehren. Das war für immer vorbei. Nein, er kam nur noch, um Schluß zu machen. Auch seine Feinde erschienen, um mit ihm anzubinden. Auch sie wollten jetzt mit ihm Schluß machen. Schon etwa drei Wochen vorher hatten sie in feierlicher Ratssitzung beschlossen, daß er sterben müsse, und hatten seither steckbrieflich nach ihm gefahndet. Nun er trotzdem die Stirn gehabt hatte, in größter Öffentlichkeit in ihre Stadt einzuziehen, waren sie keineswegs gesonnen, ihm das Feld und das letzte Wort zu überlassen. Sie hatten es offenbar unter sich ausgemacht, wie sie ihn angreifen wollten. Alle drei Arten von Mitgliedern des Hohenrats erschienen, die hohepriesterliche Familie, die Schriftgelehrten oder Doktoren des jüdischen Rechts und die Ältesten oder Ratsherren des Hohenrats (Matth. 11, 23; Mark 11, 27; Luk. 20, 1). An ihrer Spitze Kaiphas, der ihm beim Verhör am Donnerstagabend nicht zum erstenmal gegenüberstand. Die Herren waren entschlossen, ihn vor allem Volk ins Unrecht zu setzen, oder aber ihm im Wortgefecht eine unbedachte Äußerung zu entlocken, mit der sie ihm vor Pilatus hätten als Revolutionär den Strick drehen können.

So entspann sich der letzte Wortkampf, den diese Herren vom Zaun brachen, bevor sie ihn ganz unverhofft in ihre Gewalt bekamen. Eine Partei nach der anderen wurde gegen ihn vorgeschickt. Sie werden dazu ihre geschicktesten Advokaten und Kämpen im Wortgefecht ausgesucht haben. Den Anfang machten „die Hohenpriester", indem sie ihn aufforderten, zu sagen, wer ihn zu seinem Auftreten bevollmächtigt habe (Matth. 21, 22). Ihnen antwortete er nicht nur mit dem Hinweis auf den von allem Volk als Propheten verehrten Johannes den Täufer, sondern er kleidete das, was er ihnen zu sagen hatte, klug in die Form von Gleichnissen, an denen sie ihn nicht fassen konnten. Im Gleichnis von den treulosen Weingärtnern entwarf er vor allem Volk ein Bild von ihrem eigenen gottlosen Treiben. Er erklärte sich wieder, was er auf diesem Platze schon so oft getan hatte, als den „Sohn" gegenüber den bloßen Knechten, den Propheten, und enthüllte dann ruhig in aller Öffentlichkeit die geheimen Mordpläne, die sie gegen ihn schmiedeten (Matth. 21, 33 ff.). Im Gleichnis vom königlichen Hochzeitsmahl sagte er ihnen hier mitten in ihrem Tempel voraus, was für jüdische Ohren entsetzlich zu hören war, daß das Reich Gottes den Juden bald genommen und den von ihnen verachteten Heiden gegeben werden würde. Sie merkten wohl, und alles Volk mußte es merken, daß er mit alledem sie selbst meinte. Sie kochten vor Wut und hätten ihn am liebsten gleich verhaftet, wagten es aber nicht aus Furcht vor seinen Anhängern (Matth. 21, 45. 46).

Die zweite Partei, die gegen ihn vorging, waren die konservativen Pharisäer. Sie hatten sich eine sehr verfängliche Frage ausgeklügelt, die ihn notwendig zu Fall bringen mußte: Ist es recht, daß man dem Kaiser Steuern zahlt? Sagte er Ja, so hatte er es mit dem Volk verdorben, welches die Abhängigkeit vom Kaiser in Rom für die größte nationale Schmach hielt. Sagte er Nein, dann hatten sie einen prächtigen Vorwand, um ihn dem Statthalter als Aufrührer gegen des Kaisers Regiment zu überliefern. Seine Antwort war aber so geschickt und sowohl dem Volk als auch der Regierung gegenüber unanfechtbar, daß die klugen Herren kein Wort zu erwidern wußten.

Die dritte Partei, die gegen ihn vorging, waren Doktoren der liberalen Sadduzäer. Sie hatten sich eine ganz spitzfindige Frage ersonnen, mit der sie seine Lehre von der Auferstehung der Toten vor allem Volk der Lächerlichkeit preisgeben wollten. Siegesgewiß traten sie vor ihn und legten ihm das Geschichtchen von den sieben Brüdern vor (Matth. 22, 24). Aber seine Antwort war so Gottes würdig und so aus dem innersten Geiste der Heiligen Schrift heraus gewachsen, daß die selbstsicheren Frager wieder als die Geschlagenen dastanden.

So hatte Jesus all die hochgestellten Herren einen nach dem anderen auf den Sand gesetzt. Das ganze Volk sah: er war der Sieger. Den Herren, die sich ihre Sache so schlau ausgedacht hatten, verging alle Lust, mit einem so schlagfertigen Gegner noch weiter anzubinden. Lukas 20, 40 sagt: „Sie wagten ihm jetzt keine Frage mehr zu stellen."

Als er ihnen so, wie es Matth. 22, 34 heißt: „das Maul gestopft" hatte, ging er selbst aus der Verteidigung zum Angriff über und legte ihnen auch seinerseits eine Frage vor. Es war die große Hauptfrage, um die sich seit einem Jahr alle seine Zeugnisse auf diesem Platz gedreht hatten, und um deretwillen er schon am nächsten Abend zum Tode verurteilt werden sollte: „Was ist eure Meinung über den Messias? Wessen Sohn ist er?"

(Matth. 22, 14). Als sie ihm eine ungenügende Antwort gegeben hatten, schlug er sie mit ihren eigenen Waffen aus der Heiligen Schrift, so daß sie auch hier ihm nichts zu entgegnen wußten. Jeder denkende Zuhörer mußte sich sagen, daß die Antwort nur lauten konnte: Er ist Gottes Sohn. Auch hier schließt Matthäus mit dem Wort: „Niemand wagte ihn hinfort zu fragen".

Als aber dieses vom Zaun gebrochene Wortgefecht mit einer vollen Niederlage seiner Gegner geendet hatte, ging Jesus zum Erstaunen des Volkes und seiner Jünger zu etwas ganz Unerwartetem über. Er hielt jetzt vor den Ohren des ganzen Volkes eine letzte, öffentliche, furchtbare Abrechnung mit dieser ganzen scheinheiligen Gesellschaft, welche die Sache Gottes zu führen vorgab und ihn, seinen höchsten Gesandten, mit tödlichem Haß verfolgte. Es war eine Strafrede, bei der den hohen Herren die Ohren gellten (Matth. 23). Mit einem zehnfachen: „Wehe euch, ihr Pharisäer und Schriftgelehrten, ihr Heuchler" riß er ihnen die Maske vom Gesicht und geißelte ihre Heuchelei und ihr verborgenes schändliches Treiben. Mit flammenden Worten züchtigte er sie vor den Ohren des ganzen Volkes und überschüttete sie mit tödlichem Spott und gründlicher Verachtung. Schlangen und Otterngezücht nannte er sie, die der höllischen Verdammnis unmöglich entrinnen könnten. Ja, er schleuderte ihnen vor allem Volk ein Wort ins Gesicht, das sie ihm nie vergessen konnten, und dessentwegen sie ihn schon am nächsten Abend nach dem Nachtverhör im Palaste des Kaiphas mit Fäusten ins Gesicht schlugen (Matth. 26, 67): „Die Zöllner und Huren werden wohl eher ins Himmelreich kommen als ihr!" (Matth. 21, 31).

Und dann nahm er Abschied vom Tempel mit den vor den Ohren des Volkes und angesichts des strahlenden Tempels in tiefster Bewegung ausgerufenen Worten: „Jerusalem, Jerusalem, die du tötest die Propheten und steinigest, die zu dir gesandt sind! Wie oft habe ich deine Kinder versammeln wollen, wie eine Henne sammelt ihre Küchlein unter ihre Flügel, und ihr habt nicht gewollt. Siehe, euer Haus soll euch wüste gelassen werden. Denn ich sage euch, ihr werdet mich von jetzt an nicht sehen, bis ihr sprechet: Gelobet sei, der da kommt im Namen des Herrn". Das war die zweite Gerichtsankündigung in diesen Tagen. Dann wandte er sich zum Gehen.

Können wir uns vorstellen, wie es Jesus bei diesem letztmaligen Hinausgehen aus dem Tempelplatz zumute gewesen ist? Was war seit dem letzten Sonntag alles auf ihn eingestürmt! Am Montag der Einzug, bei dem der starke Mann, der sonst jeder Lage mit überlegener Ruhe gegenüberstand, mitten unter der jauchzenden Menge in Tränen ausbrach. Am Dienstag und Mittwoch die letzten Redekämpfe mit seinen haßerfüllten Feinden, denen er, er wußte es, noch in dieser Woche als seinen Richtern gegenüberstehen sollte. Die Ankündigung des nahen, schrecklichen Schicksals seines geliebten Jerusalem und seines übermorgen bevorstehenden gräßlichen Todes. Und dabei fortwährend das Bewußtsein, daß neben ihm sein eigener Apostel als Verräter jeden seiner Schritte belauerte! Das alles drängte sich Schlag auf Schlag über ihm zusammen. Es war nur der Gipfel all dieser heftigen Gemütsbewegungen, wenn er am nächsten Abend in Gethsemane dem Zusammenbrechen nahe, seinen drei Vertrautesten aus gepreßtem Herzen zuflüsterte: „Meine Seele ist betrübt bis an den Tod".

Mit so schwerem Herzen verließ er den Vorhof der Frauen und ging auf den weiten Vorhof der Heiden hinaus. Seine Apostel, Judas eingeschlossen, hinter ihm her. Er wollte mit ihnen über den weiten, von prächtigen Säulenhallen umgebenen Vorhof zum Ostausgang des Tempelplatzes gehen.

Da kam eine unerwartete Unterbrechung. Einige heidnische Griechen, die auch zu dem großen Fest der von ihnen hochgeachteten israelitischen Religion nach Jerusalem gekommen waren, hatten in diesen Tagen, wo jedermann in der Stadt von Jesus redete (Matth. 21, 10) und seine Anhänger ihn für den von den Propheten verheißenen Erlöser feierten, den großen Wunsch, ihn auch kennenzulernen. Vorhin hatten sie ihn nicht hören können, denn zum Vorhof der Frauen hatten sie als Heiden keinen Zutritt. Aber jetzt sahen sie ihn mit seinen Jüngern durch die Menge der Festgäste über den auch ihnen zugänglichen Vorhof der Heiden gehen. Da faßten sie sich ein Herz und redeten einen der Jünger, es war Philippus, an: „Herr, wir wollten Jesus gerne sehen" (Joh. 12, 21). Philippus wußte nicht recht, ob er dem offenbar tief bewegten Herrn jetzt damit kommen dürfe. Er besprach sich darüber schnell mit seinem Landsmann aus Bethsaida, Andreas. Beide kamen überein, sie dürften das Verlangen der Fremden nicht abweisen.

Aber wie erstaunt waren sie, als sie sahen, was für einen Eindruck diese Meldung auf Jesus machte. In demselben Augenblick, wo er die letzte Trennung von dem verblendeten Judenvolk vollzogen hatte, kamen die ersten Vertreter der Heidenwelt, welcher er vorhin fortan das Reich Gottes zugesprochen hatte (Matth. 21, 43), und verlangten nach ihm. War das nicht wie eine Bestätigung von oben, nicht wie ein tröstender Gruß seines Vaters? War es nicht wie eine Verheißung, daß sein Name, der schon morgen in diesem kleinen Judenstaat in Schmach und Schande scheinbar untergehen sollte, in der weiten Völkerwelt verherrlicht und von Millionen angebetet werden würde? Und eine Stimme von oben bestätigte ihm das als eine Glaubensstärkung auf seinem schweren Weg (Joh. 12, 28).

Nachdem er das Verlangen der Griechen erfüllt hatte, ging er mit seinen Jüngern mitten durch die wogende Menge durch das Osttor aus der Stadt hinaus. Auf steilem Abstieg gingen sie in fünf Minuten in die Kidronschlucht hinunter und dann auf der langsam ansteigenden Straße den Ölberg hinauf nach Bethanien zu.

Auf der Höhe angekommen, machten sie noch einmal Halt. Da lag im Glanz der Abendsonne vor ihnen die wundervolle Stadt, der Preis und die Krone jedes israelitischen Herzens. Im Vordergrunde schimmerte, von den rötlichen Abendstrahlen verklärt, der Tempelplatz mit seinen mächtigen Bauten, das turmartige Tempelgebäude selbst mit seinen schneeweißen, vielfach mit Goldplatten überzogenen Steinen. Droben auf dem First blitzten die zahllosen goldenen Spitzen. Der ganze mächtige Platz, ein Fünftel der Stadtfläche einnehmend, von herrlichen Säulenhallen umgeben, bildete den Vordergrund. Und dahinter stieg das Häusermeer hinauf bis zum Palaste des Statthalters. Wie betäubt starrten die Jünger hinüber. Das alles sollte, wie ihr Herr vorhin gesagt hatte, untergehen? Dann mußte ja, sie konnten es sich nicht anders vorstellen, die ganze Welt untergehen!

Da wagte nach Mark. 13, 1 einer der Jünger das Stillschweigen zu unterbrechen und dem Herrn zu sagen: „Meister, siehe, welche Steine und welch ein Bau ist das!" Er antwortete: „Siehst du wohl diesen großen Bau? Nicht ein Stein wird auf dem andern bleiben, der nicht zerbrochen werden wird."

Stumm vor Entsetzen sahen sie eine Zeitlang hinüber. Ja, wenn das geschähe, dann konnte es nur geschehen, wenn der Herr wiederkäme zum Weltgericht. Deshalb traten vier andere Apostel — Petrus, Jakobus, Johannes und Andreas (Mark. 13, 3) — noch einmal an den Herrn heran und fragten: „Sage uns, wann wird das geschehen? Und welches wird das Zeichen sein deiner Wiederkunft und des Endes der Welt?"

Auf diese beiden Fragen gab er ihnen eine ausführliche Antwort. Über den Untergang der Stadt gab er ihnen gewichtige Aufschlüsse und Warnungen, welche die ersten Christen später vor der Belagerung Jerusalems durch die Römer wohl beachtet haben. Und da sie auch nach dem Ende der Welt gefragt hatten, setzte er sich wohl mit ihnen an einer ungestörten Stelle auf die Felsen des Ölbergs und antwortete ihnen in einer langen Rede. Zwar auf das Wann seiner Wiederkunft ließ er sich nicht ein. Er deutete ihnen nur an, daß es Jahrtausende lang dauern könne, mit den Worten: „Es wird (vorher) das Evangelium vom Reich in der *ganzen Welt* zu einem Zeugnis für alle *Völker* verkündigt wurden, und dann wird das Ende kommen" (Matth. 24, 14). Aber er ermahnte sie und die ganze spätere Christenheit zur Wachsamkeit, „denn ihr wisstet nicht, zu welcher Stunde euer Herr kommen wird" (Matth. 24, 42). Zur Wachsamkeit ermahnte er sie besonders durch die Gleichnisse von den zehn Jungfrauen und den anvertrauten Zentnern (Matth. 24 und 25). Und dann kam die letzte große Rede (Matth. 25, 31), die mit den majestätischen Worten anhebt: „Wenn aber des Menschen Sohn kommen wird in seiner Herrlichkeit und alle heiligen Engel mit ihm, dann wird er sitzen auf dem Thron seiner Herrlichkeit". Die Antworten auf die beiden verschiedenen Fragen seiner Jünger hat der Herr gewiß klar von einander geschieden. Die Evangelisten haben das nicht getan. Aber jeder denkende Leser kann leicht merken, wo in dieser Rede das Ende der Stadt Jerusalem und wo das Ende des ganzen Weltlaufs gemeint ist.

Die Sonne war inzwischen längst untergegangen. Der Herr hatte nicht mehr viel Zeit. Es war die letzte Lehrrede vor seinen Jüngern. Auch Judas hörte sie noch mit an. Was er am nächsten Abend im Abendmahlssaal zu ihnen sagte, war nur noch die bewegliche Abschiedsrede (Joh. 13 bis 17). Es muß schon spät gewesen sein, als er endlich aufbrach und mit ihnen noch ein halbes Stündchen im Vollmondschein über den breiten Rücken des Ölbergs nach Gethsemane hinüberging. Dort hat er die letzte ungestörte Nacht des Mittwoch wohl in dem Hause zugebracht, das zu dem „Hofe" gehörte. Die nächste Nacht brachte er im Gefängnis des Hohenrats zu. In der übernächsten lag er schon im Grabe.

Die Fußwaschung

Es war in der Passionszeit. Ich hatte vor, am nächsten Sonntag meiner arabischen Missionsgemeinde in Bethlehem über die Fußwaschung zu predigen.

Da ich einige Tage vorher nach Jerusalem reiten mußte, benützte ich die Gelegenheit, um mir irgendwo in der Stadt die Örtlichkeit der Fußwaschung anschaulich zu machen. Das einzige, was wir davon wissen, ist, daß sie in einem Söller Jerusalems stattgefunden hat, das heißt in einem Saal, der auf einen Teil des ebenen Daches hinaufgebaut war. Ich ging daher in das deutsche Johanniterhospiz, das mir für diesen Zweck geeignet schien. Es liegt ganz nahe bei dem ehemaligen Tempelplatz, auf dem Jesus so oft gestanden hat. Auf Freitreppen stieg ich von der Straße zwei Stockwerke hinauf und stand nun auf dem ebenen Dach, auf welches mehrere Söllerzimmer so hinaufgebaut sind, daß noch ein schöner Platz frei ist, auf dem man sich ergehen kann.

Ringsum sah ich die vielen ebenen Dächer der Stadt, vielfach mit einem Sölleraufbau versehen, meist mit kleinen Kuppeln gekrönt. Die durchweg aus Bruchsteinen gebauten Häuser sind ganz eng aneinander gedrängt. Nur einige schmale Gassen sind in dem Gewirre der Häuser zu erkennen. So eng sind die Gassen Jerusalems auch zur Zeit Jesu gewesen.

Der Boden Jerusalems ist bergig und steigt vom Tempelplatz nach Westen an. Nach dieser Seite erhoben sich die Häuser stufenmäßig bis hinauf zu dem mächtigen, vom Alter geschwärzten Turm Phasael, dem einzigen Gebäude, das noch aus den

Tagen Jesu aufrecht steht. Er gehörte zu dem herodianischen Königspalast, in dem in jener Passionswoche Pontius Pilatus Wohnung genommen hatte. Wahrscheinlich konnte ihn Jesus von seinem Söller aus auch sehen.

Im Osten sah ich gerade in den nahen Tempelplatz mit seinen beiden muhammedanischen Moscheen hinein. Wenn der Söllersaal, in dem die Fußwaschung stattgefunden hat, in diesem Stadtteil lag, dann sah auch Jesus von dort aus die prächtigen Gebäude des Tempels, der schneeweiß alle umliegenden Gassen riesenhaft überragte. Hinter dem Tempelplatz schloß der von ihm durch die Kidronschlucht getrennte Ölberg mit seinen schönen Linien den Gesichtskreis. Rechts von ihm schimmerten durch einen Einschnitt im Gebirge in weiter, weiter Ferne die farbigen Moabiterberge.

Gerade in der Richtung dieses Einschnitts sah ich die Straße, die von Bethanien über den Ölberg nach Jerusalem führt. Auf diesem Wege kam Jesus an jenem Donnerstag gegen Abend mit zehn Jüngern in die Stadt. Dort ging er mit ihnen den Berg herunter, durchschritt das Kidrontal, stieg den Tempelberg hinan bis zum östlichen Stadttor und betrat die engen Gassen. Man feierte das Passahfest. Hunderttausende von jüdischen Festbesuchern aus allen Teilen des römischen Reichs bis vom fernen Spanien her durchwogten die Stadt. Alle Gassen waren belebt. Durch das Menschengedränge ging die Schar von elf Männern. Bald rechts, bald links bogen sie in eine Gasse. Jesus ging voran. Denn niemand von den anderen wußte, wohin er wollte. Nur den beiden Jüngern Petrus und Johannes, die er am Morgen in die Stadt geschickt hatte, um das Passahmahl vorzubereiten, hatte er ganz geheimnisvoll gesagt, wie sie das Haus finden sollten. Dieses Geheimhalten war geboten, wenn nicht Judas vorzeitig erfahren sollte, wo der Herr den Abend zubringen wollte.

Es ist wahrscheinlich, daß dieses Haus das des Markus war, des Verfassers unseres zweiten Evangeliums, der zwar nicht zu den Aposteln gehörte, aber dem Herrn gläubig ergeben war. Als der Türklopfer ertönte, kam der Hausherr heraus, begrüßte seinen Gast ehrerbietig und führte ihn die Freitreppe hinauf zum Söller. Diesen hatte Jesus wahrscheinlich deshalb gewählt, weil er da droben von allem, was sonst in der unruhigen Festzeit vorging, ungestört bleiben konnte. Wenn Markus der

Hausbesitzer war, bei dem auch nach der Auferstehung Jesu die kleine Gemeinde ihre erste Heimat hatte, dann würde der Evangelist von seinem eigenen Hause sprechen, wenn er (Mark 15, 15) sagt, es sei ein großer Saal gewesen, der um den Tisch herum mit Sitzpolstern versehen und auch sonst festlich zubereitet war. Die elf Ankömmlinge wurden droben von Petrus und Johannes begrüßt, welche die Vorbereitungen zum Passahmahl getroffen hatten.

Von den in den drei anderen Evangelien erzählten Begebenheiten dieses großen Abends sagt Johannes in seinem Evangelium kein Wort. Er sagt nichts davon, daß die Fußwaschung im Saal stattgefunden habe. Ja, selbst über das Mahl selbst, diese für Jahrtausende bestimmte Stiftung, verliert er kein Wort. Warum? Weil die drei ersten Evangelien damals, als der etwa neunzigjährige Johannes das seine schrieb, schon seit zehn bis zwanzig Jahren in den Händen der Gemeinden waren. Da wollte er natürlich nicht das, was die anderen drei schon berichtet hatten, überflüssigerweise zum vierten Mal schreiben, sondern nur als Augenzeuge Vergessenes nachtragen, manchmal auch leise berichtigen, wo sie nicht ganz genau gewesen waren.

Aber *einen* Vorgang hatten die drei anderen nicht berichtet, und gerade dieser hatte auf ihn einen tiefen Eindruck gemacht: die Fußwaschung. Sie durfte dem Gedächtnis der christlichen Gemeinde nicht verloren gehen. Deshalb schrieb er sie als einziges Ereignis dieses letzten Beisammenseins in sein Evangelium.

Warum hat es denn einen so mächtigen Eindruck auf ihn gemacht? Er sagt es zweimal in der Einleitung zu seiner Erzählung. Er betont da noch einmal, was er schon bei der gestrigen Begegnung Jesu mit den Griechen (Joh. 12, 20) gesagt hat, daß die vorherrschende Stimmung Jesu in diesen letzten Tagen vor seinem Tode nicht etwa, wie man manchmal meint, eine tiefe Niedergeschlagenheit über sein Sterben gewesen ist, sondern die erhebende Gewißheit, daß sein Tod nur die letzte Stufe zu seiner Thronbesteigung, zu seiner Rückkehr in die Herrlichkeit des Vaters war.

Darum leitet Johannes seine Erzählung mit den Worten ein: „Jesus wußte, daß seine Zeit nun gekommen war, aus dieser Welt hinweg zum Vater zurückzukehren." (Joh. 13, 1). Und im dritten Vers: „Jesus wußte, daß ihm der Vater alles in seine Hände gegeben hatte, daß er von Gott gekommen war und zu

Gott ging". Darum schrieb Johannes diesen Bericht in einem tiefen Staunen über den niedrigen Knechtsdienst, welchen Der an seinen Jüngern vollzog, dem die Machtfülle, die ihn schon bald beim Vater erwartete, vollkommen bewußt war.

Aber es war noch etwas anderes, was dem Apostel Johannes an diesem Abend einen so unvergeßlichen Eindruck gemacht hat. Das war der ergreifende Ausdruck der Liebe Jesu zu seinen Jüngern. Schon immer hatte er es ihnen gezeigt, daß die familienhafte, fast verwandtschaftliche Zusammengehörigkeit mit seinen Jüngern ihm weit über die leibliche Verwandtschaft mit Mutter und Brüdern und Schwestern ging (Matth. 12, 48). Aber an diesem Abend fand diese Liebe den rührendsten Ausdruck. Was er noch nie getan hatte, er redete sie wie mit der Zärtlichkeit einer Mutter an: „Liebe Kindlein!" Und am allerergreifendsten war ihm die Fußwaschung. Darum leitet er seinen Bericht ein mit den Worten: „Wie er die Seinen, die in der Welt waren, geliebet hatte, so liebte er sie bis ans Ende".

Wie war denn an diesem Abend die Stimmung im Apostelkreis? Bang, traurig, niedergeschlagen. Nach den Ankündigungen des Herrn mußten sie ja erwarten, daß etwas Schreckliches bevorstehe. Nur Judas war nicht bange. Er war schon ein ganzes Jahr lang eine wandelnde Lüge im Jüngerkreis gewesen (Joh. 6, 70. 71). Er hatte sich so gut verstellt, daß keiner seiner Mitapostel einen Verdacht gegen ihn hegte. Er war dadurch schon ein so hartgesottener, ja teuflischer Sünder geworden, daß sich Johannes seinen Zustand nur dadurch erklären kann, daß er sagt: „Bei dem Abendessen, da schon der Teufel dem Judas Ischariot ins Herz gegeben hatte, daß er ihn verriete" (Joh. 13, 3).

In dieser Stimmung hatten sich die Apostel zu Tisch gesetzt. Sonst pflegte man sich vor dieser feierlichen Mahlzeit die Füße zu waschen. Schon im Gesetz Moses stand, daß, wer vor Gott kommen wolle, sich vorher baden oder den ganzen Leib waschen müsse — ein Hinweis auf die Reinheit der bußfertigen Gesinnung, in der jeder vor Gott kommen sollte. Es geht aus den Worten Jesu hervor, daß alle Apostel an jenem Tage ein solches Bad oder eine Ganzwaschung vorgenommen hatten. Sie waren aber nachher den ganzen Weg vom Ölberg in die Stadt und durch das Menschengewühl der engen Gassen gegangen. Da hatte sich natürlich wieder Staub auf ihre nur mit Sandalen

191

unterbundenen Füße gelegt. Um ganz rein zu sein, mußten daher nach allgemeinem Brauch die Füße nochmals gewaschen werden. Ein Waschbecken und ein Krug mit Wasser stand zu diesem Zweck wie gewöhnlich im Saal bereit.

Dieses Fußwaschen war sonst Sache eines Dieners. Ein solcher war aber an jenem Abend nicht da, vielleicht absichtlich nicht zugelassen, weil der Herr mit den Zwölfen allein sein wollte. Da blieb nichts anderes übrig, als daß einer von den Aposteln die Verrichtung des Dieners übernahm. Aber wer? Petrus und Johannes hatten schon den ganzen Tag mit den Vorbereitungen für den Jüngerkreis gearbeitet. Von den übrigen dachte auch jeder, das könne ein anderer machen als gerade er. Jesus bemerkte das wohl, wie aus dem Vers 16 hervorgeht. So setzten sich alle ohne Fußwaschung zu Tisch.

Auch Jesus hatte sich schon niedergelassen. Aber jetzt stand er wieder auf. Die Jünger mögen ihn überrascht angesehen haben. Was wollte er? Er ging hinüber in die Ecke, wo das zur Fußwaschung bereitgestellte Gerät stand. Staunend erzählt der noch in der Erinnerung tief ergriffene Johannes, was der zur göttlichen Herrlichkeit und Weltherrschaft Aufsteigende tat. Er zog sein Obergewand aus und legte es auf die Bank. Er nahm den Schurz, der bereitlag, und gürtete sich ihn um. Dann ergriff er den Krug, goß Wasser ins Waschbecken und trug dieses an den Tisch, an dem sich die Zwölf niedergelassen hatten. Vor dem ihm zunächst sitzenden Jünger machte er halt, bückte sich, wusch ihm eigenhändig die bestaubten Füße und trocknete sie mit seinem Schurz ab.

So ging er von einem zum anderen, bückte sich und wusch jedem die Füße. Auch Judas ließ sich ruhig die Füße waschen.

Als der Herr aber zu *Petrus* kam, rief dieser, überwältigt von dem Bewußtsein, wie tief sich der Hohe, seiner Verherrlichung Entgegengehende zu ihm herablassen wollte: „Herr, solltest du mir die Füße waschen? Du — mir?!"

Jesus (zu ihm aufblickend): „Was ich tue, weißt du jetzt nicht. Du wirst es aber hernach erfahren."

Petrus (sich aufs lebhafteste wehrend): „Nimmermehr sollst du mir die Füße waschen!"

Jesus: „Wenn ich dich nicht wasche, so gehörst du nicht zu mir."

Petrus (erschrocken): „Herr, dann nicht die Füße allein, sondern auch die Hände und das Haupt!" (die übrigen nicht durch Kleider bedeckten Körperteile.)

Jesus: „Wer gebadet ist, braucht sich nur die Füße waschen zu lassen; er ist ganz rein. Und ihr seid rein, aber nicht alle."

Da gab Petrus seinen Widerstand auf und ließ sich von dem vor ihm knienden Herrn bedienen.

Als der Herr allen die Füße gewaschen hatte, trug er eigenhändig das Waschbecken an seinen Platz zurück, legte den Schurz ab, zog sein Oberkleid wieder an, kehrte an seinen Platz zurück und ließ sich wieder nieder. Dann sagte er zu ihnen, die tief betroffen dasaßen: „Versteht ihr, was ich euch getan habe? Ihr nennt mich ‚Meister' und ‚Herr', und ihr habt recht, denn ich bin es. So nun ich, euer Herr und Meister, euch die Füße gewaschen habe, so sollt ihr auch euch untereinander die Füße waschen."

Was Petrus an diesem Donnerstag abend noch nicht verstand, das hat er hernach, das heißt nach der Auferstehung und Erhöhung Jesu, erfahren. Da ging ihm ein Licht darüber auf, daß die Worte des Herrn und sein gesamtes Tun an diesem Abend eine Gleichnishandlung waren, daß sie einen tieferen Sinn hatten, als man zunächst vermutet hätte. Sie glichen einem Transparent, das Leben und Farbe erst gewinnt, wenn man ein Licht dahinter stellt. Erst als nach drei Tagen das strahlende Licht der Auferstehung Jesu dahinter kam, wurde ihm alles in ganz ungeahnter Weise klar. Das gilt insbesondere von der Fußwaschung und dem Wort: „Wenn ich dich nicht wasche, so gehörst du nicht zu mir." Ein für allemal war er schon gewaschen durch das Wort Jesu, welches ihn und die anderen Jünger seit zwei Jahren in die sündenvergebende, reinigende, heiligende, höherhebende Gemeinschaft des Herrn hineingezogen hatte. Aber beim Gehen auf den Gassen der Welt setzt sich auch bei dem begnadigten Christen täglich immer wieder der Staub einzelner Verfehlungen an die Füße. Auch dieser muß durch die vergebende Gnade Jesu immer wieder abgewaschen werden. Sonst kann es selbst bei einem Jünger, der jahrelang mit Jesus gegangen ist, wie bei Judas, dahinkommen, daß er nicht mehr zu ihm gehört.

Aber zugleich wurde dann den Jüngern klar, daß die Lehre, die dem Herrn bei seinem Abschied am meisten am Herzen lag, die war, daß das Christentum im Grunde eine überaus einfache Sache sei, nämlich: nicht tiefsinnige Predigten halten, nicht Glaubenssätze eifrig verfechten, nicht solche den Menschen zur ersten Pflicht machen oder sie bei abweichenden Meinungen verketzern (oder gar wie im Mittelalter in Europa deswegen foltern und verbrennen), sondern einfach ihnen in Liebe dienen um Jesu willen. Gewiß, sie sollten die Menschen zu Jesus bekehren. Aber sich bekehren heißt im Lichte dieses letzten Abends in die Gesinnung Jesu eingehen, den Menschen um Jesu willen in Liebe dienen, und davon nicht einmal einen Judas ausnehmen, solange es möglich ist. Das war das Letzte, was ihnen Jesus zu sagen hatte, und was er ihnen in einer so ergreifenden und unvergeßlichen Weise sagte, daß sie hinausgingen, um es in der Welt zu verbreiten und auszuleben, so daß die Heiden in den ersten Jahrhunderten bewundernd auf die Christen deuteten und sagten: „Seht, wie sie einander lieben!"

Nach der Fußwaschung, die sich Judas mit kaltem Blick und unbewegtem Herzen hatte gefallen lassen, konnte und wollte sich Jesus das letzte irdische Zusammensein mit seinen Jüngern nicht länger durch den lauernd dasitzenden Verräter stören lassen. Er eröffnete seinen Jüngern, daß er jetzt seinen Feinden verraten werde, und daß der Verräter in ihrer eigenen Mitte sitze. Auch diese letzte, dringendste Warnung prallte an Judas, der ganz zum Werkzeug des Satans geworden war, wirkungslos ab. Da wies ihn der Herr hinaus mit den Worten: „Was du tun willst, das tu sofort!" Damit brachte Jesus selbst den Stein ins Rollen. Kein Mensch merkte, daß er in seiner Passion durchweg den Gang der Dinge selbst überlegen lenkte, sowohl hier als auch in Gethsemane und vor seinen Richtern.

Als Judas dieses Wort gehört hatte, stand er auf und ging. Noch einmal schritt er durch die engen, dunkeln Gassen der Stadt. Bedeutsam fügt Johannes hinzu: „Und es war Nacht". Er ahnte nicht, daß es seine letzte Nacht war. In der nächsten Nacht lag der Selbstmörder schon im Grabe.

Für den Herrn war das Hinausgehen des Verräters, der nur noch als Spion dagesessen hatte, eine wahre innere Befreiung. Jetzt erst brach wie ein verhaltener Strom aus seinem Innern alles hervor, was er seinen Jüngern in dieser letzten Stunde in geradezu zärtlicher Liebe zu sagen hatte. Sie standen ja den in dieser Nacht und am nächsten Vormittag bevorstehenden

furchtbaren Ereignissen verständnis- und fassungslos gegenüber. Darum benützte er diese letzten Stunden irdischer Gemeinschaft in diesem Saal, um sie dafür zu rüsten. Seine mit
einem erhabenen Gebet schließenden Abschiedsreden, die uns
Johannes vom vierzehnten bis zum siebzehnten Kapitel seines
Evangeliums aufbewahrt hat, hatten den Zweck, den tief Er-
schütterten das rechte Verständnis dieses anscheinend so dunkeln Weges zu geben. Er öffnete ihnen die Augen dafür, daß
sein schrecklicher Tod in Wahrheit seine Verherrlichung war,
ein Erhobenwerden zu seinem Vater, auch für sie selbst ein
großes, beglückendes Ereignis, über das sie sich freuen müßten.
Denn sein Hingehen zum Vater bedeute keineswegs einen ewigen Abschied von ihnen; sondern ein ewiges Bleiben, nur in anderer Form. Er gehe auch nicht nur selbst in die Herrlichkeit,
sondern werde ihnen wie ihr Quartiermacher in der Seligkeit
des Vaterhauses und seinen vielen Wohnungen ihre Stätte zu-
bereiten und sie zu seiner Zeit zu sich nehmen, damit sie an
demselben Ort seien wie er.

Erst wenn wir das alles bedenken, verstehen wir, warum sein
erstes Wort nach dem Hinausgehen des Judas war: „Nun ist
des Menschen Sohn verherrlicht in ihm selbst, und Gott ist
verherrlicht in ihm“, das will sagen: Nun haben die Ereignisse
begonnen, die schon am morgigen Freitag zu meiner Verherrlichung und Herrscherstellung führen werden.

Der Abschied

Auf seiner Reise nach Italien traf der bekannte Maler Ludwig
Richter in Salzburg einen etwa fünfzigjährigen holländischen
Steuermann, der nach einem Schiffbruch in seine Heimat zurückkehrte. Dieser sagte zu ihm: „Ich habe einen langen Weg
vor mir, aber ich habe einen guten Reisegefährten.“

„O“, erwiderte Richter, „das ist ja ein Glück. Wer ist es denn?“

„Es ist der liebe Herrgott selber“, entgegnete der Mann, auf
dessen Gesicht Tüchtigkeit und Ehrenfestigkeit geschrieben
standen. „Und hier (dabei zog er ein kleines Neues Testament

aus der Tasche) habe ich seine Worte. Wenn ich mit ihm rede, so antwortet er mir daraus. So wandre ich getrost, lieber junger Herr."

Diese Worte hafteten im Herzen Richters, der bis dahin auf seiner Reise nicht viel an Gott gedacht hatte. Auf der Weiterreise im Zillertal fand er in einem Hause zufällig ein evangelisches Beichtbüchlein. Er blätterte absichtslos darin. Da fielen seine Blicke auf die Abschiedsreden Jesu aus dem Johannes-Evangelium. Er war überrascht, ja geradezu erstaunt, daß man so lange Reden von Jesus selbst besitze. Er hatte ja als Katholik noch nie eine Bibel in der Hand gehabt. Ganz gepackt wurde er, als er Worte las, wie zum Beispiel: „Ich bin der Weg, die Wahrheit und das Leben; niemand kommt zum Vater denn durch mich. Wenn ihr mich kenntet, so kenntet ihr auch den Vater. Wenn ihr Mich liebt, werdet ihr auf Meine Weisungen achten. Ich will den Vater bitten, und er wird euch einen anderen Beistand senden, daß er bei euch bleibe ewiglich, den Geist der Wahrheit." Das waren für ihn Klänge aus einer höheren Welt, die ihn groß und seltsam berührten, wenn er auch vieles nicht recht verstehen konnte. Eine eigentümliche Unruhe kam über ihn. Aus diesen Worten klang es ihm wie ein geheimnisvoller Glockenton, dem ein leises Echo in seinem Inneren antwortete. Er wußte nicht, woher er kam und was er wollte. Aber das wurde der Anfang der späteren lebenslangen Freundschaft Richters mit seiner Bibel, die dann auch ihm der gute Reisegefährte durchs Leben wurde.

Wissen wir, die wir die Bibel von klein auf kennen, was wir an diesen Abschiedsreden Jesu haben? Sollten wir sie nicht in jeder Passionszeit wieder nachlesen, damit wir auch den geheimnisvollen Glockenton und das leise Echo in unserem Inneren vernehmen? Ich möchte den Lesern dazu einen kleinen Hilfsdienst erweisen, indem ich ihnen die äußeren Umstände klarmache, unter denen Jesus diese Worte geredet hat. Die unnachahmlich schönen und tiefen Worte selbst muß jeder in seiner Bibel nachlesen. Ich werde daher ihren Sinn nur in möglichster Kürze mit meinen eigenen Worten zusammenfassen, soweit es nötig scheint, um den Gang der Rede zu verfolgen.

Die Lage, aus welcher heraus Jesus redete, hat Johannes kurz und vielsagend mit den Worten gekennzeichnet: „Als nun Judas hinausgegangen war" (Joh. 13, 31). Der Herr hatte soeben den Verräter entlarvt. Judas hatte keinerlei Versuch gemacht, zu leugnen, sondern finster entschlossen hatte er den Saal verlassen.

Wie vom Donner gerührt saßen die elf Apostel da. Keiner von ihnen hätte dem bisherigen Mitapostel eine solche Niedertracht zugetraut. Aber jetzt wurde ihnen plötzlich klar, daß es nun für Jesus unausweichlich in den Tod ging. Heute Nacht noch! Judas war ja schon auf dem Weg. Jetzt mußten die Dinge blitzschnell ihren verhängnisvollen Lauf nehmen. In sprachlosem Entsetzen starrten sie den Herrn an und waren gespannt, was er nun dazu sagen würde.

Ganz anders war die Wirkung, die das Hinausgehen des Judas auf den Herrn selbst ausübte. Er fühlte sich wie von einem Alpdruck befreit. Jetzt konnte er endlich frei heraus zu seinen Jüngern reden, wie es ihm ums Herz war. Er hatte nicht mehr viel Zeit dazu. Am nächsten Abend lag er ja schon im Grabe. O wie fühlte er es ihnen nach, wie unglücklich und trostlos sie sein würden, wenn er ihnen nun plötzlich entrissen war! Alle seine Liebe legte er noch einmal in seine Worte. Wie ein verhaltener Strom brach aus seinem Inneren hervor, was er ihnen noch zum Trost und zur Ermutigung zu sagen hatte.

Jesus sprach nicht in einem fort. Die Rat- und Fassungslosigkeit der Jünger spiegelt sich deutlich darin ab, daß sie ihn sechsmal mit ihren Fragen unterbrachen. Furchtbar war ihnen der Gedanke, daß Jesus nun so plötzlich sterben sollte. Der Heilsbedeutung seines Todes standen sie noch ganz verständnislos gegenüber. Zuerst unterbrach ihn Petrus (13, 36), dann Thomas (14, 5), dann Philippus (14, 8), dann Judas Jakobi (14, 22), einmal alle Jünger zusammen (16, 19) und zuletzt nochmals alle miteinander (16, 29).

Jesus: Meine lieben Kinder, ich muß jetzt ganz offen mit euch reden, damit ihr nicht an allem irre werdet, wenn die euch so schrecklich scheinenden Ereignisse eintreten. Was jetzt kommt, ist, wie ich euch schon gestern (Joh. 12, 28) auf dem Tempelplatz sagte, als die Griechen mit mir reden wollten, nicht der Weg zu meinem Untergang, sondern der Weg zu meiner *Verherrlichung.* Mit dem Hinausgehen des Judas ist nur der erste Schritt auf dem Wege getan, der mich nun schnell zu meiner Verherrlichung bei meinem Vater führen wird. Mein leibliches Zusammensein mit euch geht jetzt freilich zu Ende. Ich bin wohl nur noch eine Stunde bei euch. Aber wenn ich nicht mehr bei euch bin, dann haltet wenigstens um so fester in Liebe zusammen. Das ist mein letzter Wille, den ich euch hinterlasse.

Petrus (ganz entsetzt): Herr, wohin gehst du?

Jesus: Wo ich hingehe, dahin kannst du mir diesmal nicht folgen.

Petrus: Warum nicht? Ich will mein Leben für dich lassen!

Jesus: Du dein Leben für mich lassen? Wahrlich, wahrlich, ich sage dir, der Hahn wird nicht krähen, bis du mich dreimal verleugnet hast.

Jesus (wieder zu allen Jüngern): Seid nicht so erschrocken wegen meines Todes! Traut auf Gott, dann werdet ihr euch auch mir anvertrauen. In meines Vaters Hause sind viele Wohnungen. Ich gehe euch dorthin nur voraus, um euch dort euern Platz zu bereiten. Dort, wo ich bin, sollt ihr dann auch ewig daheim sein. Den Weg dorthin wißt ihr ja.

Thomas: Wir wissen ja nicht einmal, wohin du gehst — wie sollen wir denn den Weg wissen?

Jesus: Ich selbst bin der Weg. Halte dich nur im Glauben an mich, das ist der einzig rechte Weg. Hättet ihr mich recht erkannt, so würdet ihr auch meinen Vater kennen. Aber gerade durch meinen Tod wird euch ein ganz neues Licht über mich und den Vater aufgehen. Schon jetzt habt ihr ja den Vater geradezu gesehen.

Philippus: Ach Herr, *zeige* uns doch einmal den Vater! Laß uns ihn einmal wirklich sehen! Mehr können wir uns ja nicht wünschen.

Jesus: Aber, Philippus, so lange bin ich schon bei euch, und du kennst mich noch nicht? Wer mich gesehen hat, *hat* den Vater gesehen. Ich bin seine sichtbare Erscheinung auf Erden. Er wird nach meinem Tode alle eure Gebete erhören. Außerdem will ich ihn aber auch bitten, daß er euch einen anderen Helfer sende, *den Geist der Wahrheit.* Der wird euch, wie ich's bisher getan habe, in allem den rechten Weg zeigen. Denkt doch nicht, daß ihr nach meinem Tode verlassen sein werdet! Nein, ich will euch nicht wie Waisen zurücklassen. In diesem Geiste der Wahrheit komme ich wieder zu euch. Der wird es euch vollends ganz klarmachen, daß ich im Vater bin und der Vater in mir und ich durch den Geist der Wahrheit in euch. Und wenn ich euch auch jetzt im Tode verlasse, ich werde die Schranken zwischen der sichtbaren und unsichtbaren Welt durchbrechen und euch wieder sichtbar erscheinen.

Judas Jakobi: Aber warum denn nur uns? Warum nicht auch der Welt! Das würde ihr doch einen ungeheuern Eindruck machen und deine Sache zum Siege führen!

Jesus (diese Frage scheinbar unbeantwortet lassend und nichts davon sagend, daß er sich erst bei seiner Wiederkunft der ganzen Welt zeigen werde): Ich werde mich freilich zunächst nur meinen Jüngern offenbaren. Aber dennoch wird in der ganzen Welt niemand von meinen euch gegebenen Verheißungen ausgeschlossen sein. Jeder, der mich liebt und mein Wort bewahrt, wird meinen Vater lieben. Und wir, der Vater und ich, werden zu ihm kommen und Wohnung bei ihm machen. Hättet ihr mich lieb, so würdet ihr über meinen Tod nicht so bestürzt sein, sondern euch für mich freuen, daß ich zum Vater gehe. Aber auch euch kommt mein Heimgang zugut. Denn der Vater ist zwar größer als ich, aber er hat seine ganze Allmacht in meine Hände gegeben. Ich gehe ja nicht in meine Vernichtung, sondern in meine Herrlichkeit. Meiner Gefangennahme, die jetzt Judas vorbereitet, werde ich mich nicht entziehen, sondern mich meinen Feinden freiwillig stellen. Eben an dieser Freiwilligkeit wird die Welt erkennen, daß ich nur aus Liebe zum Vater gehorsam seinen Auftrag ausführte, mein Leben für die Welt hinzugeben. Darum steht jetzt auf und *laßt uns von hier weg gehen* (Joh. 14, 31).

Damit stand Jesus auf und seine Apostel mit ihm. Sie traten aus dem großen Söllersaal hinaus auf das ebene Dach. Da lag Jerusalem mit seinen Lichtern im Glanz des Vollmonds vor ihnen. Der marmorweiße Tempel ragte riesenhaft über das Häusermeer empor. Droben im Westen sah man die Königsburg, wo Pilatus übers Fest wohnte, und wo Jesus am nächsten Morgen verhört, mißhandelt und verurteilt werden sollte. Im Osten waren die schönen Linien des Ölbergs zu sehen. Ja, sogar in weitester Ferne jenseits des Toten Meers waren die Moabiterberge im Mondschein deutlich zu sehen. Ehe Jesus über die Treppe in die Gasse hinunterstieg, scheint er hier auf dem ebenen Dach nochmals haltgemacht zu haben, um noch einmal von dem anzufangen, wovon sein Herz voll war. Denn es ist sicher nicht daran zu denken, daß der Herr die weiteren Gespräche Joh.

15—17 unterwegs in den des Festes wegen volksbelebten Straßen in oder außerhalb der Stadt geführt hat. Vom Hinausgehen aus der Stadt ist erst Joh. 18, 1 die Rede.

Hier auf der mondbeschienenen Terrasse ermahnte er sie noch einmal, in ihm zu bleiben. Ohne dieses Bleiben in ihm würden sie ebenso sicher zugrunde gehen wie eine vom Weinstock abgeschnittene Rebe. Er versicherte sie noch einmal, daß sein Heimgang zum Vater nur zu ihrem eigenen Besten dienen werde. Er verhieß ihnen noch einmal den Geist der Wahrheit als ihren besten Helfer. Er redete ihnen tröstend zu, daß die Trennung von ihm nicht lange dauern werde: Es ist noch eine kleine Weile, so werdet ihr mich nicht mehr sehen. Aber es ist auch nur eine kleine Weile, da werdet ihr mich wiedersehen.

Die *Jünger* (flüstern miteinander, da Jesus eine Pause macht. Daß sie ihn bald nicht mehr sehen werden, verstehen sie, denn Judas ist schon zur Verhaftung unterwegs. Aber das Wiedersehen nach einer kleinen Weile war ihnen rätselhaft. An Auferstehen dachte keiner): Das verstehen wir nicht. Bald ihn nicht mehr sehen und bald ihn wiedersehen — was mag er nur damit meinen?

Jesus: Ja, ja, ihr werdet weinen und heulen, wenn ich euch entrissen bin, und die Welt wird sich freuen. Aber nur keine Furcht! Eure Traurigkeit wird bald in Freude verwandelt werden. Ich gehe ja meiner Verherrlichung entgegen. Da wird für euch eine ganz neue Art von Gemeinschaft mit mir beginnen. Da könnt ihr zwar nicht mehr wie bisher mit jedem Anliegen zu mir kommen. Aber ihr werdet eure Bitten unter Berufung auf mich an meinen Vater richten, und er wird sie erhören. Bittet nur, ihr werdet ganz gewiß empfangen. Und wenn ihr täglich die Erfahrung macht, daß das wahr ist, da werdet ihr nicht mehr wie jetzt traurig sein, sondern dann wird eure Freude vollkommen werden. Bisher habe ich vieles nur in der Form bildlicher menschlicher Rede zu euch sagen können. Aber dann werde ich durch den Geist der Wahrheit mit unverhüllter Deutlichkeit zu euch reden. Wendet euch nur in allem getrost an den Vater, denn er selbst hat euch lieb. Er selbst ist euch ja in mir erschienen. Von ihm bin ich ausgegangen, und zu ihm gehe ich jetzt wieder. Das ist meine Antwort auf die vorhin gestellte Frage: Wohin gehst du?

Alle Jünger: Ja, jetzt hast du es uns deutlich ohne bildliche Rede gesagt, wohin du gehst. Und wir versichern es dir nochmals alle zusammen: wir glauben es fest, daß du von Gott ausgegangen bist.

Jesus (über dieses Schlußbekenntnis in so ernster Stunde erfreut): Ja, jetzt glaubt ihr.

Das war ein schönes Bekenntnis, das die Apostel ihrem scheidenden Herrn am Schluß ihrer Lernzeit aussprachen. Ja, es sah fast so aus, als sollte Jesus auf seinem Todesgang doch nicht ohne den Beistand menschlicher Liebe und Freundschaft bleiben. Aber er wußte wohl, daß das nicht der Fall war. Er mußte seinen Todesweg einsam und allein gehen. Darum fügte er hinzu: Siehe, es kommt die Stunde, ja, sie ist schon da, wo ihr zerstreut werdet, ein jeglicher in das Seine, und mich allein laßt. Aber ich bin nicht allein. Der Vater ist bei mir. Jetzt seht ihr mich in fassungsloser Erschütterung an. Aber ihr habt in aller Zukunft nichts mehr zu befürchten. Alles, was ich euch an diesem letzten Abend gesagt habe, wird später wieder in euch aufleben. Und weil ihr untrennbar mit mir verbunden seid, wird dann eure Herzen derselbe Friede erfüllen, den ihr immer an mir gesehen habt. Freilich, Drangsal wird euch die Welt noch oft bereiten, denn niemand kommt ohne Drangsal durch die Welt. Aber nur Mut! Diese Welt kann euch nichts mehr anhaben, denn ich habe sie überwunden. Mein Tod wie meine Verherrlichung wird euch der Beweis dafür sein, daß ich stärker bin als die ganze Welt. Mitten im Kampf der Welt werdet ihr durch die Gemeinschaft mit mir einen unzerstörbaren Frieden haben. Und dieser Friede, den nur ich geben kann, ist das Vermächtnis, das ich euch hinterlasse.

Als der Herr alle diese Reden vollendet hatte, schloß er seinen mehr als zweijährigen Lehrumgang mit seinen Jüngern mit einem ergreifenden Gebet. „Er erhob seine Augen zum Himmel", sagt Johannes und auch das deutet darauf hin, daß er nicht mehr drin im Saal war, sondern draußen auf der Dachterrasse unter dem sternbesäten, lichtfunkelnden Himmel Palästinas. Der Anblick dieses zum Himmel aufgehobenen edeln Angesichts ist dem Apostel unvergeßlich geblieben. Alle Bitten, die Jesus für seine Jünger und seine künftige Gemeinde auf dem Herzen hatte, sandte er vor ihren Ohren zum Vater empor, bis er endlich mit den Worten schloß: „damit die Liebe, mit der du mich liebst, in ihnen sei und ich selbst in ihnen".

Von jetzt an können wir die durch den späten Abend wandernden zwölf Männer auf ihrem Wege begleiten. Denn nun sagt Johannes: „Da Jesus solches geredet hatte, ging er hinaus mit seinen Jüngern über den Bach Kidron". Sie verließen also die Stadt durchs Osttor und wanderten von dort in fünf Minuten den steilen Weg ins Kidrontal hinunter. Auf einer Brücke überschritten sie das für gewöhnlich trockene Bachbett ungefähr da, wo heute die alten Kirchen, die griechische, die römische, die russische und die armenische, je einen eigenen Garten Gethsemane geschaffen haben. Sie sind aber alle unecht. Denn hier, fünf Minuten vor dem Stadttor, und zumal in dem von Zelten für die Festpilger besetzten, vor Wind und Kälte geschützten Kidrontal hätte ja Jesus seine Gethsemanestunde inmitten einer Menge von Festpilgern erlebt. Daran ist gar nicht zu denken. Johannes sagt freilich, daß er über den Bach Kidron ging. Aber damit ist nicht gesagt, daß er nicht jenseits noch ein gut Stück weiterging, nämlich bis zu dem wirklichen Garten Gethsemane, der auf dem Ostabfall des Ölbergs nach Bethanien zu gelegen haben muß. Daselbst war ein Hof (Matth. 26, 36), also ein Garten mit einem Gebäude, in dem er wohl sonst mit seinen Jüngern übernachtet hatte. Heute aber ging er nicht ins Haus hinein, sondern blieb im Freien. Heute sollte keiner zu Bett gehen. Im Freien wollte er den Judas mit seiner Schar erwarten.

Judas ist sicher mit seinen Bewaffneten zuerst in den Abendmahlssaal gegangen, wo die Verhaftung Jesu am bequemsten und unauffälligsten hätte bewerkstelligt werden können. Erst als er das Haus leer fand, ging er mit ihnen nach Gethsemane. Denn, sagt Johannes, Judas kannte den Ort auch (Joh. 18, 2). Natürlich, denn er hatte ja erst die Nacht vorher mit Jesus und seinen Jüngern dort geschlafen. Jesus hätte ja den Judas auch im Abendmahlssaal erwarten können. Aber das wollte er nicht. Drin in der Stadt mußte es ja so aussehen, als ob er ahnungslos überrumpelt worden wäre. Hier draußen aber hätten ihm, wenn er gewollt hätte, alle Wege zur Flucht offengestanden. Es sollte aber jedermann sehen können, daß er nicht überrascht wurde, sondern freiwillig sich in die Hände seiner Feinde gab. Er hatte es ja vorhin den Jüngern ausdrücklich gesagt (Joh. 14, 21): „Doch, damit die Welt erkennt, daß ich den Vater liebe und genau so handle, wie mir der Vater aufgetragen hat: steht auf und laßt uns aufbrechen von hier!"

Jesus betete noch allein drüben unter den Ölbäumen. Die Jünger waren nach den aufregenden Stunden im Freien eingeschlafen. Hier sollten sie auf ihn warten. Da schimmerte plötzlich Fackelschein über die Felsen und Ölbäume. Waffenlärm und Männergeschrei erscholl. Jesus wurde verhaftet und gefesselt. Die Jünger suchten das Weite. Die große Schar aber, die mit Schwertern und Stangen wie zur Festnahme eines Raubmörders ausgezogen war, führte ihren Gefangenen auf demselben Wege durchs Kidrontal in die Stadt zurück, auf dem er kaum eine Stunde früher herausgekommen war.

Ein Schauplatz der Karfreitagsgeschichte

Jerusalem war von jeher eine auf drei Seiten zwischen steile Schluchten eingezwängte, eng zusammengebaute Stadt, in der nicht viel Raum für freie öffentliche Plätze vorhanden war. Der einzige ganz große Platz war der Tempelplatz im Osten, gegenüber dem Ölberg. Er war so groß, daß er noch heute ein volles Fünftel der Innenstadt einnimmt.

Im Westen gibt es aber noch einen zweiten öffentlichen Platz, das ist der Platz innerhalb des heutigen Jafators. Es ist auch ein ganz alter Platz, der als solcher schon zu Jesu Zeiten bestanden hat. Das Jafator ist das Haupttor Jerusalems, durch welches alle Menschen, die von Bethlehem, Hebron und vom Mittelmeer kommen, die Stadt betreten müssen. Deshalb herrscht auf diesem Platz zu jeder Tageszeit ein lebhafter Verkehr. Alles läuft hier vorbei.

Der enge „Platz" dürfte wohl fünfmal so groß sein, um dem Verkehr zu genügen. Er ist auch zur Zeit Jesu als der vornehmste Platz der Stadt viel umfangreicher gewesen. Aber im Lauf der Jahrhunderte haben sich die Häuser Jerusalems immer mehr über ihn vorgeschoben, bis nur noch der heutige ziemlich schmal und lang hingestreckte „Platz" übrig blieb.

Daß es aber ein Platz von großer, geschichtlicher Bedeutung ist, sieht man auf den ersten Blick. Denn da stehen an seiner westlichen Seite die gewaltigsten, vom Alter geschwärzten Festungstürme und Mauern, die das heutige Jerusalem kennt. Da steht vor allem der urgewaltige Turm, den man den Fremden dummerweise als „Davidsturm" bezeichnet, obschon er mit dem König David nicht das mindeste zu tun hat. Es ist vielmehr der letzte Rest des großartigen Königsschlosses, welches sich Herodes I. noch vor der Geburt des Herrn auf der höchsten Höhe der Stadt in märchenhafter Pracht erbaut hat. Dieses sollte aber nicht nur eine glänzende Residenz sein, sondern zugleich eine Trutzfeste, von der aus der Tyrann die aufrührerische Stadtbevölkerung mit seinen Truppen jederzeit in Schach halten konnte. Daher schützte er den Prachtbau durch drei ganz gewaltige Festungstürme, denen er nach seinen zwei Brüdern und seiner Gemahlin die Namen Phasael, Hippikus und Mariamne gab.

Als hundert Jahre später der römische Feldherr Titus Jerusalem erobert und bis auf den letzten Stein zerstörte, ließ er nur diese drei Turmriesen stehen, und zwar ausdrücklich zu dem Zweck, damit die Nachwelt sehen solle, was für uneinnehmbare Festungswerke die ruhmreichen römischen Legionen bezwungen hätten.

Der Phasael, der gewaltigste dieser Türme, den man den Fremden als „Davidsturm" zeigt, steht heute noch und überragt den Platz und die ganze Stadt mit seinen riesigen, vom Alter geschwärzten fugengeränderten Quadern. Noch senkt sich der alte Festungsgraben des Herodes zwischen dem „Platz" und dem Turm in die Tiefe, von welcher der Turm zuerst schräg und dann weiter oben senkrecht in die Höhe steigt. Dieser Turm Phasael mit seinen anstoßenden alten Festungswerken ist es, der dem ganzen Platz innerhalb des Jafators das Gepräge gibt.

Über den „Platz" läuft also jeden Tag halb Jerusalem weg. Auch alle Fremden und Pilger gehen während ihres Aufenthaltes in Jerusalem jeden Tag daran vorüber, und keiner weiß, daß er sich hier auf einem der denkwürdigsten Plätze der Welt befindet. Denn hier ist nächst Golgatha der hauptsächlichste Schauplatz der Karfreitagsgeschichte. Hier ist Jesus von Pilatus verhört und zur Kreuzigung verurteilt worden.

Um uns die damaligen Vorgänge zu veranschaulichen, steigen wir auf das ebene Dach des größten der heutigen Häuser, die den Platz an seiner östlichen Seite begrenzen. Ich bin schon in meiner Kindheit oft da droben gewesen, denn es war damals die Wohnung unseres evangelischen Bischofs in Jerusalem.

Droben übersehen wir den ganzen länglichen „Platz", von dem aus mehrere Gassen und Gäßchen in die Stadt hineinführen. Gerade uns gegenüber sehen wir den Turm Phasael. Südwestlich von ihm hat das Schloß gestanden, ein Prachtbau mit zwei Flügeln. Genau ist uns seine Lage nicht bekannt. Sie kann erst dann festgestellt werden, wenn einmal der Spaten des Forschers die in der Erde steckenden Grundmauern bloßgelegt hat.

Südlich von der Stelle, wo das Schloß gestanden haben muß, sehen wir eine prachtvolle Gruppe von mächtigen Baumkronen, nächst den gewaltigen uralten Zypressen des Tempelplatzes die schönsten und größten Bäume, die ich in Palästina kenne. Schon an jenem Karfreitag müssen hier solche Bäume gestanden haben. Denn nach Josephus gehörten zum Schloß herrliche Baum-, Garten- und Teichanlagen, die nirgends anders gelegen haben können als hier. Wenn also gerade zu jenem jüdischen Passahfest Pilatus mit seiner Gemahlin von seiner Residenz am Mittelmeer für einige Tage hierher nach Jerusalem heraufgekommen war, so werden sich beide wohl manchmal in diesem vielbewunderten Schloßgarten ergangen haben.

Von diesen Anlagen nordwärts muß sich der damals viel weiter nach Osten reichende Schloßplatz erstreckt haben.

Auf diesem Platz also, von dem wir auf unserem Dach den kleinen noch heute übrig gebliebenen Teil zu unseren Füßen sehen, haben sich die Ereignisse des Karfreitag-Vormittags zugetragen. Im Norden sehen wir die Straße, auf der Jesus vom Hohenrat hierhergebracht worden ist. Sie ist noch heute wie damals die Hauptverkehrsstraße, weil sie die beiden vornehmsten Plätze der Stadt mit einander verband, den Tempel- und den Schloßplatz. Nur liegt die heutige Straße vier bis sechs Meter höher als die damalige, weil sich seither der Schutt des zerstörten alten Jerusalem darauf gelagert hat.

Auf dieser Straße also kam in den frühesten Stunden des Freitag der denkwürdige Zug an: voran Jesus, mit einem Strick gebunden (Matth. 27, 2), von jüdischen Tempelpolizisten bewacht, hinterher all die hohen Herren, die man sonst gewiß nicht so leicht in einem Zuge zusammen durch die Stadt ziehen sah.

Der Zug geht quer über den Platz bis zum Schloßportal. Ins heidnische Schloß selbst wollen die frommen Herren nicht eintreten, um sich nicht für das Passahfest zu „verunreinigen".

Pilatus, offenbar bereits verständigt, daß die Herren schon so früh mit einem gefährlichen Staatsrevolutionär kommen würden, tut ihnen auch den Gefallen und kommt auf den Schloßplatz Gabbatha heraus. Der Platz ist in so früher Stunde noch ganz menschenleer. Jetzt steht Jesus dicht vor dem Statthalter (Matth. 27, 11), dem man gemeldet hat, daß er nach der jüdischen Königskrone trachte.

„Du bist der Juden König?" fragt dieser spöttisch.

„Ja".

Jetzt überschütteten die hohen Herren den Statthalter mit ihren Anklagen. Aber Jesus schweigt. Immer neue Anklagen bringen sie vor. Aufruhr gegen die kaiserliche Regierung, Aufhetzung zur Steuerverweigerung. Aber Jesus schweigt. Dem Statthalter ist diese bei einem Angeklagten ungewöhnliche Ruhe unbegreiflich.

Endlich versucht er selbst, den Schweigsamen zum Reden zu bringen: „Hörst du nicht, was sie alles gegen dich vorbringen?" Doch zu keinem einzigen Punkt gab er ihm eine Antwort, so daß sich der Statthalter sehr verwunderte (Matth. 27, 13. 14). So vollbewußten Lügen gegenüber, die ihn als politischen Revolutionär verdächtigten, war Schweigen die einzig mögliche Antwort.

In ihrem Eifer lassen die Ankläger fallen, daß Jesus mit seiner politischen Unruhestiftung in Galiläa angefangen habe. Diese Äußerung greift Pilatus auf, um den ganzen ihm unangenehmen Handel auf Herodes, den Landesherrn von Galiläa, abzuschieben, und schickt die Ankläger zu diesem, der in diesen Tagen zum Passahfest auch in Jerusalem weilt.

Wieder geht der Zug auf derselben Tempelstraße zurück, an welcher der makkabäische Hasmonäerpalast, in dem Herodes wohnt, ungefähr an der auf dem Stadtplan angegebenen Stelle liegt. Auch den Mörder Johannes des Täufers würdigt Jesus nicht eines einzigen Wortes. Dieser rächt sich dafür zwar durch Spott und Hohn. Aber auch er erklärt den Gefangenen für politisch unschuldig und verweist die auch ihm unerwünschte Sache an Pilatus zurück.

Und nun geht der Zug zum drittenmal durch dieselbe Straße und kommt nach vielleicht einer Stunde abermals auf dem wohlbekannten Schloßplatz an. Aber welche Veränderung gegen das erste Mal! Am frühen Morgen, als noch niemand in der Stadt etwas von der Verhaftung Jesu geahnt hatte, war der Platz noch ganz leer gewesen. Jetzt ist er mit einer nach vielen Tausenden zählenden Menschenmenge gefüllt.

Die Nachricht, daß Jesus, die seit zwei Jahren meistbesprochene Persönlichkeit des ganzen Landes, verhaftet und am frühen Morgen vom gesamten Hohenrat an den römischen Statthalter ausgeliefert worden sei, war wie ein Lauffeuer durch die Stadt gegangen. Das hatte nicht nur bei den Jerusalemern, sondern auch bei den mehr als eine Million betragenden jüdischen Passahgästen aus allen Weltteilen ungeheures Aufsehen erregt. Alles war daraufhin zum Schloßplatz in die Oberstadt geeilt.

Pilatus sieht nun zu seinem Verdruß den Hohenrat zum zweiten Mal vor seinem Schloß erscheinen. Und noch verdrießlicher ist ihm die den ganzen Platz füllende, leidenschaftlich erregte Volksmenge. Er kann sich aber jetzt der Sache nicht mehr entziehen. Er verhört den Angeklagten diesmal nicht mehr draußen, sondern läßt ihn zu sich ins Schloß hineinkommen. Von vorneherein sich dessen bewußt, daß die ihm verhaßten Hohenpriester den Angeklagten nur aus Neid ausgeliefert haben (Matth. 27, 18), überzeugt er sich durch sein Verhör davon, daß es Jesus nie eingefallen ist, sich politisch zum König des Landes zu machen.

Nach kurzer Zeit erscheint er mit dem Angeklagten wieder draußen und erklärt ihn für politisch unschuldig. Und nun entspinnt sich eine ganz merkwürdige Verhandlung, wie sie auch Pilatus noch nie erlebt hat. Auf der einen Seite steht der Statthalter, auf der anderen die Hohenpriester und das von ihnen aufgestachelte Volk. Ganz dramatisch geht es zu. Schlag auf Schlag folgen sich Rede und Gegenrede.

Pilatus: Ich finde keine Schuld an ihm. Doch es gibt ja das Gewohnheitsrecht, daß ich euch zum Passahfest einen Gefangenen freigebe. Soll ich euch den König der Juden freigeben?

Die Juden: Nicht den, sondern Barabbas, Barabbas!

Pilatus: Was soll ich denn machen mit Jesus, den ihr den König der Juden nennt?

da tönt ihm zum erstenmal der Schrei entgegen: Kreuzige ihn!

Pilatus: Was hat er denn Übles getan?

Diese Frage hat nur zur Folge, daß sich das Wutgeschrei noch steigert: Kreuzige, kreuzige ihn!

Pilatus (einsehend, daß er dem wild erregten Volk wenigstens halbwegs den Willen tun muß): Ich will ihn geißeln lassen und dann freisprechen.

Er befiehlt die Geißelung. Die Schloßwache nimmt Jesus und führt ihn in den inneren Schloßhof hinein, den wir von unserem Beobachtungsposten auf dem gegenüberliegenden Dach vor Augen haben. Dort, möglicherweise gerade in dem gewaltigen Festungsbau Phasael, wird die grausame Strafe der Geißelung vorgenommen und mit Hohngelächter gewürzt.

Blutüberströmt, im roten Mantel und mit der Dornenkrone (Joh. 19, 5) bringen die Soldaten Jesus nach vielleicht einer Viertelstunde zurück. Pilatus tritt mit ihm wieder auf den Schloßhof hinaus.

Pilatus: Ich führe ihn heraus zu euch, damit ihr erkennet, daß ich keine Schuld an ihm finde. (Und auf die bluttriefende Jammergestalt deutend): Seht, welch ein Mensch! (Er will sagen: Ist das denn noch nicht Strafe genug?)

Die Juden (tausendstimmig): Kreuzige, kreuzige ihn!

Pilatus: Nehmt *ihr* ihn doch und kreuziget ihr ihn! (Joh. 19, 6).

Die Juden: Wir dürfen niemand töten. Und sterben *muß* er.

Pilatus: Aber ich finde keine Schuld an ihm!

Die Juden: Wir haben ein Gesetz, und nach dem Gesetz muß er sterben. Denn er hat sich zu Gottes Sohn gemacht.

Pilatus erschrickt. Gottes Sohn? Wie, wenn der ihm so selbstbewußt entgegentretende Gefangene wirklich ein Sohn der Götter wäre? Unruhig geworden, nimmt er ihn noch einmal in den Palast hinein, um ungestört mit ihm zu sprechen. Was er da hört, macht einen so tiefen Eindruck auf ihn, daß er jetzt fest entschlossen ist, ihn freizusprechen. Mit diesem Entschluß geht er mit Jesus wieder auf den Schloßplatz hinaus und teilt dem Volk seine Absicht mit.

Da bricht aber ein so ungeheurer Sturm los, daß der wankel-
mütige Mann wieder zweifelhaft wird. Und jetzt holen die
Hohenpriester ihre schärfste Waffe hervor, die sie sich für den
letzten Augenblick aufgespart haben. Der bestechliche und
gewalttätige Statthalter hatte alle Ursache, sich vor einer Anklage beim Kaiser zu fürchten. Und gerade damit drohen sie
ihm jetzt.

Die Juden: Lässest du diesen los, so bist du des Kaisers Freund
nicht!

Angesichts dieser Drohung brechen alle seine besseren Vorsätze
zusammen. Jetzt haben sie ihn in der Hand. Er muß nachgeben,
mag er wollen oder nicht. Er muß jetzt das Urteil sprechen.

Er läßt den Richterstuhl aus dem Schloß holen, von dem herab
jeder römische Richterspruch verkündigt werden muß, wenn
er Gültigkeit haben soll (Joh. 19, 13). Wir können von unserem Beobachtungsposten aus den Platz sehen, wo er ungefähr
gestanden haben muß auf Gabbatha, vielleicht zwischen den
noch stehenden, alten Festungsmauern und dem Hof der heutigen evangelischen Christuskirche.

Pilatus (verhöhnt sie): Seht, das ist euer König!

Die Juden: Weg, weg mit dem! Kreuzige ihn! (Joh. 19, 15).

Pilatus (abermals höhnisch): Soll ich euren König kreuzigen!

Die Juden: Wir haben keinen anderen König als den Kaiser.
Kreuzige, kreuzige ihn!

Pilatus sieht ein, daß aller Widerstand nichts mehr hilft, und
daß er der Sache jetzt ihren Lauf lassen muß. Da führt der ge-
wissenlose Richter noch ein Theaterstück auf. Er läßt sich ein
Waschbecken holen und wäscht sich vor allem Volk die Hände.

Pilatus: Ich bin unschuldig am Blute dieses Gerechten.

Die Juden (tausendstimmig): Sein Blut komme über uns und
unsere Kinder!

Jetzt besteigt Pilatus den Richterstuhl und spricht das Schick-
salswort, das jahrtausendelang nachhallen und seinen Namen
mit dem christlichen Glaubensbekenntnis durch die ganze Welt
tragen wird: *Ad crucem* (Ans Kreuz)!

Der Schloßhauptmann erhält den Befehl, die Hinrichtung auszuführen. Er tritt mit seinen Soldaten an. Sie holen aus den
Festungsbauten, vielleicht gerade aus dem breitgebauten Pha-

sael, drei Kreuze. Jesus und zwei Verbrecher, die der Hinrichtung harren, werden damit beladen. Unter dem Johlen der blutgierigen Menge marschiert die Abteilung ab. Hinterher die nach Tausenden zählende Menge, darunter auch viele Anhänger Jesu aus Galiläa und Jerusalem, auch Maria, die Mutter Jesu, ihre Schwester Salome, deren Sohn Johannes, Maria Jakobi, Maria Magdalena, die wir nachher unter dem Kreuz treffen, und viele andere (Matth. 27, 55).

Wir wissen, daß der Zug nach Golgatha ging. Aber wo Golgatha gelegen hat, darüber fehlen uns jegliche zuverlässigen Nachrichten. Das einzige, das wir bestimmt wissen, ist die Mitteilung des Hebräerbriefs (13, 12), daß Jesus draußen vor dem Tor gekreuzigt worden ist. Die Verlegung von Golgatha in die heutige Grabeskirche ist erst dreihundert Jahre später aufgekommen.

Von unserem Beobachtungsposten auf dem ebenen Dach aus gesehen, können die Soldaten die Stadt gleich hier im Westen beim Jafator verlassen haben, oder aber durch die mehrfach erwähnte Tempelstraße zum Nordtor gegangen sein. Beides wäre möglich. Es läßt sich heute nicht mehr entscheiden. Jedenfalls aber hat Golgatha auf der Nordseite der Stadt gelegen. Denn hier allein konnte sich eine große Volksmenge ums Kreuz sammeln, während sich auf den anderen drei Seiten gleich vor der Stadtmauer steile Schluchten in die Tiefe senken.

Wir scheiden von diesem Platz am heutigen Jafator mit dem Bewußtsein, daß wir auf einem der geschichtlich bedeutungsvollsten Plätze nicht nur Jerusalems, sondern der ganzen Welt gestanden haben. Diese zweitausendjährigen Festungsmauern und Türme stehen noch heute als stumme Zeugen jener fieberhaft erregten Stunden des Karfreitag da. Man kann sich freuen, daß die erfinderische Sage, die so unzählige „heilige Stätten" in Jerusalem willkürlich geschaffen hat, aus Unwissenheit an diesem Platz vorbeigegangen ist. Sonst wäre heute alles mit Altären, Kirchen und Kapellen zugedeckt, und man könnte sich die Vorgänge jenes Tages nicht mehr vorstellen.

Wie anders mag es am Abend des Karfreitag auf diesem Platz ausgesehen haben im Vergleich zu dem stürmisch bewegten Vormittag! Totenstill war es geworden. Die Juden feierten in den Häusern der Stadt ihr Passahmahl. Und das Bewußtsein, eine frevelhafte Schandtat begangen zu haben, saß mit ihnen zu Tische. Nach dem Tod auf Golgatha hatte sich Schrecken und Furcht über die Stadt verbreitet.

Pilatus und seine Gemahlin mögen sich noch einmal dort, wo heute die gewaltigen Baumkronen des Armenischen Klosters zum Himmel ragen, bei Sonnenuntergang in den herrlichen Anlagen des Schloßparks ergangen haben — er mit einem geschlagenen Gewissen, nachdem ihm hier im Schloß Joseph von Arimathia den Tod Jesu gemeldet hatte; sie mit traurigem Herzen, weil ihr der kühne Versuch mißlungen war, mitten in eine römische Gerichtsverhandlung einzugreifen und ihren Mann noch in allerletzter Stunde vor einer grauenvollen Sünde zu warnen: „Habe du nichts zu tun mit diesem Gerechten!"

Am Kreuz

Als stille Zuschauer stellen wir uns am Vormittag des Karfreitag in den Garten des Ratsherrn Joseph von Arimathia in Jerusalem. Da prangen jetzt im April im hellen Frühlingsgrün und zum Teil noch in schimmernder Blütenpracht Mandel-, Pfirsich-, Granatapfel- und Aprikosenbäume, silberne Oliven mit ihren lang herabhängenden, mit kleinen, elfenbeinfarbenen Sternblüten besetzten jungen Zweigen, und davon sich fast schwarz abhebend wie ernste Trauerkerzen die hohen Zypressen. Auf der Erde blühen die mannigfaltigen Blumen Palästinas. Zwar die Alpenveilchen und die flammend roten Anemonen, die schönsten Blumen des Landes, sind schon verblüht. Aber Rosen, purpurne Adonisröschen in all ihrer Lieblichkeit, rotglänzende Ranunkeln mit oft rotgoldenen Tönen, Chrysanthemen, Skabiosen, Phlox, gelbe Butterblumen, Rittersporn, wilde Levkojen bedecken den Boden mit einem prächtigen Farbenteppich.

Eine Felswand aus dem Kalkstein des Gebirges ragt an einer Stelle des Gartens etwa zwei Mannshöhen auf. Hier ist eine Grabkammer frisch in den Felsen gehauen (Joh. 19, 41). Schwarz gähnt aus dem hellen Gestein die Türöffnung hervor.

Daneben liegt auf dem geebneten Fußboden der schwere Verschlußstein, der so behauen ist, daß er genau in die Fugen der Türöffnung paßt.

Der Garten ist nach Jerusalemer Art mit einer Mauer aus losen Steinen umfriedet. Sie trennt ihn von der nach Norden führenden Landstraße, die an dem benachbarten Landstück Golgatha vorbeiführt (Joh. 19, 20). Noch heute haben die einzelnen Landstücke und Äcker bei Jerusalem besondere, oft sehr seltsame Namen. Daß Golgatha ein Hügel sei, wird in den Evangelien nicht gesagt.

Wir stehen hier hoch im Gebirge. Jerusalem ist ja mit einer Höhe von 800 Metern die höchstgelegene Weltstadt. Sie liegt zwar nicht auf einem weitschauenden Berggipfel, sondern, auf drei Seiten von steilen Schluchten umgeben, gleichsam geduckt zwischen einem Kranz von Bergen, die sie um ein Weniges überragen (Psalm 125, 2). Nur hier auf der Nordseite, wo unser Garten liegt, dehnt sich bis hinauf zum Skopusberg eine wellige Hochebene. Auf ihr wie drüben auf dem nahen Ölberg stehen inmitten ihrer wohlgepflegten Gärten freundliche Landhäuser. Spuren solcher Bauten kann man in dieser Gegend noch heute auf dem Gelände des Syrischen Waisenhauses sehen. Auch hier im Garten Josephs von Arimathia steht ein Gartenhaus, die Wohnung des Gärtners, den sich der reiche Besitzer hält.

Unser Garten liegt ganz nahe vor dem Nordtor Jerusalems. Da sehen wir vor uns nicht nur das Tor, sondern auch die mit zahlreichen Wehrtürmen versehene Festungsmauer und dahinter die Stadt mit ihren vielleicht hunderttausend Einwohnern.

Bisher ist es in unserem Garten ganz still gewesen. Das Volk war drin in der Stadt vor dem Königspalast mit seinem „Kreuzige, kreuzige!" beschäftigt. Aber um die Mittagszeit wird es hier draußen auf einmal lebendig. Aus dem Nordtor kommen Soldaten, von einem Hauptmann befehligt. In ihrer Mitte Jesus und zwei Mörder (Matth. 27, 38; Mark. 15, 27), alle drei mit einem Kreuz beladen. Ein Meer von aufgeregten, tobenden, schreienden Menschen hinterher. Sie wollen sich neugierig das Schauspiel der Hinrichtung ansehen. An unserer Gartenmauer vorbei wälzt sich der Zug zum nahen Golgatha.

Jetzt sind sie angekommen. Die Soldaten vollziehen die gräßliche Hinrichtung. Vorher bieten sie den Verurteilten einen Betäubungstrank aus starkem Wein und „Choleeh", damit sie die Schmerzen weniger spüren sollen. Die beiden Verbrecher nehmen ihn an. Aber Jesus weist ihn zurück. Er will unbetäubt sterben. Jetzt werden alle drei angenagelt, die Kreuze aufgerichtet und im Erdboden festgerammt.

In weiten Kreisen sehen wir drüben die gaffende Volksmenge die Kreuzigungsstätte umdrängen, von den Soldaten in gemessener Entfernung gehalten. In gleicher Entfernung, aber für sich gesondert, steht eine zahlreiche Gruppe von Menschen, denen man es an ihrer trauernden Haltung ansieht, daß sie nicht zu dieser Menge gehören. Das sind die „vielen" (Matth. 27, 55) Frauen, die dem Herrn aus Galiläa zum Passahfest nach Jerusalem gefolgt sind. Wie eine verschüchterte Herde stehen sie unter all den feindseligen Menschen. Da sie nach morgenländischer Sitte als Frauen vom Gericht unbehelligt bleiben, dürfen sie es wagen, hier zu stehen, während die Apostel als Männer in Gefahr stehen würden, verhaftet zu werden.

Und dort, dicht neben dem Kreuze, sehen wir noch eine kleine Gruppe von fünf Personen, denen als den nächsten Angehörigen des Sterbenden erlaubt worden ist, sich ganz nahe bei ihm aufzustellen. Es sind vier Frauen: Maria, die Mutter Jesu, ihre Schwester Salome (Mark. 15, 40), Maria, des Kleophas Weib, Maria Magdalena, und als fünfter Johannes, der Sohn der Salome.

Es ist dem Leser gewiß schon aufgefallen, daß die Evangelisten die Vorgänge auf Golgatha ganz schlicht und sachlich berichten, ohne von sich aus auch nur mit einem einzigen Wort etwas über die weltbewegende Bedeutung des Todes Jesu zu sagen. Und doch findet sich in der Golgatha-Geschichte eine großartige, alle anderen Erklärungen überragende Aussage hierüber. Sie liegt nicht in irgendwelchen Bemerkungen der Evangelisten, sondern in den selbsteigenen Worten, die Jesus am Kreuz gesagt hat. Sieben Worte sind es. Vier davon haben uns die drei ersten Evangelisten aufbewahrt, die drei übrigen hat Johannes, der einzige Augenzeuge von Golgatha, ergänzend nachgetragen, damit sie der Christenheit nicht verloren gehen sollten. Drei von diesen sieben Worten sind schon im Anfang der langsamen dreistündigen Todesmarter, die anderen vier erst in den letzten Augenblicken des Sterbenden kurz nacheinander gesprochen. Dazwischen liegt das lange schweigende Dulden.

Wir wollen von unserem nahen Standort im Garten aus heute einmal alle äußeren Vorgänge auf Golgatha beiseite lassen und nur auf die sieben Worte achten, die wir vom Kreuz herübertönen hören.

1. Kaum daß Jesus angenagelt und das Kreuz aufgerichtet ist, hören wir das erste Wort: *„Vater, vergib ihnen, denn sie wissen nicht, was sie tun."* Wir würden ganz fehlgehen, wenn wir darin nur ein rührendes Zeichen seiner verzeihenden Liebe gegen die Soldaten sehen wollten, die ihn so unmenschlich gequält haben. Diese waren ja innerlich bei der ganzen Sache unbeteiligt. Sie vollzogen nur die Befehle ihrer Vorgesetzten, wie sie schon oft getan hatten. Nein, Jesus betet für das ganze Volk und seine Führer, die ihn ans Kreuz gebracht haben. Kaiphas und Hannas waren gewiß trotz ihrer Prachtgewänder und ihrer hohen Stellung schlimme Burschen. Ihre und der übrigen Herren vom Staatsrat rohe Gesinnung zeigte sich auch darin, daß sie es sich nicht versagen konnten, selbst herauszukommen, um sich die Qualen ihres Opfers anzusehen und den Sterbenden mit Spott und Hohn zu überschütten. Aber sie meinten wirklich, mit dieser Hinrichtung Gott einen Dienst zu tun. Jesus selbst bezeugt es ihnen ja, daß sie nicht wußten, was für eine grauenhafte Sünde sie hier auf sich luden. Sie wußten in der Tat nicht, was sie taten. Auch Petrus bezeugt es ihnen sieben Wochen später nach dem Pfingstfest (Ap. Gesch. 3, 17), und Paulus sagt (1. Kor. 2, 8): „Wenn sie ihn erkannt hätten, hätten sie den Herrn der Herrlichkeit nicht gekreuzigt."

Aber dies Wort Jesu reicht noch weiter. Hinter diesem Judenvolk und seinen Oberen stand die ganze Menschheit, als deren Vertreter sie handelten. Für sie alle, für die ganze sündige Menschheit, tritt der Gekreuzigte fürbittend ein und erwirbt ihnen, indem er sich für sie opfert, die vergebende Gnade des Vaters. Jesus ist mit diesem Gebet mitten in seinem Erlöserauftrag, von dem er gestern abend bei der Einsetzung des heiligen Abendmahls gesagt hat: „Mein Blut wird vergossen zur Vergebung der Sünden." Er tritt fürbittend ein für die Weltsünde. Er macht sich damit zum Bürgen der Sündenvergebung für alle, die danach verlangen. Er setzt sein Leben dafür ein. Er macht für alle Zeiten sein Kreuz zum Pfand und Siegel der Sündenvergebung.

2. Das zweite Wort ist an den mitgekreuzigten Mörder (Matth. 27, 38) gerichtet: *„Wahrlich, ich sage dir, heute wirst du mit mir*

im Paradiese sein." Auch dieses Wort ist wie ein Scheinwerfer, der uns in das verborgene Innere Jesu hineinblicken und uns ahnen läßt, was in diesen Stunden seine Seele ganz erfüllt. Er ist ja, wie er selbst sagt, in die Welt gekommen, zu suchen und zu retten, was verloren ist. In seinem ersten Wort *erbittet* er die Vergebung für die sündige Welt, in diesem zweiten *erteilt* er sie. Der unglückliche Mensch, dessen böses Leben jetzt am Kreuz vollends scheitert, hängt da als Vertreter und Erstling von Millionen von sündigen Menschen, die durch den Kreuzestod Jesu erlöst und gerettet werden. An sie alle, auch an uns, hat Jesus dort gedacht. Deshalb singen wir im Passionslied: „Und dann auch an mich gedacht, als er rief: Es ist vollbracht".

3. Das dritte Wort ist nur für die Nächststehenden und daher vielleicht so wenig laut gesprochen, daß wir es in unserem Garten drüben gar nicht verstehen können: *„Frau, siehe das* (nicht mehr ich) *ist* (fortan) *dein Sohn"* und *„Siehe, das ist* (fortan) *deine* (nicht mehr meine) *Mutter!"* Man erschöpft doch den Sinn dieses Wortes keineswegs, wenn man meint, Jesus habe damit, von Mitleid ergriffen, nur für die Zukunft der „vereinsamten" Maria sorgen wollen. Gewiß, es liegt darin auch eine letzte Äußerung der bisherigen verwandtschaftlichen Liebe. Aber Maria blieb ja gar nicht vereinsamt zurück. Sie hatte ja noch vier Söhne: Jakobus, Judas, Joses, Simon (Matth. 13, 55; Mark. 6, 3). Bisher waren sie freilich ungläubig gewesen (Joh. 7, 5), aber nach der Auferstehung wurden sie bekehrt, und von den beiden ersten stehen sogar Briefe im Neuen Testament.

Nein, die Hauptbedeutung dieses Wortes liegt ganz woanders. Unzweideutig löst der Herr damit das Band irdischer Verwandtschaft mit Maria. Er kehrt jetzt in seine uranfängliche Herrlichkeit zurück, die er beim Vater hatte, ehe die Welt war (Joh. 17, 5). Da tritt Maria für alle Zukunft in die Reihe aller derer, die durch ihn erlöst werden und das ewige Leben empfangen.

Ist es nicht, als ob der Herr noch am Kreuz jener ungeheuern Verirrung vorbeugen wollte, die aus der schlichten Frau aus Nazareth eine Himmelskönigin gemacht hat, welcher göttliche Ehren gebühren? Jener Verirrung, als ob wir am Thron Gottes gleichsam eine himmlische Familie anzubeten hätten, Vater, Sohn und Himmelskönigin? Ist es nicht, als ob er auch nach seiner Auferstehung eben aus diesem Grunde zwar manchen Aposteln und Frauen erschienen ist, nie aber dieser Maria? Ist es nicht bedeutsam, daß auch die Heilige Schrift mit diesem Wort für immer von ihr Abschied nimmt? Noch einmal wird sie ganz beiläufig erwähnt (Ap. Gesch. 1, 14), sonst aber nie mehr, am allerwenigsten als Mittlerin des ewigen Heils. Also auch in diesem dritten Wort am Kreuz, durch das er das bisherige irdische Sohnesverhältnis zu Maria für immer aufhebt und fortan nur noch das eine alle Gläubigen umfassende, beseligende Verhältnis des Heilandes zu seinen Erlösten kennt, sehen wir den Sterbenden mitten in seinem Auftrag, den er am Kreuz vollendet.

4. Während der dreistündigen Finsternis hat Jesus geschwiegen. Kein einziges Wort von seinen Lippen ist in der langen, bangen Zeit zu unserem nahen Beobachtungsposten herübergedrungen. Endlich, endlich öffnen sich seine Lippen wieder. Und was hören wir? Einen markdurchdringenden Schrei (Matth. 27, 44), der über ganz Golgatha hinweg tönt: *„Eli, Eli, lama asabtani!"* Mein Gott, mein Gott, warum hast du mich verlassen?

Hat ihn Gott wirklich verlassen? Ganz zweifellos. Sonst hätte er sich dieses Wort aus dem 22. Psalm nicht zu eigen gemacht. Der Sohn, der in und mit dem Vater lebt, *kann* gar nicht sterben, wenn ihn der Vater nicht verläßt. Die Lebensgemeinschaft seines irdisch-menschlichen Wesens mit dem Vater mußte durchschnitten werden, wenn er sterben sollte. Dieses Abgeschnittenwerden seines aus Gott stammenden Lebensfadens empfindet er aufs tiefste als ein Verlassenwerden von Gott, der ihm aber *„mein Gott"* bleibt. Dieses von Gott Verlassenwerden ist der Todesstoß, von dem das Lied sagt: „Wenn dein Haupt wird erblassen im letzten Todesstoß". Es ist für ihn das Zeichen, daß er jetzt nach dem Willen des Vaters sterben soll. Denn auch jetzt noch ist das Sterben seinem eigenen freien Entschluß überlassen (Joh. 10, 18). Dieser Augenblick, in dem er diesen Schrei ausstößt, ist der Höhepunkt seines sühnenden und dadurch versöhnenden Leidens, durch welches er die Sünde der ganzen Menschheit auf sich nimmt, als wäre es seine eigene. In diesem Augenblick wird er ganz, was schon vor zwei Jahren Johannes der Täufer ahnend von ihm gesagt hat, „das Lamm Gottes, das der Welt Sünde hinweg trägt". In diesem Augenblick hat er ganz vollbracht bis zur letzten Vollendung den hohen Auftrag, zu dem er als Glied in die Menschheit eingetreten ist, und den er seinen Jüngern erst vor wenigen Tagen angekündigt hat mit den Worten: „Des Menschen Sohn ist gekommen, daß er sein Leben gebe zu einer Erlösung für viele". Mit dem Hingeben seines Lebens ist seine Aufgabe ganz gelöst. Jetzt bleibt ihm nichts mehr zu tun übrig. Darum geht es von nun an schnell dem Sterben zu.

5. Der laute Aufschrei des Sohnes ist nicht unerhört geblieben. Der Vater beantwortet ihn damit, daß er dem Sterbenden die erhebende Gewißheit gibt, daß er nun alles erfüllt hat, was er nach der Schrift erfüllen mußte. Durch dieses Bewußtsein (Joh. 19, 28) gibt ihm der Vater nach heißem Todeskampf den rechten Sterbefrieden.

Wir können erwarten, daß er dieses „Vollbracht" jetzt in einem befreiten Ausruf zum Ausdruck bringe. Aber horch! Ein ganz anderer Ruf tönt jetzt in unseren Garten herüber: *„Mich dürstet!"* Brennender Durst war an sich schon eine der größten Qualen der Gekreuzigten. Hier aber ist er bis zur Unerträglichkeit gesteigert durch den glühenden Sandsturm, der den Sand in die entzündeten Wunden trieb. Da ruft er nach einem Labetrunk. Im Griechischen ist es ein einziges Wort „Dipsoo!" Er weiß ja nun, daß er alles vollbracht hat, was ihm zu tun und zu leiden aufgetragen war. Aber der brennende Durst seines armen gequälten Leibes droht ihm dies Bewußtsein zu verdunkeln. Er will jedoch nicht in einer Ohnmacht wie ein Verschmachtender sterben, sondern in voller Klarheit des Geistes. Einer der Soldaten fühlt ein menschliches Erbarmen mit dem Sterbenden. Er taucht einen Schwamm in die „posca", den aus Wasser und Wein gemischten durststillenden Trunk des gemeinen Mannes und der Soldaten, und reicht ihn an einem Ysopstengel an seine Lippen. Am Anfang hatte er den betäubenden Wein zurückgewiesen, weil er mit klarem Bewußtsein *leiden* wollte. Jetzt nimmt er den Trunk an, weil er mit klarem Bewußtsein *sterben* will. Sogleich zeigt sich die Wirkung dieser Erfrischung. Er hat dadurch Kraft gewonnen, um sein irdisches Leben so bewußt zu schließen, wie er es schließen wollte.

6. Jetzt hat er wieder die Kraft, um mit lauter, weithin vernehmbarer Stimme seine letzten Worte zu rufen. Die letzten vier Worte am Kreuz sind alle fast unmittelbar nach einander gesprochen. Es lag keine längere Pause zwischen ihnen. Laut tönt es über Golgatha und bis in unseren Garten herüber: *„Es ist vollbracht!"* Die beiden letzten Worte hat er nicht mit der schwachen Stimme eines Sterbenden, sondern mit ganz auffallend lauter Stimme gerufen. „Es ist vollbracht", das war nach vollende-

tem heißen Kampf ein froher Siegesruf, der triumphierend über Golgatha hinwegtönte, mit dem der Sohn nach weltumfassendem Erlösungswerk ans Herz seines Vaters zurückkehrte, von dem er vor dreiunddreißig Jahren in der Weihnacht ausgegangen war. Von nun an heißt es:

> O Abgrund, welcher alle Sünden
> In Christi Tod verschlungen hat!
> Das heißt die Wunden recht verbinden,
> Hier findet kein Verdammen statt,
> Weil Christi Blut beständig schreit:
> Barmherzigkeit, Barmherzigkeit!

7. Jetzt geht es ganz schnell zu Ende. Das Annehmen des Labetrunks und der laute Ruf „Es ist vollbracht" hat die Zuschauer, darunter Johannes (Joh. 19, 35), noch nicht ans Ende denken lassen. Aber schon hören wir den Sterbenden noch einmal mit großer Stimme rufen: *„Vater, in deine Hände befehle ich meinen Geist!"* Das ist ein Wort aus dem 31. Psalm, aber durch das vorausgefügte „Vater" in eine höhere Sphäre hinaufgehoben, als sie dem alttestamentlichen Sänger bekannt war. Wie muß doch Jesus bis zum letzten Augenblick im Alten Testament gelebt und gewebt haben!

Mit diesem Wort macht sich der, der die Sühne und die Erlösung vollbracht hat, zu seiner Ruhe auf. Freiwillig, nicht in hilflosem Zwang, gibt er seinen Geist in seines Vaters Hände (Joh. 20, 18; 16, 28). Dies Wort, das klar bis zu uns in unseren Garten herübertönt, ist ein Jubelruf. Mit diesem Siegesruf hat Jesus seinen Lauf vollendet. Er ist mit einer Erhabenheit ohnegleichen gestorben. Sein Sterben war nicht nur ein Erleiden, nicht ein Unterliegen, sondern ein Sieg, oder, wie selbst ein Weltmensch wie Rousseau sagt, „das Sterben eines Gottes".

So sind die sieben Worte am Kreuz nicht eine zusammenhangslose Reihe von Äußerungen, die zufällig durch einzelne Vorfälle oder Lagen veranlaßt worden sind, sondern der vollendete Ausdruck, die erschöpfende Erklärung jenes weltbewegenden Vorgangs, der letzten Tat, die Jesus am Kreuz vollbracht hat, eine heilige Symphonie über den Versöhnungstod auf Golgatha.

Von unserem Garten aus beobachten wir die Vorgänge, welche dem letzten Rufe Jesu gefolgt sind. Bis zu diesem Ruf ist das Haupt Jesu hoch aufgerichtet geblieben. Aber jetzt neigt es sich langsam auf die Brust herunter und bleibt reglos so liegen (Joh.

19, 30). Er ist tot. Erblaßt und erkaltend hängt drüben am Kreuz ein toter Mensch, der mehr als dreiunddreißig Jahre lang die lebendige Wohnung Gottes auf Erden, das sichtbar gewordene Heiligtum Gottes gewesen ist.

Weherufe ertönen aus den Gruppen der Jünger und Jüngerinnen, wie sie des eingetretenen Todes gewahr werden. Maria ist vielleicht zusammengebrochen. Darum nimmt sie Johannes, getreu seinem Auftrag, sofort mit in sein Quartier in der Stadt (Joh. 19, 27), das er für die Anwesenheit während des Festes gemietet hat. Der große Haufe von Jüngern und Jüngerinnen aus Galiläa (Matth. 27, 55; Mark 15, 49) bricht in Wehklagen aus. Die bei ihnen stehenden Ratsherren Joseph und Nikodemus verständigen sich gleich, von Pilatus die Erlaubnis zu erbitten, den Toten schnell zu bestatten. Es trifft sich gut, daß Joseph in seinem benachbarten Garten, von dem aus wir die Vorgänge betrachtet haben, ein ganz neues Felsengrab hat. Darein will er den Herrn zur Ruhe legen. Die Sache hat Eile. Denn jetzt im April geht die Sonne schon um halb sieben Uhr unter, und nach dem jüdischen Sabbatgesetz darf der Leichnam nicht über den mit Sonnenuntergang beginnenden Sabbat hängen bleiben. Da ist keine Zeit zu verlieren. Und sie müssen ja auch noch Einkäufe machen, frische Linnen, Myrrhen und Aloe holen. So gehen sie denn eilig in die Stadt.

Drüben auf Golgatha wird es mehr und mehr still. Unter den unheimlichen Zeichen, der Finsternis, dem Erdbeben, als ob jetzt eine höhere Macht nach dem grauenvollen Verbrechen des heutigen Tages das Wort nähme, sind die regierenden Ratsherren und Hohenpriester längst fortgegangen. Auch das Volk, das noch am Mittag so tapfer gehöhnt und gelästert hat, ist, sich an die Brust schlagend, erschrocken in die Stadt zurückgekehrt. Auch die Schar der Jünger und Jüngerinnen geht, nun alles vorbei ist, wie ein geschlagenes Heer durchs Nordtor in die Stadt zurück. Nur die römischen Soldaten halten noch Wache unter den drei Kreuzen. Die beiden Schächer leben noch. Gewöhnlich blieben die Gekreuzigten noch ziemlich lange am Leben. Nicht selten atmeten sie noch zwölf Stunden und darüber.

Jetzt kommt ein militärischer Befehl aus der Stadt: Pilatus will dem Verlangen der Juden entgegenkommen, daß die Leichname nicht über den Sabbat hängen bleiben; die Soldaten sollten den Gekreuzigten in üblicher Weise den Rest geben.

Etwa um fünf Uhr kommen die beiden Ratsherren aus der Stadt. Seinem hohen Rang hat es Joseph zu verdanken, daß ihm Pilatus den Leichnam Jesu überließ. Mit ihnen kommen einige Diener, die die gekauften Sachen, Linnen und einen ganzen Zentner Myrrhen und Aloe tragen (Joh. 19, 39). Vorsichtig ziehen die beiden Herren die Nägel aus Händen und Füßen des Toten, worauf ihnen seine schlaffen Glieder in die Arme fallen. Dann tragen sie den Leichnam herüber in unseren Garten. Ein äußerst bescheidenes Leichengeleite folgt auf dem kurzen Weg dem größten Toten, den die Welt gesehen hat. Es besteht aus den beiden treuen Marien, die bisher Totenwache unter dem Kreuz gehalten haben, Maria Magdalena und Maria Joses (Matth. 27, 61; Mark. 15, 47). Vor der Felswand mit der Grabestür macht der kleine Zug halt. Da ist wie vor jedem Felsgrab eine aus dem Gestein gehauene Bodenfläche. Darauf legen die Männer den Leichnam. Die beiden Frauen helfen mit, ihren lieben Herrn zur letzten Ruhe zu bereiten. Sie lösen die Dornenkrone aus den blutverklebten Haaren, entwirren diese und waschen mit Wasser aus der Zisterne die blutüberströmten Glieder.

Dann setzen sie sich auf die seitliche Felsenbank (Matth. 27, 61) und sehen weinend zu, wie die beiden hohen Herren den Toten durch die kaum einen Meter hohe Tür hineintragen und, nachdem sie ihn drinnen auf dem Felsenbett zur Ruhe gelegt haben, mit Hilfe der Diener den schweren Verschlußstein in die Türöffnung einfügen. Drei Stunden, nachdem er verschieden ist, liegt Jesus schon im Grabe, was auch der heutigen Sitte in Palästina entspricht.

Nach Vollendung dieses traurigen Werks gehen die beiden Männer in tiefer Bewegung in die Stadt zurück. Auch die beiden Marien dürfen nicht länger verweilen. Sie müssen ja noch vor Sonnenuntergang, wo des Sabbats wegen alle Geschäfte geschlossen werden, auf dem oberen Markt aromatische Salben und Drogen einkaufen, um gleich am Sonntag früh, wo sie wieder kommen dürfen, zum Grabe hinauszugehen und den Leichnam einzubalsamieren (Luk. 23, 62).

Und nun, etwa um sechs Uhr, ist es hier im Garten wieder ebenso totenstill wie am Morgen, an dem wir ihn betreten haben. Die vielen, vielen Menschen, die heute den stürmischen Auftritten auf Golgatha beigewohnt haben, sind alle verschwunden. Ein milder Frühlingsabend senkt sich auf die schöne Gartenwelt im

Norden Jerusalems herab. Über der nahen, das Passahfest feiernden Stadt liegt die unheimliche Stille des bösen Gewissens. Da und dort in ihren Gassen versteckt geben sich die zerstreuten Jünger und Jüngerinnen ihrem trostlosen Gram hin. Das Lied ist aus. Sie haben jede Hoffnung verloren.

Um halb sieben Uhr geht die Sonne unter. Ihre letzten Strahlen vergolden die Berge um Jerusalem her. Nach einer ganz kurzen Dämmerung von einer Viertelstunde wird es Nacht. Hinter dem nahen Ölberg steigt der volle oder beinahe volle Mond auf. Er gießt seinen milchweißen Glanz über Berg und Tal, über Baum und Busch auch in Josephs Garten.

Drinnen in der Stadt begehen sie überall ihre nächtliche Passahfeier. Aber um Mitternacht wird es still in den Häusern und Gassen. Die bezaubernde Schönheit einer Vollmondnacht Jerusalems liegt über dem Häusermeer. Durch alle Wolken schießt Silber, rinnt in breiten Strömen über Kuppeln und ebene Dächer herab. Goldfunken blitzen auf den Goldplatten, mit denen der hohe Tempel gepanzert ist, und auf dem wundervollen Palast, in dem Pilatus und seine Gemahlin schlafen. Und draußen auf Golgatha versilbert er die drei leeren Kreuze und die hohe Felsenwand, hinter welcher der Leichnam Jesu in seinem kühlen Felsenhaus liegt mit seinem Ostergeheimnis.

Was bedeutet das Kreuz Jesu?

Es war an einem Karfreitag. Am Vormittag hatte ich meinen arabischen Gemeinden in und bei Bethlehem die Gottesdienste gehalten. Am Nachmittag aber ritt ich in das zehn Kilometer entfernte Jerusalem hinüber, um dem Syrischen Waisenhaus einen Besuch zu machen. Bevor ich dort ankam, bog ich am Jafator rechts ab und ritt der Nordmauer der Stadt entlang bis zum zinnengekrönten Damaskustor. Dort erhebt sich ein eigentümlich geformter Felshügel, der „Hügel der Jeremiasgrotte". Weil er einst als Steinbruch gedient hat, fällt er nach der Stadt mauersteil ab. Manche halten ihn für das wahre Golgatha. Sie stützen ihre Ansicht darauf, daß dies der einzige Hügel vor der Stadt ist, aber auch darauf, daß man mit einiger Einbildungskraft darin die Form eines riesigen Schädels erkennen kann, weil Golgatha in der Bibel Schädelstätte genannt wird. Aber ihre Ansicht hat nicht eine Spur von geschichtlicher Begründung. Und daß Golgatha ein Hügel gewesen sei, steht nirgends in der Bibel. Zugegeben ist nur, daß man sich die Vorgänge auf Golgatha nirgends so anschaulich vorstellen kann wie hier. Deshalb lenkte ich mein Rößlein Falada zu der sanft ansteigenden Nordseite des Hügels, band droben mein Pferd an einen Stein, setzte mich auf einen Felsen und las in meinem Neuen Testament die Geschichte von Golgatha.

Von der Stadt herüber klangen Karfreitagsglocken. Erinnerungsreich schaute im Osten der Ölberg herüber. Kein Mensch war außer mir auf dem Hügel. In der großen Einsamkeit versenkte ich mich in die Gedanken über die rätselhafte Geschichte des Karfreitag, vor der die Welt seit neunzehnhundert Jahren mit Staunen steht. Ohne Zweifel ganz nahe meinem Standort im Umkreis von einem Kilometer irgendwo ist Jesus am Kreuz gestorben.

Was bedeutet der Tod Jesu? Ist es nicht etwas in der Weltgeschichte Einzigartiges, daß dieser an einem Galgen hingerichtete Mann noch heute von Millionen als ihr höchstes Heil gepriesen und als ihr Retter angebetet wird? Die ganze Welt ruft der Dichter staunend auf: „O Welt! Sieh hier dein Leben am Stamm des Kreuzes schweben!"

*

Im Geiste sehe ich Jesus dort aus dem Nordtor der Stadt herauswanken. Er trägt den „ungenähten Rock", vielleicht ein Geschenk der galiläischen Jüngerinnen. Durch die Geißelung halbtot gepeitscht, kann er sein Kreuz kaum mehr tragen. Der römische Hauptmann und seine Soldaten begleiteten ihn und die beiden Verbrecher. Eine unabsehbare Menge hinterher. Sie wollen sich das Schauspiel der Hinrichtung mit ansehen. Aber auch eine große Schar von Jüngern und namentlich Jüngerinnen ist darunter (Matth. 27, 55). Unfaßlich ist ihnen, was hier geschieht. Wie kann Gott so etwas zulassen? Sie begreifen es nicht.

Drei Originalerklärungen haben wir aus dem Munde Jesu selbst. Diese gehen füglich allen anderen vor. Die erste hat er zwei

Jahre früher in jenem Nachtgespräch mit Nikodemus gegeben: „Wie Mose in der Wüste eine Schlange erhöht hat, so muß des Menschen Sohn erhöht werden, auf daß alle, die an ihn glauben, nicht verloren gehen, sondern das ewige Leben haben" (Joh. 3, 14). Also: Während er dort aus dem Nordtor herauswankt, beherrscht ihn nur der eine Gedanke, daß er durch diesen Tod eine verlorene Welt retten wird.

Seine zweite selbsteigene Erklärung liegt in dem Worte, das er etwa einen Monat vorher seinen Jüngern gesagt hat: „Des Menschen Sohn ist gekommen, daß er sein Leben gebe zu einer Erlösung für viele" (Matth. 20, 28).

Seine dritte eigene Erklärung hat er am Vorabend seines Todes in einem Worte gegeben, das seither, unvergänglicher als in Marmor gehauen, an die Wandtafeln der Weltgeschichte geschrieben steht: „Das ist mein Blut des Neuen Bundes, welches vergossen wird für viele zur Vergebung der Sünden". Er geht also hier hinaus nach Golgatha in dem Bewußtsein, daß allen, die sich ihm vertrauensvoll anschließen, um seines Sterbens willen ihre Sünden von Gott vergeben werden.

*

Ich versetze mich zurück an den Todestag Jesu. Da sehe ich die Menschenmenge dort aus dem Nordtor hinter ihm her zur Gerichtsstätte gehen. Aufgeregtes Geschrei voll Haß und Hohn umgibt ihn. Aber es sind doch nicht nur rohe Stimmen, die an sein Ohr schlagen. Auch Stimmen des *Mitleids* werden laut. Lukas (23, 27) sagt: „Es folgte ihm nach ein großer Haufe Volks und Frauen, die beklagten und beweinten ihn". Mit den Frauen sind nicht die Jüngerinnen im Zuge gemeint, sondern „Töchter Jerusalems", also Städterinnen aus der Hauptstadt. Sie haben ihn drüben auf dem Tempelplatz oft gehört, wenn er im Frauenvorhof das Volk lehrte. Es jammerte sie, daß er so qualvoll umgebracht werden soll. Da stimmen sie weinend die Totenklage an, wie sie die Frauen in Palästina noch heute bei Begräbnissen anstimmen.

Es hat dem Herrn gewiß wohlgetan, unter so viel Haß auch herzliche Teilnahme zu erfahren. Dennoch muß er diese gutgemeinten Regungen zurückweisen. Er weiß zu gut, daß nicht er es ist, der auf diesem Todesgang zu bemitleiden ist, sondern diese klagenden Frauen selbst. Sein prophetischer Blick sieht schreckliche Tage über dieses im Sonnenglanz des Glücks vor ihm liegende Jerusalem hereinbrechen. Er sieht, wie in nicht ferner Zeit römische Legionen die Stadt belagern, erobern, von Grund aus zerstören. Nach kaum vierzig Jahren wird ein grauenvolles Schicksal über diese mitleidigen Frauen und, wenn sie nicht mehr selbst am Leben sein sollten, jedenfalls über ihre Kinder hereinbrechen. Und das alles, weil sie heute ihren Messias ans Kreuz schlagen. Darum wendet er sich unter der Last des Kreuzes zu ihnen hinüber und sagt, selbst von Mitleid bewegt: „Ihr Töchter Jerusalems, weinet nicht über mich, sondern weinet über euch und über eure Kinder! Denn siehe, es wird die Zeit kommen, in welcher man sagen wird: Selig sind die Unfruchtbaren und die Leiber, die nie geboren haben, und die Brüste, die nie gesäugt haben! Dann werden sie anfangen, zu sagen zu den Bergen: Fallt über uns! und zu den Hügeln: Bedeckt uns!"

Machen nicht auch heute noch viele in der Christenheit denselben Fehler wie jene mitleidigen Töchter Jerusalems? Ihr stellt in den Mittelpunkt eurer Karfreitagsgedanken das Mitleid mit Jesus, der so große Qualen hat erdulden müssen. Aber Jesus braucht euer Mitleid nicht. Den wahren Sinn des Karfreitag habt ihr erst dann erfaßt, wenn ihr begreift, daß ihr selbst beim Kreuzestod Jesu Gegenstand des höchsten Mitleids und Erbarmens seid. Das betonen auch unsere Passionslieder, welche überhaupt die beste Deutung des Todes Jesu geben, immer wieder:

> Mein Heil, was Du erduldet, ist alles *meine* Last,
> Ich hab es selbst verschuldet, was Du getragen hast.
> Schau her, hier steh ich Armer, der Zorn verdienet hat,
> Gib mir, o mein Erbarmer, den Anblick Deiner Gnad!

*

Der Volkszug ist auf Golgatha angekommen. Jesus ist ans Kreuz angenagelt, dann das Kreuz aufgerichtet und im Erdboden festgerammt worden.

Auf dieses Bild blickt heute am Karfreitag die Welt. Was bedeutet es? Wir erhalten die erstaunliche Antwort: Es bedeutet die große *Liebeserklärung Gottes* an die Welt: „So sehr hat

Gott die Welt geliebt, daß er seinen einziggeborenen Sohn für sie gab." Nachdem Jesus lebenslang den Menschen vergeblich die Liebe Gottes auf jede Weise mit Worten und Taten nahegebracht hatte, fragte er sich zuletzt, ob es noch einen größeren Liebesbeweis gebe. Was konnte er noch mehr für sie tun? Und er hat sich selbst geantwortet: Ja, eines kann ich noch für sie tun — für sie leiden und sterben. Am Vorabend seines Todes sagt er ja: „Niemand hat größere Liebe denn die, daß er sein Leben läßt für seine Freunde" (Joh. 15, 13). Wenn einer für seinen Freund sein ganzes Vermögen hergibt, wie es Shakespeare in seinem „Kaufmann von Venedig" schildert, so ist das in dieser Welt, wo in Geldsachen nicht nur die Gemütlichkeit, sondern auch die Freundschaft aufhört, eine fast märchenhafte Liebe. Wenn aber jemand für seine Freunde gar sein Leben hergibt, so ist das der größte Beweis von Liebe, der in dieser Welt denkbar ist. Darum hat Gott seinen einziggeborenen Sohn dahingegeben, und dieser Sohn hat sich willig dazu hergegeben, „auf daß alle, die an ihn glauben, nicht verloren gehen, sondern das ewige Leben haben."

Das Kreuz ist also die größte Liebeserklärung Gottes an die Welt in der Person seines Sohnes. Und gerade dieser Heldengang der Liebe hat der Menschheit das Herz abgewonnen. Was kein strenges Gesetz, keine harte Strafe erreichen konnte, das hat der Tod Jesu erreicht. Er hat der Menschheit einen tiefen, in Jahrtausenden nicht erlöschenden Eindruck von der Liebe Gottes gegeben. Seitdem sammelt sich, fortwährend wachsend, seine Gemeinde unterm Kreuz und ruft anbetend:

> O große Lieb, o Lieb ohn alle Maßen,
> Die dich geführt auf solche Marterstraßen!
> Ich lebte mit der Welt in Lust und Freuden —
> Und du mußt leiden!

*

Drunten zu Füßen meines Felsenhügels führt eine Straße vorüber wie damals, als Jesus hier in der Nähe gekreuzigt wurde (Joh. 19, 20). Über die Lage von Golgatha fügt nur der Hebräerbrief noch hinzu, daß es draußen vor dem Tor gelegen habe (Hebr. 13, 17). Es war also genau wie hier auf diesem Hügel, auf dem ich sitze: an der Hauptstraße, vor dem Stadttor.

Auf dieser Straße sehe ich ein paar polnische Juden in langem Kaftan und Pelzmütze vorübergehen. Wenn diese überhaupt daran denken, werden sie in der Kreuzigung eine gerechte *Strafe* erblicken. Und alles auf Golgatha redet ja von Strafe: die Anwesenheit der höchsten Richter des Judenvolks, welche einstimmig geurteilt haben: „Er ist des Todes schuldig", der römische Statthalter, der den Spruch bestätigt und zur Strafvollziehung seine Soldaten mitgeschickt hat, die drei Kreuze, an denen die drei gerichtet werden. Alles redet von Strafe.

Und ist es denn nicht eine *Strafe*, die sich hier an Jesus vollzieht? Jesaja 53 sagt: „Die Strafe liegt auf Ihm, auf daß wir Frieden hätten". Johannes der Täufer ruft: „Siehe, das ist das Lamm, das (als Opferlamm) der Welt Sünde hinwegträgt!" Also die Strafe der sündigen Menschheit wird an ihm vollzogen. Aber ist denn die Menschheit wirklich so sündig? Könnt ihr noch fragen? Was für Schandtaten offenbaren mitten unter unseren „christlichen Völkern" Tag für Tag unsere Gerichtssäle! Was für Greuel haben in den zahllosen Kriegen die Menschen aneinander verübt! Was für eine Summe von bestialischen Grausamkeiten haben zum Beispiel in den letzten Kriegen die Bolschewiken und die Hitlerleute an Mitmenschen vollzogen! Von solchen Scheußlichkeiten sind die Kapitel der Weltgeschichte voll. Und was für persönliche Sünden hält jedem von uns, wenn er sich vor dem Auge Gottes prüft, sein eigenes Gewissen vor, selbst wenn er vor Menschenaugen als untadelig dasteht!

Wo aber Sünde ist, da muß auch Strafe sein. Keine vernünftige Überlegung wird aus dem Bewußtsein der Menschheit die Überzeugung austilgen, daß Unrecht und Sünde Strafe verlangt. Gott ist nicht ein Gott, der nicht zürnen kann. Paulus sagt: „Gottes Zorn wird vom Himmel offenbart über alles gottlose Wesen und Ungerechtigkeit der Menschen" (Röm. 1, 18). Schon bei uns Menschen verachten wir einen Vater, der für seinen ungehorsamen, mutwilligen, trotzigen, verlogenen Sohn nicht einmal Zorn fühlen kann. Was einem solchen Vater fehlt, ist nichts anderes als gerade die rechte Liebe. Ein Zorn, der ganz frei ist von Selbstsucht und Rachsucht, ist etwas Heiliges. Es ist nur die Kehrseite der Liebe des Vaters, welcher nicht zusehen kann, wie sein Kind durch eigene Schuld und Verblendung ins Verderben rennt.

Unsere Strafe hat nun Jesus *freiwillig* auf sich genommen (Joh. 10, 18). „Fürwahr, Er trug unsere Krankheit und lud auf sich unsere Schmerzen. Er ist um unserer Missetat willen verwundet und um unserer Sünden willen zerschlagen" (Jesaja 53). Wie mein Freund D. *Traub* in Stuttgart es auf einen kurzen, treffenden Ausdruck gebracht hat: „Strafe ist nicht übertragbar, aber *übernehmbar*". Bei jedem Hammerschlag, der durch seine Hände und Füße und sein Nervensystem dröhnte, war sich Jesus dessen bewußt, daß er die Strafe freiwillig für uns erduldete.

Hier liegt das Geheimnis in der *freiwilligen Stellvertretung*. Am Kreuze spricht der berufene Stellvertreter der Menschheit zu Gott: Wir bekennen, daß wir gesündigt und deshalb den Tod verdient haben. Du hast recht, und wir haben unrecht. „Auf daß **Du recht behaltest** in Deinen Worten und rein bleibest, wenn **Du** richtest" (Psalm 51, 6). Durch diese Selbstverurteilung — nicht mit bloßen Worten, sondern durch eine in der ganzen Welt und Weltgeschichte sichtbare Tat — hat er die Ehre und Heiligkeit Gottes wiederhergestellt *im Gewissen der Menschheit*. Und dadurch hat er die Bahn freigemacht für Gnade und Vergebung.

Also nicht im Herzen *Gottes* ist durch Golgatha etwas anders, etwa sein Zorn besänftigt worden, denn er hat ja der Menschheit dort das größte Zeichen seiner Liebe gegeben. Aber anders geworden ist etwas im Gewissen der *Menschheit*. Und das war unbedingt nötig. Denn durch eine der ganzen Welt ohne weiteres angekündigte Straflosigkeit, ohne irgendwelche Sühne, wäre die Menschheit in ihrer Sünde nur bestärkt worden. Sie hätte gemeint: wenn die Sünde doch zuletzt ohne weiteres vergeben wird, kann sie am Ende gar nicht so schlimm sein. Gott läßt in seiner Herzensgüte schließlich doch alles wieder gut sein. Da wäre im Gewissen der Menschheit die Heiligkeit Gottes in die Brüche gegangen. Die Heiligkeit Gottes, die Unantastbarkeit seines Willens mußte vor aller Welt außer Zweifel gestellt werden. Deshalb hat Jesus auf Golgatha als Stellvertreter der Menschheit die Strafe für ihre Sünde freiwillig auf sich genommen und damit das Recht Gottes, der die Sünde verdammt, anerkannt. Wie es im 89. und 97. Psalm heißt: „Gerechtigkeit und Gericht sind Seines Thrones Festung". Nicht der Zorn *Gottes* ist auf Golgatha versöhnt worden, sondern Gott hat die gottverfeindete *Menschheit* mit sich versöhnt. Darum faßt Paulus, dieser scharfe Denker, das ganze Geheimnis in dem einen

Worte zusammen: „Gott war in Christus und versöhnte die Welt mit sich selber und rechnete ihnen ihre Sünden nicht zu und hat unter uns aufgerichtet das Wort von der Versöhnung: Lasset euch versöhnen mit Gott!" (2. Kor. 5, 19).

✳

Durch den Opfertod Jesu sind wir, wie die Schrift oft sagt, „erlöst" oder „erkauft", losgekauft worden. Erlösen bedeutet losmachen. Wenn von unserer Erlösung geredet wird, so liegt darin ein Vergleich, der von den damaligen sozialen Verhältnissen hergenommen ist. Die damalige Menschheit, selbst in den berühmtesten Mittelpunkten der alten Welt, wie Rom, Alexandrien, Antiochia, Athen, bestand in der Mehrzahl aus Sklaven. Diese konnten ganz gebildete und gelehrte Menschen sein, gehörten aber von Rechts wegen ihren Herren, die sie auf dem Sklavenmarkt gekauft und den Preis für sie bezahlt hatten, waren ihnen also dienstpflichtig. Nur eine Minderheit bestand aus freien Menschen. Wenn aber jemand einen solchen Sklaven durch Zahlung des Lösegeldes loskaufte, so war er „erlöst" und damit frei.

Mit dieser Loskaufung oder „Erlösung" vergleicht die Bibel den Opfertod Jesu. Die Menschen waren wie Paulus sagt, „unter die Sünde verkauft" (Röm. 7, 14) und somit Sklaven der Sünde. Aber Jesus hat uns losgekauft, indem er mit seinem Blut ein ungeheures Lösegeld bezahlte. Er sagt selbst: „Des Menschen Sohn ist gekommen, daß er sein Leben gebe zu einer Erlösung für viele" (Matth. 20, 28). Und Paulus: „An ihm haben wir die Erlösung durch sein Blut" (Eph. 1, 7; 1. Tim. 2, 6; 1. Kor. 6, 20). Und Petrus: „Wisset, daß ihr nicht mit vergänglichem Silber oder Gold erlöst seid (womit man doch sonst in der Welt so vieles kaufen kann), sondern durch das teure Blut des Messias" (1. Petr. 1, 18. 19).

Die hierdurch von der Sünde Losgekauften gehören daher von Rechts wegen dem, der für sie sein Blut als Lösegeld hingegeben hat. Er ist also wie bei jenen gekauften Sklaven ihr „Herr", dem sie zu Dienst verpflichtet sind. Sie sind sein Eigentum. Auf Grund dieses Rechtsverhältnisses redet die Bibel von Jesus immer als von unserem „Herrn". Wir gehören ihm, denn er hat uns aus der Sklaverei der Sünde losgekauft durch sein Blut.

Während ich darüber nachsinne, fällt mir ein Wort aus meinem Nachtgebet ein, das ich abends gerne bete, und von dem ich wünsche, daß es einmal auch beim letzten Einschlafen mein Gebet sein möchte:

> Du hast mich ja mit Blut erkauft,
> Und darum bin ich dein,
> Und bin auf deinen Tod getauft:
> Auf Jesus schlaf ich ein.

*

Unter einem ganz anderen Gesichtspunkt lehrt uns der Hebräerbrief (5, 8) den Tod Jesu verstehen. Er redet nicht von einem stellvertretenden *Leiden*, sondern von einem stellvertretenden *Tun* Jesu: „Wiewohl er Gottes Sohn war, hat er doch an dem, was er litt, *Gehorsam* gelernt. So ist er nach seiner Vollendung für alle, die ihm gehorchen, zum Urheber ewigen Heils geworden."

Durch seinen vollendeten Gehorsam hat der berufene Stellvertreter der Menschheit deren Ungehorsam wieder gut gemacht. Unter allen Versuchungen zur Sünde, die an ihn genau so herangetreten sind wie an uns (Hebr. 4, 15), unter den schwersten Prüfungen, deren die menschliche Natur fähig ist, hat sich sein Gehorsam vollendet. Den entscheidenden Höhepunkt hat dieser Gehorsam gefunden in Gethsemane. Und diesen Gehorsam hat er zuletzt in den Gluten von Golgatha bewährt und durchgehalten.

In den qualvollen Stunden am Kreuz vollzieht sich die Vollendung seines Gehorsams in überwältigender Größe. Da wächst alles an ihm ins Übermaß, ins Übermenschliche, ins Göttliche: seine Geduld, seine Liebe, in der er — angespuckt, halb tot gepeitscht, wie ein Narr verspottet, als Verbrecher unschuldig verurteilt, ans Kreuz genagelt — ohne die leiseste Regung von Haß und Rache aus der Welt scheidet und sich zuletzt sterbend in die Nacht der Bewußtlosigkeit sinken läßt. So ist er, wie der Hebräerbrief sagt, „in seinem Gehorsam vollendet worden" (Hebr. 5, 9).

Dieser Gehorsam Jesu ist so groß, so vollkommen, so makellos, so leuchtend, ein Schauspiel für Himmel und Erde, daß dadurch die von ihm vertretene Menschheit, weil sie nun in Jesus ein so edles Glied zu den Ihrigen zählt, einen ganz neuen Wert in Gottes Augen erhalten hat.

Ja, er hat dadurch auch das rettende Mittel geschaffen, durch das wir von unserem Ungehorsam und unserer Sünde *geheilt* und in seine göttliche Natur umgestaltet werden können (2. Petr. 1, 4). Er hat nicht nur für sich selbst „an dem, was er litt, Gehorsam gelernt", sondern er hat überhaupt die menschliche Natur nur zu dem Zweck angenommen, um sie bei denen, die sich ihm ergeben, zu heiligen und so zu verwandeln, daß fortan Christus in ihnen lebt (Gal. 2, 20). Jesus ist ja nicht nur dazu für uns gestorben, um uns die Vergebung unserer Sünden zu verschaffen — das ist nur die Vorbedingung —, sondern, um uns zu *heiligen*, das heißt, um uns zu *jesusähnlichen* Menschen zu machen. Das ist das hohe Ziel, für das uns Gott schon bei der Schöpfung bestimmt hat. Deshalb heißt es Hebr. 13, 12: „Er ist gestorben, auf daß er das Volk *heilige* durch sein Blut". Das meint auch der Apostel Johannes, wenn er sagt: „Das Blut Jesu macht uns rein von aller Sünde" (1. Joh. 1, 7). Dabei ist nicht, wie manche es mißverstanden haben, an den materiellen Stoff seines Blutes gedacht, sondern an die weltgeschichtliche Tatsache seines Opfertodes.

*

Von meinem Felshügel sehe ich drüben in der Stadt die beiden berühmten muhammedanischen Moscheen, den Felsendom und die Aksamoschee. Wie anders sah dieser Tempelplatz aus, als Jesus hier nahe bei meinem Hügel am Kreuze schmachtete! Dort war seit Jahrhunderten das Heiligtum des jüdischen Gottesdienstes. Dort waren die strahlenden Bauten des Tempels, vor denen Jesus so oft gestanden und zum Volke geredet hat. Und im Mittelpunkt war das Allerheiligste, welches der Hohepriester einmal im Jahr am Großen Versöhnungstag betrat, um die Sünde des Volkes und seine eigene zu sühnen und die Vergebung Gottes dafür zu erflehen.

Auch das bringt die Heilige Schrift in Beziehung zum Tode Jesu. Der Hebräerbrief (4, 15) nennt Jesus den wahren *Hohenpriester*, der vor Gott für die Menschheit eintritt: „Wir haben nicht einen Hohenpriester, der nicht Mitleid haben könnte mit unseren Schwachheiten, sondern der versucht ist allenthalben gleich wie wir, doch ohne Sünde".

Also in seinem Leiden und Sterben hat er Mitleid gelernt mit unseren Schwachheiten. Zu Menschen, die nicht selbst gelitten haben, hat ein Leidender kein rechtes Vertrauen. Er sagt sich: der weiß doch nicht, wie mir zu Mute ist. Wäre die anfangs so hoffnungsvoll aussehende Laufbahn Jesu ohne den erschütternden Ausgang am Kreuz geblieben, so wäre sein Leben zwar noch immer groß und anbetungswürdig genug. Aber der Heiland der Armen, der Leidenden, der Mühseligen und Beladenen wäre er nicht geworden. Auch von dieser Seite aus gesehen, gilt sein Wort, mit dem er sich in Gethsemane von seinen fliehenden Jüngern verabschiedet hat, daß es gemäß den Schriften so geschehen *muß* (Matth. 26, 54).

Buddha wird im fernen Osten von Millionen angebetet und verehrt. Aber Buddha hat nicht gelitten. Der China-Missionar D. Voskamp traf bei einem buddhistischen Vortrag einen vornehmen heidnischen Chinesen, den er kannte. Der Heide deutete auf das Standbild Buddhas und sagte: „Merkwürdig, hier betet man auch. Aber es ist doch nicht dasselbe wie bei euch. Es fehlen die Nägelmale an den Händen, und es fehlt die Dornenkrone". Ja, ja, die Nägelmale und die Dornenkrone! Ohne sie wäre uns Jesus gar nicht mehr denkbar.

Durch sein Leiden und Sterben ist Jesus der Hohepriester — nicht des jüdischen Volkes, sondern — der Menschheit geworden, der nicht wie Kaiphas nur einmal im Jahr ein Tieropfer für seine und des Volkes Sünde darbrachte, sondern der ein für allemal sich selbst für die Menschheit zum Opfer gebracht hat. Nach dieser Selbstaufopferung des wahren Hohenpriesters hatte der ganze in Sinnbildern bestehende alttestamentliche Opferdienst jeden Sinn verloren. Darum zerriß dort drüben, wo jetzt die Muhammedaner in ihrem Felsendom beten, im Augenblick des Todes Jesu bei dem Erdbeben der Vorhang im Tempel, der das Allerheiligste vor unberufenen Augen verhüllte, in zwei Stücke, von oben an bis unten aus. Das rechte Allerheiligste war jetzt Golgatha geworden.

＊

Auf Golgatha sehe ich drei Kreuze aufgerichtet. Über dem mittleren machen sich die Soldaten etwas zu schaffen. Was ist's? Ein

Täfelchen oder ein Stück Pergament heften sie über dem Haupte Jesu an. Es ist eine Inschrift, die in drei Sprachen, hebräisch, griechisch und lateinisch, mit großen Buchstaben die Todesursache angibt: Jesus von Nazareth, der Juden *König*. Neugierig drängen sich die Juden heran und lesen. Zornige Ausrufe werden laut. Wie? Will Pilatus ihr Volk öffentlich verhöhnen? Ein Gehenkter soll ihr König sein?

Am zornigsten gebärden sich die Hohenpriester. Diesen Schimpf können sie sich nicht gefallen lassen. Sie verlangen von dem Hauptmann die Entfernung oder Abänderung. Aber der verweist sie an den Statthalter, der es eigenhändig so geschrieben hat. Was tun? Jemand ins Schloß schicken? Auf einen bloßen Boten wird Pilatus nicht hören. Da eilen die beiden hohen Herren, Kaiphas und Hannas, in Person in die Stadt. Ich sehe ihren Weg vor mir. Dort hinter der Stadtmauer steht ja der von dem Schloß noch heute stehende, kaum zehn Minuten entfernte Schloßturm Phasaël. Nach zehn Minuten sind sie da. Ihr hoher Rang verschafft ihnen Zutritt. Sie rufen aufgeregt: „Schreib nicht ,der Juden König', sondern, daß er *gesagt* habe: Ich bin der Juden König!"

Aber Pilatus ist nicht in der Stimmung, diesen verhaßten Priestern noch weiter nachzugeben. Barsch weist er sie ab: „Was ich geschrieben habe, das hab ich geschrieben!" Die beiden Herren müssen unverrichteter Dinge wieder nach Golgatha zurückgehen.

So bleibt denn der Königstitel in den drei Hauptsprachen der damaligen Welt über seinem Haupte stehen. Ist es nicht auffallend, wie ihn dieser Titel von seiner frühesten Jugend an durchs Leben begleitet hat? Schon die Weisen vom Morgenlande fragten: „Wo ist der neugeborene *König* der Juden?" Als er am Jordan seine ersten Jünger in seine Nachfolge rief, begrüßte ihn der anfangs so zweifelnde Nathanael mit den Worten: „Rabbi, Du bist der Sohn Gottes, Du bist der *König* — von Israel!" (Joh. 1, 49). Nach der Speisung der Fünftausend wollte ihn das begeisterte Volk mit Gewalt nach Jerusalem mitnehmen und als *König* ausrufen (Joh. 6, 15). Als er sechs Tage vor seiner Kreuzigung vom Ölberg herab in Jerusalem einzog, jubelten ihm die Scharen der Galiläer zu: „Hosiannah! Gelobt sei, der da kommt im Namen des Herrn, der *König* von Israel!" (Joh. 12, 13). Am Karfreitag vormittag bei Pilatus steht wieder der Königstitel im Mittelpunkt der Untersuchung: „Bist Du der Juden *König?*" „Du sagst es, König bin ich!" Und jetzt steht es abermals hoch über dem Kreuz: *Jesus Nazarenus, R e x Judaeorum.*

Was damals Pilatus als Hohn für das Judenvolk gemeint hat, das ist für die Christenheit längst Wahrheit geworden. Anbetend beugt sie ihrem dorngekrönten König die Knie und ruft heute am Karfreitag in allen fünf Weltteilen huldigend: „König, dem kein König gleichet!"

*

Ich band mein Pferd los und ritt langsam durch die Judenvorstadt Meschoorem auf das Syrische Waisenhaus zu. Ich fragte mich unterwegs: Ist nun mit diesen so verschiedenartigen Deutungen das ganze Geheimnis des Kreuzes ergründet? Und ich mußte mir antworten: Nein. Jede von ihnen ist groß und anbetungswürdig und ist ein Teil der Wahrheit. Jede zeigt die Wahrheit wieder von einer anderen Seite. Aber erschöpft ist sie damit nicht. Das Geheimnis reicht ja in dieselben Tiefen hinab wie das ganze Geheimnis der Person Jesu, in das kein Senkblei menschlichen Nachdenkens hinunterreicht. Das Karfreitagsgeheimnis, daß er am Kreuz wie jeder sterbende Mensch sein Leben aushaucht, ist nicht wunderbarer als das Weihnachtsgeheimnis, daß er, durch den die Welt geschaffen ist (Joh. 1, 2), als unbewußter Säugling in der Krippe liegt. Wie ein hin- und hergewendeter geschliffener Diamant bei jeder neuen Wendung in neuem Glanze blitzt, so erglänzt das Geheimnis des Kreuzes bei jeder dieser verschiedenen Deutungen in neuem Glanz. Aber die *ganze* Wahrheit werden wir wohl erst in jener Welt erkennen. Hier, wenn irgendwo, gilt das Wort des Apostels Paulus: „Unser Wissen ist Stückwerk, und unser Weissagen ist Stückwerk. Wenn aber kommen wird das Vollkommene, so wird das Stückwerk aufhören. Wir sehen jetzt durch einen Spiegel in einem dunklen Wort, dann aber von Angesicht zu Angesicht. Jetzt erkenne ich's stückweise, *dann aber werde ich erkennen, gleichwie ich erkannt bin*" (1. Kor. 13).

Soviel ist aber gewiß, daß im Mittelpunkt alles christlichen Glaubens und Erkennens immer das Kreuz stehen muß. Darum sagt Paulus, der größte Theologe des apostolischen Zeitalters, ein Mann, der doch so viel studiert hatte und so viel wußte, von seiner Verkündigung: „Ich hatte mich dafür entschieden, kein anderes Wissen unter euch zeigen als allein Jesus, den Messias — und zwar den Gekreuzigten!" (1. Kor. 2, 2). Wo immer eine Theologie den christlichen Glauben zu erfassen sucht, ist sie zu beurteilen nach ihrer Stellung zum Kreuz. Sie muß, wie Luther sagt, zu allen Zeiten bleiben eine *theologia crucis*, eine Theologie des Kreuzes. Und alle christlichen Konfessionen, wenn sie ihren Zweck nicht ganz verfehlen sollen, müssen darin wetteifern, der Welt die Botschaft vom Kreuz zu verkündigen.

Aber alle Theologie beiseite! Für jeden Christen ist die Hauptsache im Leben und Sterben der gläubige Aufblick zum Gekreuzigten. Millionen haben darin ihren Halt und ihren Trost gefunden und haben in tiefsten Nöten und Zusammenbrüchen ihres Lebens ihre Tränen dem Gekreuzigten zufließen lassen. Und Millionen haben noch in der Todesstunde ihr Glaubensauge auf Ihn gerichtet und sind dadurch selig zur ewigen Ruhe eingegangen.

Als stiller Zuschauer am Ostermorgen

Vor Sonnenaufgang. Wir sind im Garten des Ratsherrn Joseph von Arimathia vor dem Nordtor Jerusalems für eine Stunde stille Zuschauer. Über dem Garten liegt Morgendämmerung (Matth. 28, 1). Der Ostermond, der die schlafende Stadt in der langen Nacht beleuchtet hat, ist untergegangen.

Im Garten sehen wir eine Felsenwand. Eine mit einer Steinplatte verschlossene Türöffnung zeigt uns die Grabkammer, in welcher der Leichnam Jesu liegt. Das Grab ist ganz neu. Noch nie hat wie in den älteren Grabkammern ein Toter darin gelegen. Gott hat diesen Leichnam ohnegleichen davor bewahrt, daß ihm etwas Unwürdiges widerfahren sollte. Auch ist der Leichnam ganz frisch wie der Leib eines gesund Schlafenden. Keine Spur von Verwesung und ihren abstoßenden Folgen. Davor hat ihn Gottes Allmacht behütet (Ap. Gesch. 2, 27. 31; 13, 35. 37).

Wir sind nicht die einzigen im Garten. Dort halten mehrere Soldaten Wache vor der Grabestür, die mit Siegeln der Hohenpriester sorgfältig versiegelt ist. Die hohen Herren hatten es sich nicht nehmen lassen, am gestrigen Samstag in eigener Person herauszukommen und die Steinplatte der Tür eigenhändig an die Felswand anzusiegeln (Matth. 27, 62. 65). Die Soldaten aus der nahen Garnison, Römer, vielleicht auch Deutsche, die im römischen Heer dienen, sitzen da in ihren Waffenröcken mit dem kurzen Römerschwert, ihre Lanzen vielleicht an die Felswand gelehnt. Sie haben in den Nachtstunden ohne Zweifel mit einander über den sonderbaren Auftrag gesprochen, den Leichnam eines Hingerichteten bewachen zu müssen. Aber es hat sich auch in der ganzen Kaserne herumgesprochen, unter was für unheimlichen Zeichen der Tote vorgestern abend gestorben ist, und wie auch ihr allverehrter Hauptmann tief ergriffen vom Kreuz weggegangen ist mit dem Ruf: „Wahrlich, dieser Mensch ist (wie er selbst von sich gesagt) Gottes Sohn gewesen!"

Schläfrig sitzen die Soldaten gegen Morgen auf ihrem Wachtposten. Da rollt ein Erdbeben unter ihnen und der ganzen Stadt hinweg — geradeso wie vorgestern am Freitag. Noch heute wiederholen sich die in Palästina nicht seltenen Erdbeben meist an den folgenden Tagen ein- oder mehreremal. Erschrokken fahren die Soldaten auf. Ein Erdbeben! Die losen Gartenmauern fallen zum Teil ein. Die schwere Steinplatte vor der Grabestür wird langsam weggerückt und fällt samt den hohepriesterlichen Siegeln dröhnend auf den Felsboden. Eine schneeweiße Gestalt, hell wie ein Blitz, meinen sie zu sehen. Sie setzt sich auf den abgewälzten Stein. Da ergreift die Soldaten ein jäher Schreck. Die Gottheit greift ein! Gegen überirdische Mächte zu kämpfen, haben sie keinen Befehl. Bestürzt eilen sie in die Stadt und melden in der nahen Kaserne Antonia ihren Kameraden und ihrem Hauptmann ihr unheimliches Erlebnis.

Ganz still ist's im Garten geworden. Aber jetzt geht die Sonne drüben über dem Ölberg auf (am 1. April in Jerusalem um 5.52 Uhr). Ihre ersten Strahlen vergolden die Felswand und die offene Grabestür. Die bisher nachtumfangenen Bäume des Gartens, Öl-, Feigen-, Granatapfel-, Aprikosenbäume und die dunklen schlanken Zypressen stehen hellbeleuchtet da, und unter ihnen blühen die mannigfaltigen Frühlingsblumen Palästinas in allen Farben.

Die größte Veränderung aber ist im Grabe selbst vor sich gegangen. Jesus ist vom Tode auferstanden. Sein Leib ist noch derselbe wie früher und doch nicht derselbe. Es hat eine vollständige Verwandlung an ihm stattgefunden. Wir können sie vielleicht in Vergleich stellen mit dem Vorgang an den Leibern derer, welche einst bei der Wiederkunft des Herrn noch auf Erden leben werden. Sie werden nicht sterben, sondern blitzschnell verwandelt werden (1. Kor. 15, 51). Ihr irdischer Leib kann ja unmöglich so ins ewige Leben eingehen, denn dies Verwesliche muß anziehen die Unverweslichkeit, und dies Sterbliche muß anziehen die Unsterblichkeit (1. Kor. 15, 50. 53; 2. Kor. 5, 1).

Das irdische Pilgerkleid wird zum himmlischen Feierkleid, der Werktagsrock wird zum Sonntagsrock oder, wie es Luther ausdrückt, zum „Pfingstkleid", die irdische Lehmhütte wird zum himmlischen Palast, von dem Jesus selbst einmal sagt: „Dann werden die Gerechten leuchten wie die Sonne in ihres Vaters Reich" (Matth. 13, 43). So muß mit dem Leibe Jesu blitzschnell eine Verwandlung vorgegangen sein. Diese Worte aus den Korintherbriefen lassen uns ein wenig in dieses Geheimnis Gottes hineinsehen, das wir ehrfürchtig als ein Geheimnis stehen lassen müssen, ohne uns anzumaßen, Dinge zu erklären, die jetzt noch über unser Begreifen hinausgehen.

Der Auferstehungsleib Jesu ist also aus dem früheren hervorgegangen, aber ist doch jetzt ganz anders als früher. Er gehört nun einer höheren Ordnung an. Er ist nicht mehr an das Gesetz der Schwere gebunden, nicht mehr ein natürlicher, sondern ein geistiger Leib (1. Kor. 15, 44). Für gewöhnlich sterbliche Augen unsichtbar, kann er sich sichtbar machen, wann, wo und wem er will. Ohne irdische Wunden zu haben, kann er doch, um erkannt zu werden, seine Nägelmale zeigen. Er kann aber auch, solange er will, den Seinen unerkannt bleiben. Schon voll von der Herrlichkeit Gottes will er seinen Jüngern noch etwa sechs Wochen lang zuweilen erscheinen, um sie sicher hinüberzuleiten in den ihnen anfangs unbegreiflichen Zustand, wo er nicht mehr sichtbar unter ihnen wandelt, aber ihnen doch unsichtbar auf Schritt und Tritt ebenso nahe ist wie früher.

Fünf oder zehn Minuten später. Im Garten wird es lebendig. Frauen kommen aus der Stadt. Es ist in wörtlicher Übersetzung nach Matthäus „im Morgengrauen" (Matth. 28, 1), nach Markus „sehr frühe" (Mark. 16, 2), nach Lukas 24, 1 „mit dem ersten Zwielicht". Es muß also sehr bald nach dem Erdbeben und der Auferstehung Jesu gewesen sein.

Es sind drei Frauen, Maria Magdalena, die immer als die erste genannt wird, Maria Jakobi und Salome. Sie hatten am Freitag abend, noch ehe bei Sonnenuntergang der Sabbat begann, auf dem Oberen Markt kostbare Salben und Kräuterpulver gekauft, um damit den Toten fürs erste ein wenig vor Verwesung zu schützen.

Sie sind noch vor Tau und Tag durch die engen Gassen der schlafenden Stadt durchs Nordtor und die Gärten der Vorstadt gegangen und treten jetzt im Zwielicht durch die Pforte in den von den ersten Strahlen der Sonne getroffenen Garten ein. Während sie durch die im Frühlingsgrün prangenden Bäume und den Blumenflor gehen, haben sie nur die eine Besorgnis: „Wer wälzt uns den Stein von des Grabes Tür?" Denn zum Abheben der schweren Steinplatte gehörten Männerkräfte.

Aber wie sie zum Garten kommen, gähnt ihnen die weit offene Grabestür schwarz entgegen. Entsetzt starren sie darauf hin. Haben hier Einbrecher gehaust? Sind denn nicht einmal mehr die Toten in ihrem Grabe sicher? Maria Magdalena, die tatkräftige Führerin, macht sofort kehrt und eilt in die Stadt zurück. Das ist so schrecklich, das müssen die Apostel sofort erfahren.

Die beiden anderen Frauen bleiben verschüchtert stehen. Sie wagen es endlich, an die offene Felskammer heranzutreten und schließlich in sie hineinzugehen. Dunkel ist's drinnen, denn sie hat kein Fenster. Nachdem sich ihre Augen an die Dunkelheit gewöhnt haben, sehen sie, daß der Leichnam tatsächlich nicht mehr da ist.

Aber sie sehen jetzt noch mehr. Einen Jüngling in weißen Kleidern sehen sie neben der Felsbank. Er fängt freundlich an, mit den furchtsamen Frauen zu sprechen: *„Ihr* braucht euch nicht zu fürchten! Ich weiß ja, ihr suchet Jesus den Gekreuzigten. Er ist nicht hier. Er ist nämlich auferstanden, wie er es euch schon vorher gesagt hat. Tretet näher und sehet die Stätte, wo er gelegen hat."

Da laufen die beiden Frauen in die Stadt zurück, nach Matthäus „mit Furcht und großer Freude", nach Markus „mit Zittern und Staunen", um den Aposteln die große Nachricht zu bringen, an die sie selbst noch kaum zu glauben wagen. Und nach ihrem Weggang ist es wieder ganz still und einsam im Garten.

Zwanzig bis dreißig Minuten später. Zwei Männer kommen atemlos aus der Stadt gelaufen. Wir wissen nicht, in welchem Stadtteil das Haus war, in dem sich die Apostel aus Furcht vor den Juden verborgen hielten. Darum kann es fünfzehn oder auch dreißig Minuten gedauert haben, bis die durch Maria Magdalena aufgeschreckten Apostel Petrus und Johannes (Joh. 20, 1—10) am Grabe ankamen.

Der jüngere Johannes trifft zuerst am Grabe ein. Richtig, die Steintür ist abgewälzt und liegt auf dem Boden. Er geht jedoch nicht in die Grabkammer hinein, sondern guckt nur hinein. Da sieht er die Leinen gelegt, was ihm ein Beweis dafür ist, daß in der Tat der Leichnam nicht mehr an seinem Ort liegt. Mit hochklopfendem Herzen bleibt er vor der ihm schwarz entgegengähnenden Tür stehen.

Jetzt kommt Petrus auch angerannt. In seiner rasch zugreifenden, tatkräftigen Art bleibt er nicht lange vor dem Eingang stehen, sondern bückt sich sofort und zwängt sich durch die niedrige und schmale Tür hinein. Da steht er nun vor der Felsenbank, auf welcher der Leichnam geruht haben mußte. Sie ist tatsächlich leer! Mit maßlosem Staunen sieht er die auf die Bank gelegten Leinen. Nein, das sieht wirklich nicht nach Leichenraub aus. Sonst hätten doch die Räuber die einhüllenden Leintücher entweder mitgenommen oder unordentlich hingeworfen und so liegen lassen. Im Gegenteil, wie ein vom Schlaf aufgewachter ordnungsliebender Mensch seine Nachtsachen säuberlich hinlegt, so sind die Leinen sorgfältig auf die Felsenbank zusammengelegt. Auch das Kopftuch, in das Joseph und Nikodemus das Haupt Jesu eingewickelt hatten, liegt schön zusammengefaltet an einem besonderen Ort.

Petrus teilt dem draußen Stehenden seine Beobachtungen mit, und nun kommt auch Johannes herein. Er ist ganz überwältigt. Konnte er noch zweifeln? Ist es nicht augenscheinlich, daß der Herr auferstanden ist? Hatte er es ihnen nicht wiederholt vor-

hergesagt? Jubel erfüllt seine Seele. „Er kam zum Glauben."
So berichtet er nachmals in seinem Evangelium (Joh. 20, 8) die
große Stunde seines Lebens, wo der Osterglaube in sein Herz
eingezogen war, noch ehe er den Herrn wiedergesehen hatte.

Überglücklich gehen die beiden in die Stadt zurück, voll von
gespannter Erwartung der Dinge, die der heutige Tag noch
bringen muß. Nachdem sie zur Gartenpforte hinausgegangen
sind, ist es wieder ganz still und einsam im Garten.

Kaum eine Viertelstunde später wird es im Garten wieder
lebendig. Maria Magdalena kommt zum zweiten Mal. Es läßt
ihr keine Ruhe. Sie muß noch einmal an Ort und Stelle suchen,
ob sich keine Spur von dem weggebrachten Leichnam findet.
Vor der Tür in der Felswand steht sie still und weint herz-
brechend. Unerträglich ist ihr der Gedanke, daß sie nicht einmal
dem Toten die letzten Ehren erweisen kann.

Unaufhaltsam fließen ihre Tränen, während sie sich bückt, um
in die Grabkammer hineinzusehen. Drin sieht sie die Felsbank,
auf die vorgestern abend Joseph und Nikodemus in ihrer Ge-
genwart den Toten hingelegt haben. Aber sie ist leer.

Eine Weile mag sie hineingestarrt haben, da sieht sie, nachdem
sich ihre Augen an das Dunkel gewöhnt haben, zwei Gestalten
in der Kammer. Einer sitzt zu den Häupten, der andere zu
Füßen des leeren Felsenbetts. Ach, da sind doch endlich Menschen! Die werden doch wissen, was hier vorgegangen ist, denn
sie sitzen doch im Grabe selbst. Endlich findet sie eine Spur,
die ihr zur Lösung des Rätsels helfen kann. Sie reden sie selbst
an.

Die beiden: „Frau, warum weinst du?"

Maria (weinend): „Sie haben meinen Herrn weggenommen,
und ich weiß nicht, wo sie ihn hingelegt haben."

Während sie das sagt, hört sie Schritte hinter sich. Sie wendet
sich um und sieht einen dritten Mann. Mit tränenumflorten
Augen sieht sie ihn an. Ach, denkt sie, das ist gewiß Josephs
Gärtner, also ein Freund, der wird mir gewiß helfen. Er muß
ja vorgestern Abend beim Begräbnis zugegen gewesen sein. Er
redet sie zuerst an.

Der Mann (mit teilnehmender Stimme): „Frau, warum weinst
du? Wen suchst du?"

Maria (noch immer schluchzend): „Herr, hast du ihn weg-getragen, so sage mir, wo hast du ihn hingelegt? So will ich ihn holen."

Jesus (mit seiner ihr so wohlbekannten Stimme): „Maria!"

Maria (wie vom Blitz getroffen): „Rabbuni!"

Und nun empfängt sie vom Auferstandenen einen beglückenden Auftrag: „Geh hin zu meinen Jüngern und sage ihnen: Ich gehe zu meinem Vater und eurem Vater empor, zu meinem Gott und eurem Gott."

Damit entschwindet die Gestalt ihren Blicken. Seine Worte wollten sagen: Mein endgültiger Abschied aus der Sichtbarkeit ist zwar noch nicht geschehen. Aber geh zu meinen Brüdern und sage ihnen, daß dieser Abschied unwiderruflich bevorsteht. Es ist nicht so, daß ich mein irdisch-leibliches Zusammensein mit euch von neuem aufnehme. Nein, meine Auferstehung bedeutet nicht Rückkehr in die sichtbare Welt, sondern Auffahrt über sie, nicht Fortsetzung meines irdischen Lebens, sondern Eingang in die himmlische Welt, zu Gottes Thron und Gottes Herrlich-keit. Aber ihr alle seid fortan meine Brüder und daher untrenn-bar mit dem Vater und mit mir vereinigt. Ihr steht jetzt in demselben Verhältnis zu ihm wie ich. Darum getrost! Das Vater-haus, in das ich eingehe, ist fortan auch euer Vaterhaus, von dem ich euch erst vor einigen Tagen gesagt habe: In meines Vaters Hause sind viele Wohnungen. Ich gehe hin, euch die Stätte zu bereiten.

Jetzt sehen wir Maria mit glückseligen Mienen zur Garten-pforte hinauseilen, um ihren Auftrag zu erfüllen. Und nun ist es wieder ganz still und einsam im Garten. Es ist nicht anzu-nehmen, daß an diesem Sonntag noch mehr Besucher aus dem Jüngerkreis hier herausgekommen sind. Es folgten sich ja jetzt vom Morgen bis in die Nacht die verschiedenen Erscheinungen des Auferstandenen — was sollte ihnen da noch das leere Grab?

Später ist das Grab in Vergessenheit geraten. Ein teures Grab hält man ja sonst gewiß in Ehren. Aber doch nur, wenn ein teurer Toter darin liegt. In diesem Grabe lag aber kein teurer Toter. Er war ja auferstanden. Nur etwa sechsunddreißig Stun-den hatte sein Leichnam darin gelegen. Später ist vermutlich Joseph von Arimathia darin begraben worden, wozu er ja das

Grab in seinem Garten hatte machen lassen. Er mag dabei ähnliche Gedanken gehabt haben, wie sie in unserem schönen Osterlied ausgesprochen sind:

> Ich will mein Bette machen
> In deine liebe Gruft,
> Da werd ich schon erwachen,
> Wenn deine Stimme ruft.

Emmaus

Mein letzter Besuch in Jerusalem fiel in die Osterwoche. Diesmal reichte mir die Zeit nicht zu dem sonst so beliebten Osterausflug nach Emmaus. Aber ich ging wenigstens über die nördlichen Felder des Syrischen Waisenhauses auf die weithin schauende Felshöhe der Richtergräber, einer Anzahl von Felsgräbern, spätestens aus der Zeit Christi, nach Art des Grabes Josephs von Arimathia. Denn gerade unterhalb dieser Gräber führt der Weg von Jerusalem nach Emmaus vorbei.

Hier hatte ich eine prächtige Aussicht über die nördlichen Stammgebiete von Benjamin und Ephraim mit den hochgelegenen Dörfern Schafaat, Ramalla, Rummaan und Teijibe, vor allem auf die das ganze Land beherrschende, 900 Meter hohe Bergspitze von Mizpa. Ich übersah den ganzen Weg der beiden Emmausjünger, der zuerst tief hinunter ins Tal Uädi Häniina und dann steil hinauf nach Mizpa führt, hinter dem sich etwas links das kleine Dörfchen Emmaus verbirgt. Es heißt heute Kubeebe.

Ich suchte mich in die Lage der beiden uns sonst unbekannten Jünger zu versetzen. Sie gehörten nicht zur Zahl der Apostel, sondern waren Dorfbewohner aus der Jerusalem benachbarten Landschaft. Drin in der Stadt feierten Hunderttausende das Passahfest. Aber den Jüngern Jesu war es nicht nach Festfeiern zumute. Die ganze Schar hatte sich angstvoll da und dort in der Stadt versteckt. Denn auch sie konnten als Anhänger des Hingerichteten jeden Augenblick verhaftet werden. Bis zur

Nachmittagsstunde, wo die beiden vorsichtig, um nicht den Schergen des Hohenrats in die Hände zu fallen, die Stadt verließen, hatte der zerstreute Jüngerkreis noch nichts davon erfahren, daß schon zwei den auferstandenen Herrn gesehen hatten, Maria Magdalena und Petrus. Nicht einmal der engere Kreis der Apostel war beisammen geblieben. Thomas hatte sich in trostlosem Gram von den andern getrennt und irgendwo verborgen. Die anderen Jünger blieben noch in der Stadt, in der sie ja als Galiläer nicht zuhause waren, sondern nur über das Fest Unterkunft gefunden hatten. Sie hielten nur notdürftig Verbindung miteinander. Andere wie die beiden Emmausjünger hatten wohl davon gehört, daß die Frauen früh am Grabe gewesen seien und behauptet hätten, eine Engelerscheinung gesehen zu haben. Aber sie gaben nichts auf das Weibergerede. Das Lied war aus. Was sollten sie noch länger in diesem schrecklichen Jerusalem? Es zog sie nach all dem Entsetzlichen in die Stille, in die Einsamkeit ihres Bauerndörfchens.

So sah ich sie im Geiste dort aus der Stadt kommen und über die Felder des Syrischen Waisenhauses gehen. Hier an den Richtergräbern müssen sie vorbeigeschritten sein. Vielleicht schon auf dem Weg hinunter in das tiefe Tal Uädi Häniina gesellte sich ein dritter Wanderer zu ihnen, der dieselbe Straße zog und offenbar auch nicht bei der Festfeier in der Stadt bleiben wollte. Er ging eine Zeitlang hinter oder neben ihnen her. In dem immer enger werdenden Tal mußte er es hören, wie aufgeregt die beiden miteinander sprachen. Endlich mischte er sich in ihre Unterhaltung und fragte teilnehmend: „Was sind das für Reden, die ihr da auf dem Wege so eifrig miteinander führt?"

Überrascht sahen sie zu ihm hinüber. Seine äußere Erscheinung hatte nichts Auffallendes. Er trug die übliche Landestracht. Sie hielten ihn für einen der vielen Fremdlinge, die zum Fest nach Jerusalem gekommen waren. Aber wie war es nur möglich, daß der Mann von der Kreuzigung Jesu nichts gehört haben sollte, die vorgestern die ganze Stadt wie mit Fieberschauern geschüttelt hatte? Darum erwiderte ihm *Kleophas*, so hieß der eine von ihnen, mit ehrlichem Erstaunen: „Du bist wohl der einzige Fremde in Jerusalem, der nichts von dem weiß, was sich in diesen Tagen dort zugetragen hat?"

Der Wanderer: „Was denn?"

Die beiden: „Das von Jesus aus Nazareth, der ein Prophet war, mächtig in Tat und Wort vor Gott und allem Volk, wie ihn unsere Hohenpriester und Obersten überantwortet, zur Todesstrafe ausgeliefert und gekreuzigt haben! Wir aber hatten gehofft, daß er es wäre, der Israel erlösen sollte."

Die beiden Jünger erwarteten zunächst gar nichts Besonderes von dem Fremden. Aber da er sie so teilnehmend fragte, ging ihnen das Herz auf und sie waren froh, jemand zu finden, dem sie ihr Herz ausschütten konnten. Sie merkten indessen bald, daß hinter dem Mann mehr war, als sie zuerst gedacht hatten. Ja, durch seine überlegene und gewinnende Art wurden sie so gefesselt, daß bald er es war, der hauptsächlich das Wort führte. Dabei wunderten sie sich nur, wie gut er in der Bibel Bescheid wußte. Es war, als ob er sie auswendig wüßte. Die altbekannten Worte der Propheten traten ihnen in ein so ganz neues Licht, als ob sie sie zum allererstenmal hörten.

Ich setzte mich auf die hohe Felswand über einem der Richtergräber, holte mein Neues Testament hervor und las die altbekannte Ostergeschichte Lukas 24. Dann sah ich hinaus auf den ganzen Weg nach Emmaus. Dabei suchte ich mir zu vergegenwärtigen, wie jenes Gespräch auf diesem Wege verlaufen sein mag. Hinzudichten wollte ich natürlich nichts. Aber Lukas faßt ja diesen Inhalt so klar zusammen, daß man sich unwillkürlich versucht fühlt, es sich in Gedanken vorzustellen. Er sagt: „Er fing an bei Mose und allen Propheten und legte ihnen in allen Schriften das aus, was sich auf ihn bezog." Es muß ein geistvoller Gesamtüberblick über das ganze Alte Testament gewesen sein, in dem er ihnen zu ihrem maßlosen Erstaunen nachwies, daß alle diese Schriften auf den hinwiesen, dessen Tod sie beweinten. Ich stelle mir die Unterredung ungefähr so vor:

Der Wanderer: Ihr habt also gehofft, er sollte Israel erlösen. Diese Hoffnung ist ja auch ohne Zweifel in der Heiligen Schrift begründet. Schon Abraham hat ja um seines Glaubens willen die Verheißung erhalten, daß aus seinen Nachkommen ein Segen für alle Geschlechter auf Erden kommen werde. Und diese Verheißung wurde in dem Segen Jakobs (1. Mos. 49, 10) dahin erweitert, daß dieser Segen für die ganze Menschheit durch einen Nachkommen seines Sohnes Juda kommen werde, denn ihm werden die Völker sich unterwerfen. Später wurde noch genauer (2. Sam. 7, 12—14) geweissagt, daß dieser Nachkomme aus dem Königshause Davids kommen werde, und daß er ein Königreich auf Erden aufrichten werde, das nicht wie alle anderen menschlichen Reiche eine Zeitlang blühen und dann verfallen, sondern von Jahrtausend zu Jahrtausend in alle Ewigkeit währen werde. Wenn nun Jesus, wie ihr hofftet, dieser verheißene Messiaskönig sein sollte, meint ihr denn, daß dieser Plan Gottes durch die kleinen Menschen, die Jesus gekreuzigt haben, Kaiphas, Pilatus und die anderen, zunichte gemacht werden konnte? Hat er das etwa selbst befürchtet und sich durch seine Anhänger zur Wehr gesetzt?

Die beiden: Nein. Er hat zwar einen großen Anhang gehabt, aber alle Anwendung von äußerer Gewalt hat er grundsätzlich abgelehnt.

Der Wanderer: Das stimmt aber doch wieder ganz mit dem überein, was die Propheten gesagt haben. Da wird er zwar als König geschildert, aber nicht als einer wie die übrigen, die ihre Reiche immer auf Waffengewalt und Blutvergießen gegründet haben. Vielmehr schildern sie ihn immer so, daß seine einzigartige Macht darin bestehen solle, daß er mit dem Geiste Gottes ausgerüstet sein werde wie noch nie ein anderer Mensch. Ihr kennt doch die Stelle im Propheten Jesaja (Kap. 61): „Der Geist des Herrn ruht auf mir, weil der Herr mich (zum Messias) gesalbt hat, um den Elenden Freudenkunde zu bringen; er hat mich ja gesandt, um der Arzt zu sein für zerbrochene Herzen, den Gefangenen die Freilassung anzukündigen und den Gebundenen die Entfesselung, auszurufen ein Gnadenjahr des Herrn und den Tag der Vergeltung unseres Gottes, zu trösten alle Traurigen."

Die beiden (nachdenklich werdend): Daran haben wir freilich nicht gedacht. Aber es ist wahr, ganz so war das Auftreten Jesu vor allem Volk. Daß er über eine Vollmacht verfügte, die sonst kein Mensch hatte, haben wir oft genug gemerkt. Doch diese Vollmacht übte er nie mit äußerer Gewalt aus. Nur die Kranken hat er geheilt, die Traurigen getröstet, den Elenden zugesprochen, die zerbrochenen Herzen verbunden und allen die Gnadenbotschaft Gottes so gewaltig verkündigt, wie es noch nie ein Mensch getan hat. Wenn er unter dem Volk stand, war es oft, als ob ein Strom von Segen und Heil von ihm ausginge.

Der Wanderer: Wenn aber sein ganzes Auftreten bewies, daß er der von den Propheten Verheißene sei, wie könnt ihr denn jetzt so trostlos klagen, als ob alles verloren wäre? Meint ihr denn, daß arme Menschen wie seine Richter in Jerusalem den Rat Gottes vernichten können? Ihr glaubt doch noch jetzt, daß Jesus wirklich der gottgesandte Erlöser war?

Die beiden: Das haben wir gewiß geglaubt. Auch Johannes der Täufer, dieser wahre Prophet Gottes, von dem auch wir uns vor zwei Jahren haben taufen lassen, bezeugte das und verkündigte, daß Jesus die Herrschaft Gottes auf die Erde bringen werde. Aber nun ist es doch so anders gekommen! Am Donnerstag abend wurde er plötzlich aus der Mitte seiner Jünger gerissen, vor die geistlichen und weltlichen Richter geschleppt und wie der gemeinste Verbrecher behandelt. Man hat ihn blutig gegeißelt, ihm ins Gesicht gespuckt und den empörendsten Mutwillen mit ihm getrieben.

Der Wanderer: Ganz recht. Es ist ja genau so, wie der „Knecht Gottes", der verheißene Erlöser, bei Jesaja (56, 6) von sich sagt: „Ich hielt meinen Rücken dar denen, die mich schlugen, und meine Wangen denen, die mich rauften. Mein Angesicht verbarg ich nicht vor Schmach und Speichel."

Die beiden: Und dann haben sie ihn wie einen Mörder an den Galgen genagelt. Droben hing er, und alles um ihn her schrie Spott- und Hohnworte zu dem vor Durst Verschmachtenden hinauf. Auch die Soldaten, die zu seinen Füßen seine Kleider untereinander verlosten, taten mit.

Der Wanderer: Das erinnert aber doch merkwürdig an den 22. Psalm, wo einer in seiner Not zu Gott ruft: „Sie teilen meine Kleider unter sich und werfen das Los um mein Gewand", (V. 19) oder (V. 17): „Sie haben meine Hände und Füße durchgraben", und in demselben Psalm: „Meine Zunge klebt an meinem Gaumen" (V. 16).

Die beiden: Das ist wohl richtig. Aber was hilft uns das? Er ist doch vor dem ganzen Volk mit Schimpf und Schande zugrunde gegangen. Und das soll Gott gewollt haben? Das begreife, wer kann — wir nicht! Wir sind an allem irre geworden.

Der Wanderer: Aber was seid ihr doch für glaubenslose Menschen! Wo bleibt euer Gottvertrauen? Ist denn mit dem Tode alles aus? Kann Gott seinen ewigen Plan nicht trotz, ja vielleicht sogar *durch* den Tod Seines Gesalbten hinausführen?

Die beiden: Dadurch, daß er ihn elend zugrunde gehen läßt? Das hat doch keinen Sinn. Er hätte ihn noch in letzter Stunde retten und zum Triumph über seine Feinde führen müssen! Aber jetzt ist eben alles vorbei.

Der Wanderer: Noch eins laßt mich fragen: Was ist denn das Wichtigste eures ganzen Gottesdienstes im Tempel?

Die beiden: Ohne Zweifel das jährliche Opfer am großen Versöhnungstag, wo der Hohepriester die Sünden des ganzen Volkes vor Gott bekennt und zum Zeichen, daß wir dadurch eigentlich den Tod verdient hätten, ein Tier opfert und damit um Gottes Vergebung bittet.

Der Wanderer: Seid ihr dadurch ganz von euren Sünden erlöst?

Die beiden: Nein. Deshalb muß ja das Opfer jährlich wiederholt werden.

Der Wanderer: War denn dieser von Gott angeordnete jährliche Versöhnungstag nicht vielleicht nur eine Verheißung, daß einmal ein ganz anderer großer Versöhnungstag kommen werde, der das Volk für immer von seiner Sünde erlösen werde?

Die beiden: Aber was für ein Opfer soll denn an diesem ewigen Versöhnungstage dargebracht werden?

Der Wanderer: War nicht vielleicht euer Jesus dazu bestimmt, dies Opfer zu sein? Hat er nie so etwas zu euch gesagt?

Die beiden: Ja, er hat wohl gesagt: Des Menschen Sohn ist gekommen, daß er sein Leben gebe als Lösegeld für viele. Aber das war doch nur bildlich gemeint.

Der Wanderer: Ihr erwähnt Johannes den Täufer. Was hat euch denn der von Jesus gesagt?

Die beiden: Viele große Dinge. Aber zuletzt hat er immer einen Ausdruck gebraucht, der seltsam genug war. Er sagte nämlich, Jesus sei das Lamm Gottes, das die Sünde der Welt hinwegträgt.

Der Wanderer: Gottes Lamm? Was hat er denn damit gemeint?

Die beiden: Das haben wir nie recht verstanden.

Der Wanderer: Dann will ich es euch sagen. Wie das Passah-lamm, das ihr jedes Jahr drüben im Tempel in Jerusalem schlachtet und opfert, die Erlösung aus der Knechtschaft Ägyp-tens einleitete, so sollte sich offenbar Jesus als Gottes Lamm zur Erlösung des schuldigen Volkes freiwillig opfern. Die Erlösung aus Ägypten brachte euch noch nicht die rechte Freiheit. Ihr bliebet dennoch in der Knechtschaft der Sünde. Die wahre Er-lösung aus der Sklaverei der Sünde hat nach diesem Worte des Täufers erst Jesus gebracht, indem er sich als das rechte Passah-lamm Gottes am Kreuz opferte. Ist es denn nicht merkwürdig, daß er vorgestern gerade am Passahfest gekreuzigt wurde? Und hat er nicht, wie ihr vorhin erwähntet, am Donnerstag gesagt, sein Blut werde für viele vergossen zur Vergebung der Sünden?

Die beiden: Aber was für einen Sinn soll das haben? Dadurch soll er sein Werk vollenden, daß er zugrunde geht? Bedenke doch, wie furchtbar sein Ende war! Unsere eigenen Hohen-priester und Obersten haben ihn überantwortet zur Verdamm-nis des Todes und gekreuzigt. Das Schrecklichste ist uns, daß ihn Gott in der äußersten Not im Stich gelassen hat. Wie haben das vorgestern, als er am Kreuze hing, seine Feinde gegen ihn ins Feld geführt! Höhnisch schrien sie zum Kreuz hinauf: „An-deren hat er geholfen; er helfe sich nun selber, wenn er der Messias, der Auserwählte Gottes, ist. Bist du Gottes Sohn, so steig‘ herunter vom Kreuz!" Die Feinde triumphieren, und er ist elend unterlegen. Muß das nicht alle Welt als Strafe Gottes ansehen?

Der Wanderer: Aber das steht doch genau so schon in euern Propheten. Kennt ihr denn nicht jene Stelle im Propheten Jesaja? Da heißt es doch von dem Knecht Gottes, dem verheißenen Er-löser: „Führwahr, er trug unsere Krankheit und lud auf sich unsere Schmerzen. Wir aber hielten ihn für den, der geplagt und von *Gott* geschlagen und gemartert wäre. Aber es ist um *unserer* Missetaten willen verwundet und um unserer Sünde willen zerschlagen. Die Strafe liegt auf ihm, auf daß *wir* Frie-den hätten, und durch seine Wunden sind wir geheilt". Und wiederum: „Da er gestraft und gemartert ward, tat er seinen Mund nicht auf wie ein Lamm, das zur Schlachtbank geführt wird, und wie ein Schaf, das verstummt vor seinem Scherer und seinen Mund nicht auftut." Stimmt das nicht vielleicht auch zu dem, was vorgestern geschehen ist?

Die beiden (betroffen): Allerdings. Er, der sonst seinen Gegnern, selbst den Hohenpriestern auf dem Tempelplatz, so schlagfertig zu antworten pflegte, daß ihnen das Maul gestopft war, tat vor seinen Richtern seinen Mund nicht auf, verstummte vor ihnen und ließ sich wie ein Lamm zur Schlachtbank führen.

Der Wanderer: Also, wenn ihr die Sache auch noch nicht versteht, das eine ist doch klar, daß Jesus mit seinem Leiden und Sterben genau den Weg gegangen ist, der für den Messias nach den Propheten von Gott vorherbestimmt war.

Die beiden: Aber was soll denn dadurch für die Erlösung unseres Volkes Israel gewonnen sein?

Der Wanderer: Auch das hättet ihr aus den Propheten merken können. Unmittelbar nach den von mir angeführten Worten sagt der Prophet weiter: „Wenn er sein Leben zum Schuldopfer gegeben hat, so wird er Nachkommen haben, lange leben, und das Vorhaben Gottes wird durch ihn gelingen. Um der Mühsal seiner Seele willen wird er sich satt sehen. Und durch seine Erkenntnis wird er, mein Knecht, der Gerechte, viele gerecht machen, denn er trägt ihre Sünde". Hat er denn selbst euch nie etwas davon gesagt, daß er diesen Todesweg gehen müsse?

Die beiden (immer nachdenklicher werdend): Ja, ja, das hat er. Den Aposteln hat er dreimal deutlich, sogar mit Angabe der Todesart, gesagt: „Sehet, wir gehen hinauf nach Jerusalem und es wird alles vollendet werden, was geschrieben ist durch die Propheten von des Menschen Sohn. Er wird überantwortet werden den Heiden. Er wird verspottet und verspeit werden. Sie werden ihn geißeln und töten. Aber am dritten Tag wird er auferstehen". Freilich, die Apostel verstanden das nicht. Sie konnten sich einfach nicht vorstellen, daß das wörtlich gemeint war.

Der Wanderer: Und so wenig habt ihr ihm geglaubt, daß ihr nun, wo alles genau so gekommen ist, ganz irre an ihm geworden seid? Ist er denn selbst so mutlos und enttäuscht gestorben?

Die beiden: Ja, einmal, als die Qualen aufs höchste gestiegen waren, rief er am Kreuz: „Mein Gott, mein Gott, warum hast du mich verlassen?"

Der Wanderer: Aber das ist doch wieder nur ein Wort aus dem 22. Psalm! Ein Beweis dafür, daß er sich in der äußersten Todesnot in festem Glauben an Gottes Wort gehalten hat als an seinen Wanderstab durchs finstere Tal. Und war denn das sein letztes Wort?

Die beiden: Nein, als es zum Sterben ging, rief er wieder mit einem Wort aus dem 31. Psalm: „Vater, in deine Hände befehle ich meinen Geist." Und ganz zuletzt hörte man ihn noch einmal laut, es war fast wie ein Siegesschrei, rufen: „Es ist vollbracht!" Dann neigte er sein Haupt und verschied.

Der Wanderer: Und hat er euch denn gar nichts davon gesagt, wie es nach seinem Tode werden würde?

Die beiden: Doch! Er hat seiner Todesankündigung jedesmal hinzugefügt, er werde am dritten Tage aufstehen.

Der Wanderer: Und der wievielte Tag ist heute?

Die beiden: Der dritte.

Der Wanderer: Nun? habt ihr denn heute noch gar nicht daran gedacht? Sollten die Frauen, die heute früh am Grabe waren, und von denen ihr vorhin so wegwerfend geredet habt, am Ende nicht doch die Wahrheit gesagt haben?

Die beiden (gehen eine Zeitlang ganz betroffen neben ihm her und schweigen).

Der Wanderer: O ihr Toren und trägen Herzens, zu glauben alledem, was die Propheten geredet haben! *Mußte* nicht der Messias solches leiden und zu seiner Herrlichkeit eingehen? Habt ihr euch denn eingebildet, euer Jesus werde unter dem Jubel der Pharisäer und Schriftgelehrten und ihres Volkes einen irdischen Thron besteigen, dreißig oder vierzig Jahre regieren und dann, wenn er endlich gestorben, zu euern früheren Königen ins Grab gelegt werden, um für immer vom Schauplatz abzutreten? Widerspricht das nicht schnurstracks allem, was die Propheten vom Messias gesagt haben? Nein, nein, glaubt nur, es *mußte* so kommen. Der Tod eures Jesus war vorlängst in Gottes Rat beschlossen. Seine Kreuzigung war eine göttliche Notwendigkeit.

Die beiden: Aber Israel, Israel, unser Volk Israel! Wir hatten ja gehofft, daß er *Israel* erlösen werde. Nun es ihn ans Kreuz geschlagen hat, ist es für immer mit ihm verfeindet.

Der Wanderer: Über Israel wird freilich wohl ein schweres Gericht kommen. Aber ein „heiliger Rest", wie Jesaja sagt, wird von ihm übrig bleiben, der durch den Gekreuzigten errettet wird. Ihr erinnert euch ja jenes Wortes, wo Jesaja (6, 13) sagt, es werde sein wie bei einer gefällten Eiche oder Linde. Der alte Stamm ist freilich abgehauen, aber ein frischer Trieb kommt aus der alten Wurzel, das sind die Geretteten aus dem Hause Israel.

Indes Gottes Gnadengedanken gehen gar nicht nur, wie ihr meint, auf das Volk Israel, sondern auf *alle* Völker, denen seine Liebe und sein Erbarmen genau ebenso gehört. Gott spricht ja bei Jesaja (49, 6) zu seinem Messias, durch den er die Erlösung ausführt: „Dafür, daß du mir als Knecht dienst, ist es zu gering, daß du nur die Stämme Jakobs aufrichten und die aus Israel Bewahrten zurückbringen solltest; sondern ich bestimme dich auch zum Licht der *Heidenvölker,* daß mein Heil *bis ans Ende der Welt reiche.*"

Unter diesen Gesprächen waren die drei hoch jenseits des Tals auf dem Berge angekommen, von dem aus man gegenüber die Zinnen und Türme Jerusalems und den Tempel mit seinen in der Abendsonne blitzenden Goldplatten liegen sah. Ihre Herzen fingen an zu brennen, nachdem sie in diesen beiden letzten Tagen so kalt wie ausgeglühte Kohlen gewesen waren. Jetzt kam wieder Glut hinein. Sie wurden, wie sie selbst nachher sagten, brennend. Es wurde ihnen heiß dabei. Was war doch das für ein Mensch, der sich so unvermutet unterwegs zu ihnen gesellt hatte! Er hatte sie gescholten. Aber dieses Schelten tat ihnen unendlich mehr wohl, als wenn er sie noch so herzlich bedauert und bemitleidet hätte. Eine solche Bibelstunde hatten sie noch nie erlebt. Oder doch — bei einem, an den sie seine Worte fast erinnern konnten, bei dem verstorbenen Jesus. Der war freilich jetzt tot. Aber schon die bloße Möglichkeit, daß man seinen Tod auch von einer ganz anderen Seite betrachten könne, hatte ein wahres Feuer in ihren Herzen entzündet.

Aber sie merkten noch nichts. Nur fühlten sie sich unwiderstehlich zu dem geheimnisvollen Wanderer hingezogen, der in der Bibel so erstaunlich gut Bescheid wußte, und in dessen Nähe es anfing wie Zentnerlasten von ihren Herzen zu fallen. S i e klagten über Unbegreiflichkeiten in den Wegen Gottes, und e r sprach von Selbstverständlichkeiten und Herrlichkeiten. Selbst ihre Bibel hatte sich in ihren Augen geradezu verwandelt. Vorher war sie ihnen wie ein mit sieben Siegeln verschlossenes Buch gewesen, wie eine in Nacht und Finsternis gehüllte Landschaft, in der man nicht einmal die Umrisse unterscheiden kann. Jetzt strahlte sie vor ihnen wie eine wundervolle Landschaft, über der die Sonne aufgegangen ist, sodaß ihre Täler und Bergspitzen in leuchtender Schönheit daliegen. Unter seinen Worten kam es ihnen vor, als ob durch die Bücher des Alten Testaments eine verhüllte, von ihnen lange mißverstandene Gestalt, die des verheißenen Messias wandelte, die sie sich ganz anders vorgestellt hatten. Immer klarer trat aus der Schrift, alles beherrschend, die Gestalt des Welterlösers heraus. Mit immer größerem Staunen sahen sie, daß Er nach Gottes Rat seine gewaltige Aufgabe *nur* durch Leiden und Sterben hat erfüllen können. Aber sie merkten immer noch nichts.

Jetzt standen sie vor ihrem Dörfchen. Der Wanderer schien auf der Straße weitergehen zu wollen, die von Emmaus zu dem in der fernen Tiefe sichtbaren Mittelländischen Meer hinunterführt. Aber jetzt schon von ihm zu scheiden schien ihnen unmöglich. Zu sehr hatte er ihr ganzes Herz gewonnen und war ihnen ein wahrer Freund geworden. Da drangen sie in ihn und baten inständig: „Bleibe bei uns, denn es will Abend werden, und der Tag hat sich geneigt." Und als er daraufhin mit ihnen gegangen war und mit ihnen zu Tische saß, als er ihnen das Brot brach und jetzt mit seiner ihnen von früher so wohlbekannten Stimme das bei ihm gewohnte Tischgebet sprach, da fiel es plötzlich wie Schuppen von ihren Augen. Er war es selbst, er war es selbst! Sie sprangen auf, um Ihn zu begrüßen, um seine Knie zu umfassen. Da war er plötzlich ihren Augen entrückt.

Jetzt wußten sie, was für ein Wanderer die zwei Stunden neben ihnen her gegangen war. Ostern, Ostern war es in ihren Herzen geworden, nachdem sie so trostlos von Jerusalem aufgebrochen waren. In unbeschreiblicher Freude eilten sie beim Schein des Ostervollmonds denselben Weg zurück, um auch den anderen Jüngern noch in der Nacht die Freudenbotschaft zu bringen: „Wir haben Jesus gesehen!"

So hatte ich versucht, mir jenes Gespräch wiederherzustellen, das inzwischen mit dem Neuen Testament in die weite Welt hinausgegangen ist und heute in wohl tausend Sprachen gelesen wird. Es war natürlich nur ein Versuch, aber doch ganz an die Andeutungen des Lukas angeschlossen. Die stille Stunde auf den Felsen der Richtergräber war mir eine wirkliche Osterstunde geworden. Ich sah im Geiste die drei über die vor mir liegenden Berge wandern und gedachte an das Lied, das eines der Kleinodien unseres ganzen Gesangbuchs ist, und das man im neuen rheinisch-westfälischen Gesangbuch unbegreiflicherweise gestrichen hat, als ob wir einen solchen Überfluß an guten Osterliedern hätten:

> Zween der Jünger gehn mit Sehnen
> über Feld nach Emmaus,
> ihre Augen sind voll Tränen,
> ihre Herzen voll Verdruß.
> Man hört ihre Klageworte,
> doch es ist von ihrem Orte
> unser Jesus gar nicht weit
> und vertreibt die Traurigkeit.

Die Ostererscheinung am See Genezareth

Zweimal war Jesus den versammelten Aposteln in Jerusalem erschienen: am Ostertag und am darauf folgenden Sonntag. Nach diesem Sonntag war das achttägige Passahfest der Juden beendet, und all die vielen Festgäste aus dem ganzen Lande kehrten wieder in ihre Heimat zurück.

Auch die Apostel machten sich wohl am Montag nach der Offenbarung des Auferstandenen vor Thomas in ihre galiläische Heimat auf. Die beiden Brüderpaare — Petrus und Andreas sowie Jakobus und Johannes — hatten zu ihrer Wanderung bis zu ihrer Heimat Bethsaida am See Genezareth vier Tage nötig. Sie kamen dann am Donnerstag dort an. Da waren sie nach halbjähriger Abwesenheit wieder daheim mit den frischen Eindrücken von der Kreuzigung und Auferstehung. Beide Brüderpaare hatten ja ein Fischereigeschäft, dem sie so lange ferngeblieben waren. Petrus kam zugleich wieder zu Weib und Kind zurück. Jakobus und Johannes kamen samt ihrer Mutter Salome wieder zu ihrem Vater Zebedäus zurück.

Der Freitag war für sie der erste Tag, an dem sie wieder ganz daheim waren. Der Samstag war Sabbat, an dem in der ganzen Stadt alles feierte. Der folgende Sonntag war wieder der erste Werktag, an dem sie sich auch nach ihrem Geschäft umsehen konnten. Und an diesem Sonntag hat wahrscheinlich die Offenbarung des Auferstandenen stattgefunden, von welcher das 21. Kapitel des Johannes-Evangeliums erzählt.

An diesem Sonntag waren im Hause des Petrus sieben Apostel beisammen: Petrus, Jakobus und Johannes, Thomas, Nathanael aus dem sieben Fußgängerstunden entfernten Kana und zwei Ungenannte. Es war wahrscheinlich am Samstagabend. Mit Sonnenuntergang war der Sabbat vorbei, da durfte man nach dem jüdischen Gesetz wieder arbeiten. Da sagte Petrus, den es nach so langer Unterbrechung wieder nach seinem Geschäft verlangte, zu den anderen: „Ich gehe fischen" (Joh. 21, 3). Sein Schiff, das er so lange nicht mehr bestiegen hatte, schaukelte draußen am Seeufer.

Sofort erklärten sich die sechs anderen bereit, mit hinauszufahren. Die Sonne war schon untergegangen. Es war Nacht. Noch heute betreiben die dortigen Fischer den Fischfang nur bei Nacht. Abgesehen von Nathanael, der in Kana droben im Gebirge seine Heimat hatte, waren sie wohl alle von Beruf Fischer. Also alle sieben fuhren im Boote des Petrus in den See hinaus. Es war rabenschwarze Nacht, denn es war ja vierzehn Tage nach dem Ostervollmond. Sie arbeiteten die ganze Nacht mit ihren Netzen. Aber sie fingen nichts. Allmählich neigte sich die Nacht ihrem Ende zu. Der Morgen nahte. Der Morgenwind strich leise über den See.

Da sahen sie einen Mann am Ufer stehen. Der rief zu ihnen herüber: „Kinder, habt ihr nichts zu essen?" Das betreffende griechische Wort im Urtext, das in der deutschen Übersetzung mit „zu essen" übersetzt ist, bedeutete in der Fischersprache am See an dieser und anderen Stellen soviel wie „Fische". Der Unbekannte war also nicht etwa hungrig, daß er etwas zu essen von ihnen hätte haben wollen, sondern er erkundigte sich, ob sie Fische gefangen hätten.

„Nein!" riefen sie zurück.

„So werfet doch euer Netz rechts vom Schiff aus, da werdet ihr etwas finden", rief abermals der Fremde.

Der Mann meinte es also gut mit ihnen, wie auch die vertrauliche Anrede „Kinder" zeigte, und schien etwas vom Fischfang zu verstehen. Sie folgten seinem Rat und fingen eine so erstaunliche Menge Fische, daß sie die Last nicht hereinzuziehen vermochten.

Da flüsterte Johannes, den das an den wunderbaren Fischzug zwei Jahre zuvor erinnerte (Lukas 5), ganz entzückt seinem Freunde Petrus zu: „Es ist der Herr!"

Da griff Petrus, der nackt war, wie im glutheißen Sommer immer die Fischer auf dem See Genezareth, nach seinem Hemd und stürzte sich ins Wasser, um den Herrn als erster zu begrüßen. Bald kamen auch die anderen sechs nach und scharten sich beglückt um ihren Herrn. Er war wohl anders als früher, wenn er mit ihnen am See eine Mahlzeit hielt. Aber niemand wagte ihn zu fragen: „Wer bist du?" Denn sie wußten, daß es ihr Herr war. Neben ihm lagen auf der Erde glühende Kohlen, auf denen Fische brieten, und außerdem Brot.

Da sagte Jesus zu ihnen: „Bringet her von den Fischen, die ihr jetzt gefangen habt." Da ging Petrus zu seinem von den anderen ans Land gezogenen Schiff, in dem ihr Fang, hundertunddreiundfünfzig große Fische, lag. Jesus sagte dazu nichts, sondern lud sie zum Frühstück ein mit den Worten: „Kommt, laßt uns essen!" Dann nahm er das Brot, brach es und gab es ihnen. Es war wie ein „Abendmahl" am frühen Morgen, das ihnen Jesus selbst austeilte.

Die Sonne war inzwischen aufgegangen. Der See leuchtete und blitzte unter ihren Strahlen. Die Oleanderbäume flammten am Ufer in ihrer roten Blütenpracht wie immer im Mai. Der ganze friedliche Sonntagmorgen schien mit der tausendfachen Sprache der Natur zu jubeln, was die Herzen der sieben Jünger erfüllte: Ostern, Ostern!

Nur einer von den Aposteln konnte in den Ton der allgemeinen Freude nicht einstimmen, und das war Petrus. Wohl war ihm vor vierzehn Tagen in Jerusalem am Ostertage selbst der Herr ganz allein erschienen (Luk. 24, 34). Wohl war er vorhin allen anderen vorausgeeilt, um den Herrn zuerst zu begrüßen. Aber mit brennender Scham gedachte er jener unglückseligen Nacht vor vierzehn Tagen, wo er den Herrn verleugnet und durch den Hof des hohepriesterlichen Palastes dreimal gerufen hatte: „Ich kenne den Menschen nicht!" Und das hatte gerade er getan, er, der anerkannte Führer im Apostelkreise, er, der so selbstbewußt zu Jesus gesagt hatte: „Und wenn sie dich alle verleugneten, ich nicht!" Nun war gerade er der einzige, der es getan hatte! Daß ihm der Herr vergeben hatte, wußte er. Aber zu einer offenen Aussprache über seinen tiefen Fall war es noch nicht gekommen. Und die war nötig. Denn durch Totschweigen, als ob nichts vorgefallen wäre, ist noch nie eine Sünde aus der Welt geschafft worden. Darum führte ihn sein Herr in einem unvergleichlichen Beichtgespräch noch einmal hinunter in die Tiefen der Beugung.

Aber wie zart er mit dem gefallenen Jünger umging! Er sagte ihm nicht: „Siehst du, habe ich dir's nicht vorher gesagt?" Er fragte nicht: „Tut es dir leid?" Er fragte nur: „Simon Jona, liebst du mich mehr als diese hier?" Auf das „mehr als diese" wagte Petrus gar nicht einzugehen. Er fühlte zu tief, daß es darauf nur *eine* Antwort gab: beschämtes Schweigen. Sein Selbstvertrauen hatte einen gründlichen Stoß erlitten. Er wagte nur zu sagen: „Ja, Herr, du weißt, daß ich dich lieb habe".

Aber der Herr war mit der einen Antwort noch nicht zufrieden. Er schien es geradezu darauf abgesehen zu haben, die blutende Wunde zu berühren, seinen Schmerz zu verschärfen. Als ob er dem einen Ja noch nicht ganz trauen könnte, fragte er zum zweiten, zum dritten Mal: „Simon Jona, hast du mich lieb?", bis dem Gefragten die Tränen ins Auge traten und er sich in tiefster Bewegung ins Licht der göttlichen Allwissenheit flüchtete: „Herr, du weißt alle Dinge, du weißt, daß ich dich lieb habe!"

Es gibt eben, das weiß jeder Arzt, auch heilsame Schmerzen, die im Augenblick wehe tun, aber doch zur Heilung führen. Es muß doch dem Apostel Petrus nicht nur wehe-, sondern im Innersten wohlgetan haben, daß der Herr gar nichts von seiner Verleugnung sagte, sondern nur die eine Sorge zu haben schien, ob sein Petrus ihn noch lieb habe. So tief ihn die dreimalige Frage beugen mußte, so hoch mußte es ihn doch wieder erheben, daß Jesus ihm zeigte, daß ihm sein Petrus doch noch etwas wert war. So heilte ihn der Herr gerade dadurch, daß er ihn noch einmal in den Schmerz der Beugung hinunterführte und ihm nach der dreimaligen Verleugnung dreimal Gelegenheit gab, seine Liebe vor allen sechs Aposteln zu bekennen.

Damit setzte er ihn wieder in sein Apostelamt ein und reichte ihm den Hirtenstab wieder in die Hand, den er durch seine Verleugnung verwirkt hatte.

Und dann sagte ihm der Herr noch ein Wort, das ihm ankündigte, daß er ihm sogar zutraute, einst sein Märtyrer zu werden: „Wahrlich, wahrlich, ich sage dir: da du jünger warst, gürtetest du dich selbst und bist Wege gegangen, wohin du wolltest; wenn du aber alt geworden bist, wirst du deine Hände ausstrecken, und ein anderer wird dich gürten und führen, wohin du nicht willst". Jetzt hätte Petrus gerne auch gewußt, welches einmal das Schicksal seines geliebten Freundes Johannes sein würde: „Herr, was wird mit diesem werden?" Aber Jesus antwortete ihm: „So ich will, daß er bleibe, bis ich komme, was geht es dich an? Folge du mir nach".

Wie froh kehrte Petrus an jenem Morgen in seinem mit dem gewaltigen Fischfang beladenen Schiff samt den anderen Aposteln in sein Haus nach Bethsaida zurück! Ja, jetzt war alles wieder gut, jetzt war es ganz Ostern geworden auch in seinem Herzen. Nur noch einige Wochen blieb er jetzt im Mai noch zuhause in Bethsaida. Dann führte ihn der Befehl seines Herrn hinaus auf die großen, weltgeschichtlichen Bahnen seines Lebens, zunächst nach Jerusalem, wo er im Juni am Pfingsttage der Stadt Jerusalem und den Gästen aus dem ganzen Lande zu ihrem Erstaunen vor den versammelten Tausenden bekannt machte, daß der vor sieben Wochen gekreuzigte und draußen vor dem Nordtor begrabene Jesus aus dem Grabe auferstanden und als Messias eingesetzt sei.

Den Auftrag seines Herrn „Weide meine Schafe" hat er in den nächsten zwanzig Jahren zunächst in Palästina und bis nach Syrien hin erfüllt. Als aber die Völkerwelt immer mehr nach dem Evangelium rief, hat er seinen Hirtenstab über ganze Völker ausgestreckt. Denn seinen ersten Brief, den wir im Neuen Testament haben, hat er laut 1. Petr. 1, 1 „an die erwählten Fremdlinge hin und her in Pontus, Galatien, Kappadozien,

Asien, Bithynien" gerichtet, also lauter Völkerschaften im fernen Kleinasien.

Zuletzt hat den ehemaligen Fischer von Bethsaida am See Genezareth sein Weg bis in die Welthauptstadt Rom geführt. Dort hat er den ihm damals am See Genezareth vom Herrn vorausgesagten Märtyrertod erlitten. Es ist zwar nicht ganz sicher nachzuweisen, daß er in Rom gewesen und gestorben ist. Aber die Überlieferung bezeugt es mit wahrscheinlichen Gründen.

Eines Abend wanderte ich auf der Appischen Straße, an der rechts und links die Überreste der Grabmäler der berühmtesten Geschlechter Roms stehen, vom Albanergebirge hinein nach Rom. Die Abendsonne lag über der weiten Campagna. Zur Linken blitzte die Abendröte auf dem fernen Meer und beleuchtete die alten Festungsmauern der ewigen Stadt. Da sah ich ein bescheidenes Kirchlein rechts am Wege, das den Namen *Domine quo vadis* führt. Ich trat ein. Auf den Bänken saß ein Trüpplein von armen Kindern um eine Nonne versammelt. Sie erzählte ihnen folgende Geschichte: „Als der heilige Petrus drin in Rom im Gefängnis saß und am nächsten Tage gekreuzigt werden sollte, wollten die römischen Christen ihren geliebten Apostel retten und gaben den Gefängniswächtern Geld, damit er entkommen könnte. Da verließ der heilige Petrus heimlich die Stadt und ging, als es am Abend schon dunkelte, hier auf der *Via Appia* heraus, um zu entfliehen. Als er an die Stelle kam, wo jetzt diese Kapelle steht, sah er eine Gestalt ihm entgegenkommen, die ihm eigentümlich bekannt vorkam. Da erkannte er plötzlich den Herrn Jesus. In frohem Schreck fragte er Ihn: *Domine, quo vadis?* (Herr, wohin gehst du?) Jesus antwortete: „Ich gehe hinein nach Rom, um mich noch einmal kreuzigen zu lassen, da mein Petrus nicht den Mut dazu hat." Da sank Petrus tief erschrocken in die Knie, betete den Herrn an, eilte sofort wieder in sein Gefängnis zurück und ließ sich am nächsten Tage kreuzigen. Daher heißt diese Kapelle bis zum heutigen Tage *„Domine, quo vadis?"*. Diese Sage ist den Römern immer teuer geblieben.

Johannes aber ist mehr als dreißig Jahre später im fernen Ephesus in Kleinasien eines natürlichen Todes gestorben. Die Gemeinde hatte geglaubt, er werde nicht sterben, sondern die Wiederkunft des Herrn erleben, weil Jesus dort am See Genezareth zu Petrus gesagt hatte: „So ich will, daß er bleibe, bis ich komme, was geht es dich an?" (Joh. 21, 22). Als nun Johannes doch gestorben war, fügte ein Schüler oder Gemeindeältester von Ephesus, um dieses Mißverständnis aufzuklären, dem schon mit Joh. 20, 31 abgeschlossenen Evangelium das 21. Kapitel als Nachtrag hinzu.

Manchmal habe ich in Rom in dem größten Dom, den die Welt kennt, am Grabe des Apostels Petrus gestanden. Ein säulengetragener Baldachin wölbt sich über ihn. Zum ihm selbst führt eine Treppe hinunter. Zahllose Pilger aus aller Welt haben schon an diesem Grabe gestanden. Wenn es aber wahr ist, daß Petrus hier den Märtyrertod erlitten hat, so war sein Sterben für seinen Herrn nichts anderes als eine letzte Wiederholung jenes Bekenntnisses vom See Tiberias: „Herr, du weißt alle Dinge, du weißt, daß ich dich liebhabe."

Die letzte Erscheinung des Auferstandenen (Himmelfahrt)

Die Apostel Jesu waren ohne Ausnahme in Galiläa zuhause. In dem drei bis vier Tagereisen entfernten Jerusalem, das sie nur an den jüdischen Festen besuchten, waren sie immer nur Gäste. Nach dem achttägigen Passahfest kehrten sie jedesmal in ihre galiläische Heimat zurück, wo sie ihre Familien hatten. Nach jenem Passahfest, an dem ihr Herr gekreuzigt worden war, werden sie sich mehr denn je in ihre Heimat zurückgesehnt haben. Denn Jerusalem, die Stadt der Kreuzigung, war ihnen eine Stadt des Entsetzens geworden, der sie je eher, desto lieber den Rücken kehrten. Es entsprach daher nicht nur ihrem Wunsch, sondern auch der Gewohnheit all der Tausende von Festgästen, wenn ihnen der Auferstandene auftrug, nach dem achttägigen Fest wieder nach Galiläa zurückzukehren.

So kehrten sie denn, als auch Thomas zum Glauben gelangt war, nach acht Tagen in ihre Heimat zurück. Hier lebten ihre Angehörigen, hier war der größte Teil der Jesusgemeinde, hier wäre nach ihrer Meinung auch der gewiesene Mittelpunkt für die weitere Ausbreitung des Evangeliums gewesen. Aber ganz anders dachte Jesus. Er wollte, daß sie gerade in das feindliche Jerusalem zurückkehren sollten. Als sie daher etwa einen Monat glücklich und friedlich in ihrer alten Heimat zugebracht, gewissermaßen goldene Ferienzeit nach den erschütternden Ereignissen in Jerusalem genossen hatten, befahl er ihnen die Rückkehr in die Hauptstadt. Vielleicht hat er ihnen diesen Auftrag bei seiner Erscheinung vor den mehr als fünfhundert Brüdern auf dem Berg in Galiläa gegeben (1. Kor. 15, 6).

So machten sie sich denn etwa fünf Wochen nach der Auferstehung wieder auf den Weg. Ob sie sich darüber klar waren, daß sie diesmal nicht wie sonst nur auf ein paar Wochen dorthin gingen, wissen wir nicht. Aber gehorsam zogen sie noch einmal miteinander durch das südliche Galiläa und durch Samaria nach Jerusalem. Vom Skopus, dem nördlichen Rücken des Ölbergs, sahen sie im Glanz der untergehenden Sonne des vierten Tages die Stadt wieder, in der sie vor kurzem so Niederschmetterndes und dann so Beglückendes erlebt hatten.

Sie durchschritten das Nordtor und gingen hinein in die wohlbekannten Gassen, durch die sie noch vor kurzem so manchmal mit ihrem Herrn gegangen waren. Wohin werden sie ihre Schritte wohl gelenkt haben? Wahrscheinlich in das Haus, in dessen großem Söllersaal (Mark. 14, 15) sie schon so große Stunden erlebt hatten, die Einsetzung des Abendmahls und die Erscheinungen des Auferstandenen in der Osternacht und vor Thomas. Ausdrücklich sagt ja Lukas in seinem Himmelfahrtsbericht, daß sie nach der Himmelfahrt „auf den Söller stiegen" (Ap. Gesch. 1, 13).

Die Apostel waren nicht allein von Galiläa nach Jerusalem gekommen. Gleich nach der Himmelfahrt finden wir ja auch die bekannten galiläischen Frauen und die Mutter Jesu bei ihnen (Ap. Gesch. 1, 14). Mit der viel kleineren Jüngerschar aus Jerusalem und wohl auch Bethanien zählten sie zusammen hundertundzwanzig Personen (Ap. Gesch. 1, 15). Natürlich konnten nicht alle in jenem Hause wohnen. Insbesondere die galiläischen Frauen mögen sich in die Häuser der Jerusalemer Freunde verteilt haben. Aber die elf Apostel haben vermutlich dort gewohnt und die weiteren Aufträge ihres Herrn erwartet.

Wie sah es aber inzwischen in der Stadt aus, die den Herrn gekreuzigt hatte? Die Auferstehung Jesu war der Welt noch ein
tiefes Geheimnis. Kaiphas triumphierte. Er hatte sein Ziel erreicht. Die gefährliche Volksbewegung, welche vor noch nicht
drei Jahren Johannes der Täufer eingeleitet und Jesus macht-
voll auf die Höhe geführt hatte, war zu Ende. Sie war mit dem
am Galgen gerichteten Volksverführer ins Grab gesunken. Die
hohen Herren konnten jetzt wieder ruhig schlafen und unbe-
sorgt dem nahen Pfingstfest entgegensehen. Daß die Jünger
Jesu wieder in der Stadt waren, werden sie nicht geahnt haben.
Unbemerkt waren sie hereingekommen, und wahrscheinlich saßen sie noch immer bei verschlossenen Türen aus Furcht vor den
Juden. Kein einziger hatte noch gewagt, offen mit dem Zeugnis von der Auferstehung vor die Stadt zu treten. Ob und wann
sie es tun sollten, darüber erwarteten sie jetzt die Weisungen
ihres Herrn, der sie zu diesem Zweck hierher entboten hatte.

Es mag einige Tage nach ihrer Ankunft in Jerusalem gewesen
sein, da saßen sie in der Morgenstunde in ihrem Söllersaal. Da
trat wie vor sechs Wochen am Osterabend in diesem Saal bei
verschlossenen Türen der Herr in ihre Mitte. Sie waren gerade
beim Morgenimbiß. Denn was Luther in Ap. Gesch. 1, 4 mit
„Als er sie versammelt hatte" übersetzt, heißt in genauer Übersetzung „Als er mit ihnen zu Tische saß". Jesus ist also nicht,
wie man gewöhnlich meint, auf dem Ölberg mit ihnen zusam-
mengetroffen, sondern zunächst zu vertraulicher Zwiesprache in
jenem Saal.

Lukas faßt den Inhalt dieser Unterredung in einigen kurzen
Sätzen zusammen. Er gab ihnen Anweisungen über ihren jetzt
beginnenden selbständigen Aposteldienst. Und welches war sein
erster Auftrag? Gerade der, den sie sich gewiß am wenigsten
wünschten: „Er wies sie an, nicht von Jerusalem zu weichen,
sondern dort die Verheißung des Vaters zu erwarten" (Ap. Gesch.
1, 4). Wir begreifen heute gut, warum. Jetzt war ja die Zeit da,
wo sie laut und kühn aller Welt verkündigen sollten, daß ihr
Herr auferstanden sei. Auf dieser Botschaft ruhte der Bestand
der ganzen zukünftigen Kirche. Aber nicht in einem bescheidenen Provinzwinkel in Galiläa sollte diese große Reichsbot-
schaft beginnen, sondern in der Hauptstadt Jerusalem, in der
größten Öffentlichkeit, im Hauptquartier seiner Feinde, im

Tempel, wo sich schon nach wenigen Tagen das Volk aus allen Teilen des Landes zum Pfingstfest versammeln sollte.

Vor dieser ungeheuren Aufgabe konnte es den bisher so schüchternen und furchtsamen Aposteln schon bange werden. Daher fügte der Herr sofort eine Verheißung hinzu, die sie von aller Furcht befreien mußte. Sie sollten die Verheißung des Vaters erwarten und die Kraft des heiligen Geistes empfangen (Vers 8). Das war ja die große Verheißung, von der er kurz vor seinem Tode so ermutigend geredet hatte, und von der sie die größten, bisher ungeahnten Dinge erwarten durften. Der Geist Gottes sollte die bisher so verängstigten Galiläer zu ganz neuen Persönlichkeiten umschaffen. Als furchtlose Zeugen sollten sie es der sündigen Stadt und ihren Machthabern kühn ins Gesicht sagen, daß Jesus, den sie vor anderthalb Monaten ans Kreuz geschlagen, aus dem Grabe, das jetzt draußen vor dem Stadttor leer und offen stehe, auferstanden sei. Als Botschafter dieses Auferstandenen sollten sie die ganze Stadt und das ganze Land zur Umkehr und zum Glauben rufen. Mit dieser Botschaft sollte die christliche Kirche ihren Siegesgang in der Welt beginnen und durch ganz Judäa, Samaria und Galiläa und bis ans Ende der Welt fortsetzen (Ap. Gesch. 1, 8). Dieser Anfang durfte nur in Jerusalem und nicht in irgend einer Provinzstadt geschehen. Darum hieß er sie in Jerusalem bleiben.

Nach dieser Unterredung im Hause verließ der Herr mit ihnen die Stadt. Auch hier müssen wir von unserer gewohnten Übersetzung von Ap. Gesch. 1, 6 „Die so zusammengekommen waren" auf den Urtext zurückgehen. Da heißt es nämlich: „Sie nun, als sie mitgegangen waren, fragten ihn". Sie gingen also noch einmal mit ihm wie früher aus der Stadt hinaus. Es waren altvertraute Wege, die er mit ihnen einschlug. Sie gingen dem Ölberg zu (Ap. Gesch. 1, 12) und weiterhin in der Richtung von Bethanien (Luk. 24, 50).

Von dem, was unterwegs geredet wurde, hebt Lukas nur eines hervor. Die Jünger hatten noch eine große Frage auf dem Herzen. Der Herr hatte ihnen in den letzten Tagen vor seiner Kreuzigung wiederholt gesagt, hatte es auch in der entscheidenden Stunde vor dem Hohenpriester und dem Hohenrat feierlich wiederholt, daß er wiederkommen werde in den Wolken des Himmels, um sein Reich in Kraft und Herrlichkeit zu voll-

enden. Sie hätten so gerne gewußt, ob das schon in der allernächsten Zeit geschehen würde. Mit wie ganz anderer Zuver-
sicht und Freudigkeit hätten sie da ihre Verkündigung beginnen können!

Aber der Herr verwies ihnen die Frage. Er antwortete: „Es ge-
bührt euch nicht, zu wissen Zeit oder Stunde, die der Vater
seiner Macht vorbehalten hat" (Ap. Gesch 1, 7). Es war für die
Wirkung ihres Zeugnisses vollauf genug, daß sie dazu mit der
Wunderkraft des heiligen Geistes ausgerüstet werden sollten.

Wie weit wanderte der Herr mit ihnen? Die Überlieferung sagt:
bis auf den Gipfel des Ölbergs. Tatsächlich wird auch bis auf
den heutigen Tag auf dem der Stadt gegenüberliegenden Gipfel
die Himmelfahrtsstelle gezeigt. Schon Kaiser Konstantin ließ
hier im vierten Jahrhundert eine Kirche ohne Dach errichten,
und seitdem ist hier im Laufe der Jahrhunderte Kirche auf Kirche errichtet worden. Die heutige wurde im Jahre 1834 anstelle
der vorhergehenden baufällig gewordenen erbaut. Sie mißt in-
wendig nur etwa zehn Schritt in der Länge und Breite. In der
Mitte zeigt man den Felsen, von dem aus der Herr gen Himmel
gefahren sei, ja sogar die Fußspur Jesu, die damals der Fels
ehrerbietig aufgenommen habe. Die Kapelle gehört den Muham-
medanern, denen Jesus ja auch als Prophet gilt, wird aber den
Christen gerne geöffnet.

Freilich kann gar nicht die Rede davon sein, daß die meistens
fehlgreifende Überlieferung die rechte Stelle getroffen hat. Denn
ausdrücklich sagt uns Lukas (24, 50): „Er führt sie aber hinaus
bis gen Bethanien", oder in genauerer Übersetzung „bis in die
Gegend von Bethanien". Bethanien liegt aber noch ein gutes
halbes Stündchen weiter östlich.

Jesus wollte, daß sein Scheiden diesmal ganz anders sein sollte
als vor einigen Wochen in Emmaus oder in der Osternacht, wo
er ihnen ebenso plötzlich wieder unsichtbar wie vorher sichtbar geworden war. Durch die ganze Art seines Scheidens wollte
er ihnen zeigen, daß sie ihn fortan nicht mehr wie bisher wieder
erwarten durften, daß dies vielmehr seine letzte Erscheinung
nach Ostern sein sollte. Wäre er wie in Emmaus ohne jedes
weitere Wort der Erklärung verschwunden, so hätten sie meinen müssen, er komme wie bisher bald wieder. Und wenn sie

sich in dieser Erwartung täuschten, hätten sie nicht verstehen können, warum er auf einmal fortgeblieben war, was aus ihm geworden sei. Da hätten die vierzig Tage nach Ostern nicht mit einem glaubenstärkenden krönenden Abschluß geendet, sondern mit einem Fragezeichen. Darum hatte der Herr beschlossen, sie heute augenfällig sehen zu lassen, daß er, was seine leibliche Erscheinung betrifft, für immer von ihnen schied. Seine letzte Ostererscheinung wollte er ihnen unmißverständlich als solche kenntlich machen. Für ihn selbst bedurfte es keiner „Himmelfahrt" mehr. Er war schon mit seiner Auferstehung zum Vater gegangen, wie er ja auch am Ostermorgen der Maria Magdalena sagte: „Ich fahre auf zu meinem Vater und zu eurem Vater" (Joh. 20, 17).

Wie schlicht ist der Bericht, den die Heilige Schrift gibt! Jesus macht in der Gegend von Bethanien halt. Noch einmal blickt er seine Jünger mit seinen treuen Augen an, hebt seine Hände über sie auf und segnet sie. Während er aufgehoben wird, schwebt eine Wolke über den Ölberg herüber und entzieht ihn ihren Blicken. Anbetend sehen sie ihm nach. In tiefer Bewegung sind sie sich der Größe dieser Stunde bewußt. Und sie wird ihnen noch besonders mit der verheißenen Stunde seiner Wiederkunft verknüpft durch zwei Männer in weißen Kleidern, welche ihnen sagen: „Ihr Männer von Galiläa, was stehet ihr hier und sehet gen Himmel? Dieser Jesus, der von euch weg in den Himmel emporgehoben ward, wird so wiederkommen, wie ihr Ihn in den Himmel habt hineingehen sehen."

Das wunderbare Ereignis, welches das Erdenleben Jesu für sie endgültig abschloß, hatte sie mit großer Freude erfüllt. Sie hatten ja in diesen vierzig Tagen gelernt, daß Jesus gegenwärtig war, auch wenn sie ihn nicht sahen. Sie hatten gar nicht das Gefühl, als ob er von ihnen Abschied genommen hätte. Sie wußten, er war ihnen nach seinem Unsichtbarwerden noch genau so nahe wie während der ganzen letzten Stunde, als stünde er noch leibhaftig in ihrer Mitte, nur ungesehen. Mit der Wolke war ja nur der Vorhang gefallen, der uns von der unsichtbaren Welt trennt, die uns mit ihrem Geheimnis ewig nahe umgibt, viel näher, als wir ahnen.

Darum war es für sie nicht ein trauriger, sondern ein froher Gang, als sie miteinander denselben Weg wieder zurückgingen, an Gethsemane vorbei, über den Ölberg, durchs Kidrontal und hinauf nach Jerusalem, das fortan nach dem Befehl des Herrn ihre Heimat sein sollte.